KB240070

메디타치오 시리즈 4

공의를 행하며 인자를 사랑하며

메디타치오 시리즈 4

공의를 행하며 인자를 사랑하며

양창삼 지음

한국학술정보㈜

❖ 머리말 ❖

메디타치오, 이것은 일상의 나를 하나님 앞에 세우는 작업이다. 그분 앞에 설 뿐 아니라 그분의 말씀 앞에 나를 세우는 것이다. 그리고 그 말씀에 나를 비추어 삶을 재정비하고 변화를 이끌어 낸다. 나의 영혼이 혼탁할수록, 세상이 나를 어지럽게 이끌어 갈수록 필요한 것이 이것이다.

이번에 네 번째 메디타치오 시리즈를 펴낸다. 처음엔 이것이 얼마나 갈 수 있을까 생각했지만 주님은 나에게 네 번째까지도 힘 있게 이끌어 주셨다. 앞으로 더 힘을 주시고 기쁨을 주시리라 믿는다.

이번엔 신상에 다소 변동이 있었다. 그동안 한양대학교에서 정년을 맞아 명예교수가 되었다. 학교에서 가르치는 일은 변동이 없지만 그 위상이 달라졌다. 이젠 원로 대열에 서게 된 것이다. 생각의 크기도 더 넓어지고 자유로워진 느낌이다. 더욱이 연변과기대에서도 가르치게 되어 이곳에서의 묵상도 깊어졌다.

이번 겨울방학 때 미국을 방문하면서 성경 가운데 소선지서들을 묵상하게 되었다. 호세아서부터 말라기에 이르는 하나님의 말씀이다. 이번 메디타치오에 호세아, 미가, 말라기 등 여러 선지자들의 글을 담게 된 것도 이 때문이다. 이 글을 읽으면서 이스라엘을 향한 하나님의 사랑이 얼마나 깊은가를 깨달았다. 그 사랑이 독자에게도 그대로 전달되기를 바란다.

특히 이번 시리즈 제목을 '공의를 행하며 인자를 사랑하며'로 정한 것은 미가서 6장 8절에 나오는 "사람아 주께서 선한 것이 무엇임을 네게 보이셨나니 여호와께서 네게 구하시는 것이 오직 공의를 행하며 인자를 사랑하며 겸손히 네 하나님과 함께 행하는 것이 아니냐."는 말씀에 바탕을 둔 것이다. 원래는 이 말씀을 택해 제목을 더 길게 잡고 싶었지만 중간에서 잘랐다. 이 말씀에서 강조하고 있는 것은 공의와 사랑과 겸손이다. 이 덕목들을 실천해 나가는 것이 중요하다는 것을 하나님께서 말씀으로 보여 주신 것이다. 그러므로 우리는 이것에 관심을 가지고 더 묵상할 필요가 있다.

현재 우리는 경제적으로 매우 어려운 처지에 있다. 아직도 깊은 터널의 중간에 있다고 말할 만큼 심각하다. 경제는 심리라는 말도 있는데 우리의 마음이 다소 안정되어야 경제도 풀릴 것이다. 이 마음을 다스리기 위해서는 무엇보다 하나님의 말씀이 필요하다. 그 말씀이 우리 심령 깊숙이 내려갈 때 우리 정신적 근간이 튼튼해질 것이다.

이번 시리즈는 크게 세 편으로 되어 있다. 제1편은 짧지만 주제마다 성경 전체를 아우르며 우리를 하나님 앞으로 인도할 것이다. 제2편은 우리의 영성에 도움을 주는 몇 가지 책을 소개하였다. 렘브란트 이야기는 책은 아니지만 예술 작품을 통해 그가 어떻게 주님 앞에 나갔는가를 가르쳐 준다. 그리고 제3편은 하나님의 공의와 사랑이 어떻게 제시되는가를 보여 준다. 그리고 우리의 남은 생애에 변화를 기대한다.

계속해서 이 글을 펴낸 한국학술정보(주)에 감사하고, 또 이 일을

맡아 수고하는 출판팀과 편집팀에 깊은 감사를 드린다. 나아가 이
글들이 당신의 영혼에 촉촉이 내리는 단비가 되기를 기도한다.

2009년 봄
양창삼

🍀 제1부
공의를 행하며 인자를 사랑하며 15

 제2부 영성 여행 길라잡이 283

제1부 공의를 행하며 인자를 사랑하며

1. 진짜 성공한 사람

연변과기대 이용우 교수와 식사를 하면서 이런저런 이야기를 나누게 되었다. 그는 이번 학기 교양과목에 '성공학'이란 과목을 설강하여 강의를 하고 있다. 그는 성공학 전문가는 아니다. 그는 공학부 교수다. 그가 이 과목을 개설하게 된 것은 나름대로 이유가 있다. 졸업생 중에 삶에 지쳐 좌절하는 학생들을 종종 보면서 지금까지 잘못 교육해 왔다는 것을 실감하게 되었고, 학생들을 인생에서 성공한 사람으로 만들어 보겠다는 집념으로 이 과목을 연 것이다. 처음이다 보니 여러 조언을 구하고, 이에 관한 얘기도 나눈다. 그래서 당분간 그와 만날 땐 성공이야기가 될 것이다.

그는 이른바 성공했다는 사람들을 몇몇 소개받아 그의 강의에 초대할 예정이다. 그래서 대상이 될 만한 사람을 찾아가 특강을 부탁했다. 그러면 십중팔구 손사래를 치며 자기는 성공을 얘기할 만큼 자격이 있는 사람이 아니라고들 한다. 성공에 대해 겸양을 보이는 걸까, 아니면 성공이 그만큼 어려운 것일까. 성공이 일상에서 보통 이상의 의미를 가지는 것은 확실하다.

그래서 과연 성공이란 무엇인가를 곰곰이 생각하게 되었다. 당신은 성공을 어떻게 보는가? 성공하면 우리는 으레 물질적으로 성공하거나 세상 명예를 얻은 사람을 쉽게 생각한다. 물론 그런 사람도 있을 것이지만 우리 대화에서 성공한 사람으로 거론되는 인물은 그런 사람들이 아니다. 삶에서 최선을 다하는 사람, 주변을 밝게 한 사람, 고난을 잘 극복한 사람 등이다. 이쯤 되면 그가 말하는 성공학에서 성공한 사람이 과연 누구일지 짐작이 갈 것이다.

오늘 점심 식사 시간에도 예외 없이 성공 주제가 거론됐다. 그런데 그는 오늘 성경말씀을 꺼냈다. 그는 예수님의 비유를 말하면서 진짜 성공한 사람은 바로 선한 사마리아인이라 힘주어 말했다. 그동안 이 비유에 관한 말씀도 많이 듣고 또 읽기도 했지만 성공학의 관점에서 읽으니 그동안 와 닿지 않았던 성경의 글자들이 쏟아지듯 그의 가슴에 꽂혔다. 그러던 중에 선한 사마리아인의 행적이 크게 마음에 와 닿았다는 것이다.

그는 선한 사마리아인을 성공한 CEO라 했다. 그가 성공한 이유는 여러 가지다. 우선 말에서 내려왔다. 한 제사장도, 한 레위인도 보고 안 됐다고 생각했을 것이다. 그러나 그들은 말에서 내려오지 않았다.

그런데 그는 내려왔다. 내려왔다는 점이 바로 성공인자라는 것이다. 내려와 보살핀 것만으로도 그는 이미 선한 사마리아인이 되기에 충분하다. 그런데 그는 그것에서 한발 더 나아가 주막까지 데려가 돌보아 주었다. 또한 할 일이 많은 그가 주막 주인에게 그저 부탁하지 않았다. 필요한 만큼 부비를 주었고, 더 들면 자기가 갚겠다고 했다. 그렇게 하지 않아도 되는데 그는 했다. 그래서 그는 선한 사마리아인에게 진짜 성공한 사람이라는 칭호를 아낌없이 부여했다. 게다가 그는 주님으로부터 인정을 받았으니 이에서 더한 인정이 필요할까.

집에 돌아와 누가복음에 있는 그 말씀을 묵상해 보았다. 강도 만난 인물은 여리고로 내려가다 변을 당했다. 예루살렘에서 그곳으로 간 것인지 어떤지는 알 수 없다. 유대에서 '내려간다'는 것은 높은 산지에서 낮은 지역으로 내려가는 것을 의미한다. 일을 보고 갔으니 돈을 가지고 있었을 가능성이 높다. 그는 강도를 만나 가진 것을 다 빼앗겼다. 강도는 빼앗는 것에 만족하지 않고 옷을 벗기고 폭력을 행사해 거반 죽게 만들었다. 그리고 내팽개치고 도망갔다. "때려 거반 죽은 것을 버리고 갔더라."(눅10:30) 해도 너무했다.

지금 우리 주변엔 강도 만난 자가 많다. 단지 폭력을 당한 것만 강도 만난 것이 아니다. 경제문제로 거반 죽게 된 것도 강도 만난 자요 잘못된 사회구조로 인해 많은 피해를 당하는 자도 강도 만난 자다. 우리 사회에서 불쌍히 여김을 받아 마땅한 사람들이 다 강도 만난 자다.

말씀을 읽으며 사마리아인이 한 일들을 하나씩 살펴보았다. 그는 여행 중이었다. 바쁜 일정 속에서도 그는 말에서 내렸다. 얼마든지 지나칠 수 있었는데. 누가복음은 그의 행동 하나하나를 자세히 언급한다. 10장 33절에서 35절까지 그의 고마운 행적을 하나씩 보자. "그를 보고 불쌍히 여겨, 가까이 가서, 기름과 포도주를 그 상처에 붓고 싸매고, 자기 짐승에 태워 주막으로 데리고 가서, 돌보아 주고, 이튿날 데나리온 둘을 내어 주막 주인에게 주고, 이 사람을 돌보아 주라. 부비가 더 들면 내가 돌아올 때에 갚으리라." 이 중에 하나만 해도 그는 이미 성공한 사람이다. 그런데 최소한 7가지 행동을 모두 해냈다. 토털 케어(total care)다.

예수님은 "네 이웃이 누구냐?"며 묻는 율법사에게 이 비유의 말씀을 하시면서 "네 의견에는 이 세 사람 중에 누가 강도 만난 자의 이웃이 되겠느냐?" 물으셨다. 그는 자비를 베푼 자라 대답했다. 주님은 이르셨다. "너도 이와 같이 하라." 주님의 말씀을 듣고 순종하는 자가 성공하는 사람이다. 주님은 우리의 삶에서 말씀을 따라 성공한 사람이 되라 하신다.

2. 사랑과 진실이 눈을 맞추고

연변과기대 학생 1숙사, 사랑의 교회에서 지어 준 숙사다. 지금은 학생 4숙사까지 있으니 1숙사는 가장 먼저 지어진 셈이다. 밖의 입구를 통해 숙사로 갈 수도 있고 학교식당으로도 갈 수 있다. 어쩌면 학교에서 바쁜 통로 가운데 하나다.

그 통로에 원명숙이 쓴 액자 하나가 걸려 있다. "사랑과 진실이 눈을 맞추고 정의와 평화가 입을 맞추리." 2000년 이 학교에 처음 왔을 때 이 글을 보고 매우 좋다고 생각했다. 시적인 표현이 너무 좋았다. 그 후 여러 번 여름 학기에 와서 가르쳤을 때도 이 글은 나를 반갑게 맞아 주었다. 그리고 지금도 이 글은 나를 기쁘게 한다. 그래서 이 통로를 지날 때마다 보고 또 본다.

이 글은 과연 어디에서 왔고 누구의 것일까? 처음엔 그 글을 쓴 이의 시일 것이라 생각했다. 알고 보니 그것은 시편 85편 10절의 말씀이다. 개역한글판에는 "긍휼과 진리가 같이 만나고 의와 화평이 서로 입 맞추었으며"라 되어 있다. 이 액자의 글은 공동번역에서 따온 것이다. "사랑과 진실이 눈을 맞추고 정의와 평화가 입을 맞추리라."가 원문이다. 시적인 운치를 살리기 위해 원문의 마지막 자 '라'를 뺐다.

여러 성경 번역판을 보아도 이 절에 관한 한 제일 마음에 드는 번역은 역시 공동번역이다. 다른 번역들은 어떤가 보자.

- (개역개정) 인애와 진리가 같이 만나고 의와 화평이 서로 입 맞추었으며
- (표준새번역) 사랑과 진실이 만나고, 정의와 평화가 입을 맞춘다.
- (쉬운성경) 사랑과 진리가 서로 만나고, 의로움과 평화가 포옹할 것입니다.
- (우리말성경) 가엾게 여기는 마음과 진리가 만나고 의와 평화가 서로 입을 맞춥니다.

영어성경을 보아도 이것을 능가하진 못한다.

- (NIV) Love and faithfulness meet together; righteousness and peace kiss each other.
- (KJV) Mercy and truth are met together; righteousness and peace have kissed each other.
- (NASB) Lovingkindness and truth have met together; Righteousness and peace have kissed each other.

시편 85편은 고라 자손의 시다. 주님이 은혜를 베푸셔서 야곱의 자손들이 포로에서 돌아오게 하신 것을 감사해서 쓴 감사의 시다. 하나님은 이제 백성의 죄를 사하시고 주의 모든 분노를 거두셨다. 영원히 노하지 않으시는 주님, 그리고 우리를 다시 살리신 주님, 이제 그 주님이 우리에게 주의 인자하심을 보이셨다. 이제 이 백성들에게 화평을 말씀하시리라.

9절 이하는 매우 시적이다. 다음은 개역한글판이다.

> "진실로 그의 구원이 그를 경외하는 자에게 가까우니
> 이에 영광이 우리 땅에 거하리이다.
> 긍휼과 진리가 같이 만나고 의와 화평이 서로 입 맞추었으며
> 진리는 땅에서 솟아나고 의는 하늘에서 하감하였도다.
> 여호와께서 좋은 것을 주시리니 우리 땅이 그 산물을 내리로다.
> 의가 주의 앞에 앞서 행하며 주의 종적으로 길을 삼으리로다."

공동번역은 어떨까? 한번 보자. 아니 조용히 눈을 감고 묵상해 보자.

"당신을 경외하는 자에게는 구원이 정녕 가까우니
그의 영광이 우리 땅에 깃들이시리라.
사랑과 진실이 눈을 맞추고 정의와 평화가 입을 맞추리라.
땅에서는 진실이 돋아 나오고 하늘에선 정의가 굽어보리라.
야훼께서 복을 내리시리니 우리 땅이 열매를 맺어 주리라.
정의가 당신 앞을 걸어 나가고, 평화가 그 발자취를 따라가리라."

아, 정말 좋다. 꿀 송이가 달다 한들 이보다 더하겠는가.

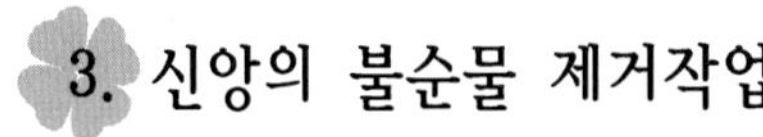# 3. 신앙의 불순물 제거작업

염전 작업장의 밤, 그 밤에 파도소리가 들린다. 그런데 자세히 보니 진짜 파도소리가 아니다. 여러 사람들이 이곳저곳에서 밀대로 불순물을 밀어내면서 나는 소리다. 그 소리가 마치 파도소리처럼 들린다. 불순물을 제거해야 좋은 소금을 얻을 수 있다. 그래서 새 바닷물을 붓기 전 밤에 밀대로 불순물을 제거하는 작업에 열중하는 것이다. 이것은 한 끝 작업이자 다음을 위한 작업의 시작이다. 그렇지 않으면 소금에 불순물이 끼어 있어 좋은 등급을 받지 못한다.

염전의 불순물 작업을 보면서 불쑥 우리도 불순물을 제거하는 작업을 해야 하는 것이 아닌가 하는 생각이 든다.

학자에 따라서는 종교도 먼저 탈종교화하고, 그 다음 재종교화해야 한다고 말한다. 탈종교화(dereligionation)란 지금의 종교가 가지고 있는 여러 잘못된 것을 고치기 위해서 그 틀을 벗어나야 한다는 말이다. 종교는 하나님을 사랑하고 이웃을 사랑하는 것이어야 한다. 그럼에도 불구하고 종교라는 이름으로 하나님보다 각종 우상을 섬기고, 종교라는 이름으로 서로 미워하고 갈라지고 죽이는 일이 자행되어 왔다. 이제 종교의 정도를 벗어난 이런 종교는 탈종교화시켜야 한다는 것이다. 기독교도 예외가 아니다. 각 교파로 갈라져 협력하지 못하고 질시하며 괴롭혀 왔다. 재종교화(rereligionation)는 잃었던 종교의 원형을 다시금 되찾는 일이다. 하나님을 바로 사랑하고, 이웃을 사랑하는 정신으로 모든 종교는 다시 정립되어야 한다는 것이다.

이런 큰 틀이 아니라 할지라도 우리 안에 불순물은 많다. 무엇이 있을까? 새 물을 붓기 전에 제거해야 할 것들은 과연 무엇일까? "들켰다. 튀어라."라는 전보를 받고 다 도망했다는 일화가 있다. 들키면 하나님 앞에서 정말 쑥스러운 일이란 과연 무엇일까?

이런저런 것들이 많겠지만 이 순간 나는 거짓을 들겠다. 거짓이 신앙의 순수성을 쉽게 깨뜨리기 때문이다. 도산 안창호는 "거짓말, 거짓행위가 나라를 망하게 한다. 거짓이 판치면 사회는 악해진다. 거짓이여, 너는 내 나라를 죽인 원수다. 우리 민족이 해야 할 것은 거짓을 멀리하는 것이다."고 했다. 이것이 어찌 우리 민족에게만 해당되겠는가. 영국도 산업혁명 때 거짓말 공화국이었다. 그러나 성결운동 등 정직운동으로 인해 신사의 나라로 변했다. 그러므로 거짓보다 정직을 세워 나가면 우리도 희망이 있다.

손봉호 교수의 고등학교 때 이야기다. 그는 구약을 읽으면서 '거짓말하면 안 된다.'는 가르침을 실천하기 위해 약 60일 동안 새벽기도회 때마다 기도한 적이 있었다. 새벽에 교회에 가서 '오늘은 거짓말을 하지 않겠습니다.' 기도한 뒤 그날 저녁에 과연 성공했는지 곰곰이 새기는 일을 60일 동안 했다는 것이다. 그러나 한 번도 성공한 적이 없었다. 그는 100퍼센트 거짓말하지 않는다는 것이 어렵다는 것을 알게 되었다. 그래서 남에게 해를 끼치지 않는 거짓말은 해도 괜찮다고 양보하게 되었다. 남에게 해를 끼치지 않는 거짓말. 그에 따르면 그리스도인은 주님을 완벽하게 닮을 수는 없다 하더라도 적어도 남에게 해를 주지 않는 사람이 되어야 한다는 것을 강조한다. 그만큼 노력했다는 것만 박수를 받을 만하다. 그러나 거짓은 아직도 남아 있다.

한 군종신부가 앞에 달리는 차가 너무 느리게 가기에 중앙선을 넘어 추월을 했다. 성직자도 때로는 교통위반을 할 때가 있다. 그런데 웬걸, 추월을 하자마자 경찰 단속에 걸리고 말았다. "중앙선을 위반했습니다." 경찰이 다가와 깍듯하게 경례를 붙이며 말했다. "내가 언제 위반했습니까?" 신부는 우선 오리발부터 내밀었다. "조금 전에 위반하지 않았습니까?" 경찰은 기가 막힌다는 표정이었다. 한 번 거짓말을 하게 되면 점점 더 큰 거짓말을 해야 한다. "왜 위반하지도 않은 사람을 잡고 시비입니까?" 무조건 큰소리부터 지르고 봤다. 그때 경찰이 가장 아픈 약점을 건드렸다. "신부님도 거짓말을 합니까?" 당시 신부는 군복에 신부 신분을 표시하는 로만 칼라를 하고 있었다. 두 손 들고 면허증 건네주고 딱지를 끊을 수밖에 없었다.

현대를 가리켜 정직하게 사는 사람보다 거짓말 잘하는 사람이 더 잘 살 수 있는 세상이라고 한다. 이런 세상에서는 거짓말이 흔할 수밖에 없다. 빤한 거짓말도 거짓말이 아니라고 해야 위기를 넘길 수 있다. 언젠가 들통이 나더라도 지금은 아니라고 잡아떼야 살아날 수 있다고 생각한다.

어거스틴이 위대한 것은 그가 진리를 설파한 데 있지 않다. 참회록을 통해 자신의 죄와 과오를 여지없이 고발한 용기에 있다. 다윗도 간음죄와 살인죄를 지었지만 하나님께 자신의 죄과를 시인함으로써 용서를 받았을 뿐 아니라 남다른 은총을 입었다. 이 모두는 사랑과 진실이 모든 죄보다, 모든 거짓보다 우월하다는 것을 증명하고 있다. 하나님은 오늘도 거짓보다 진실을 원하신다. "거짓 행하는 자가 내 집안에 거하지 못하며 거짓말하는 자가 내 목전에 서지 못하리로다."(시101:7)

내 힘으로 안 된다. 그러기 때문에 우리는 기도한다. 모세는 40주야 기도했다. 삼손은 "주여 나를 생각하여 주옵소서." 부르짖어 기도했다. 이 기도는 그의 전 생애에서 가장 빛나는 순간이었다. 이제 우리도 이 기도를 드려야 하지 않을까, 보다 정직하기 위해서.

4. 교회가 찾아야 할 영적 좌표

"이는 곧 물로 씻어 말씀으로 깨끗하게 하사 거룩하게 하시고 자기 앞에 영광스러운 교회로 세우사 티나 주름 잡힌 것이나 이런 것들이 없이 거룩하고 흠이 없게 하려 하심이라."(엡5:26, 27)

바울은 교회가 하나님의 말씀으로 깨끗하게 씻어 거룩하게 되고, 티나 흠 없는 영광스러운 교회로 세워지기를 소원했다. 이 기도는 바울의 시대에만 적용되는 것이 아니라 현재도, 오는 세대에도 교회에 바라는 것이리라.

1세기 교회는 그래도 순순한 말씀과 성령의 능력이 나타나 교회로서 모범을 보였다. 그러나 중세에 들어서면서 교회는 조직만 비대해지고 영적인 모습은 자취를 감추었다. 교회의 권위와 위세는 높아졌지만 하나님의 말씀은 자취를 감추었다. 종교개혁은 하나님의 말씀을 새롭게 연 시대다. 성도들이 성경을 읽을 수 있게 되었고, 영적인 대각성이 일어났다.

한국교회도 초기에는 평양대부흥운동과 같이 성령의 강한 역사가 일어나 온 나라가 회개의 물결로 넘쳐 났다. 지금은 회개보다 조직이 더 강해지고, 말씀보다 교회의 크기에 더 관심이 많아졌다. 물질적으로 나아졌는지는 모르지만 영적으로는 오히려 침체기가 접어들고 있다. 이젠 우리 자신의 모습을 돌아보고 하나님께로 돌아가야 할 시점에 와 있다. 더 늦기 전에 주님 앞에서 우리 자신의 역할을 바로 찾아야 한다.

최근 교회에 대한 책이 쏟아져 나오고 있다. 책마다 자신의 주장, 관점을 담고 있어 이 시대의 교회상이 앞으로 어떻게 달라져야 하는가를 보여 준다. 그중에 몇 저자는 한국교회가 서야 할 좌표를 잘 그려 주고 있어 주목을 끈다.

레너드 스윗은 무엇보다 예수님에 대한 소망을 잃어서는 안 된다고 말한다. 그는 특히 예수님에 대한 소망을 접고 자기 생각대로 살아가는 합리주의자들에게 주목한다. 그는 합리주의적 사고에 빠져 예수를 거부한 채 침몰해 가는 사람들에게 교회는 구원의 손길을 내밀어야 한다고 말한다. 모던 사회든 포스트모던 사회든 예수님은 언제 어디서나 인류의 소망이 되기 때문이다.

어윈 맥매너스는 야성이 살아 있는 교회가 될 것을 주문한다. 예수님의 제자가 되겠다고 말하면서도 어떤 희생도 헌신도 하지 않고 신앙생활은 편안히 하려는 교인이 많기 때문이다. 이런 교회를 향해 그는 코뿔소 교회가 되라고 한다. 코뿔소는 일단 방향을 정하면 그 어떤 상대도 아랑곳하지 않고 목표를 향해 전속력으로 달리는 특징이 있다. 한국교회도 주님의 열정으로 뜨거운 교회가 되어 하나님의 비전을 향해 전속력으로 달려야 한다.

마이클 슬로터는 성령의 능력이 힘 있게 나타나는 교회가 되라고 한다. 목회자는 성공적인 교회들을 본받고 그 교회들의 프로그램을 복사하는 데 열중이다. 그는 복제교회가 되지 말라고 말한다. 맥도날드 햄버거는 세계 어디서 만들든 맛과 크기가 똑같다. 하나님은 맥도날드식 교회를 원하는 것이 아니다. 각 교회가 성령이 주신 능력을 가지고 특색 있게 예수님을 드러내는 것이 중요하다.

글렌 와그너는 예수님이 원하는 교회가 되라고 한다. 예수님이 원하는 교회란 우리 자신의 경험이나 지식이 아니라 오직 성경이 제시하는 삶의 원칙에 충실한 교회가 되는 것이다. 이를 위해 한국교회는 예수님의 가르침에 더욱 주목하고, 말씀을 삶에 옮겨야 한다.

이런 가르침들은 이제 한국교회가 잃은 것은 무엇이고, 찾아야 할 것은 무엇인가를 보다 확실하게 보여 주고 있다.

월로우 크릭교회는 시카고 부촌의 여피(Yuppie)를 대상으로 성장한 교회이다. 처음에 이들을 대상으로 조사를 해 교회가 하지 않았으면 하는 일과 해야 할 일에 대해 물었고, 그 조사를 바탕으로 교회를 혁신해 나갔다. 이제 교회는 대교회로 성장했고, 세계적인 교회가 되었다. 하이벨스 목사는 퍼킨스 등 두 부목사로 하여금 자기 교회를 점검하여 보고하도록 했다. 그래서 나온 책이 『드러냄(Revealed What you are)』이다. 조사결과는 "우리는 뭔가 잘못했다."는 것이다. 한마디로 실패했다는 것이다. 대교회는 되었지만 교인들이 참된 제자로 살지 않았기 때문이다. 성장주의, 이벤트주의에 대한 경고이다.

달라스 윌라드에 따르면 교회가 필요한 것은 크고 화려한 교회당, 많은 헌금, 풍부한 자랑거리가 아니다. 교회는 오히려 이런 것들이 없을 때 능력을 최고도로 발휘했다. 현재 교회에서 필요한 것은 이런 것들이 아니라 예수님께 순종하는 누룩 같은 제자들, 말씀에 순종하는 충성된 공동체이다. 예수님은 우리에게 세상을 하나님 나라로 바꿔 놓으라는 소명을 주셨다. 하나님 나라를 세상나라로 바꾸는 것이 아니다.

교회가 교회다우면 생명의 역사가 일어난다. 교회가 생명으로 가득하면 교회를 생각만 해도 기쁘다. "사람이 내게 말하기를 여호와의 집에 올라가자 할 때에 내가 기뻐하였도다."(시122:1) 지금 한국교회는 사회 비난의 대상이 되고 있다. 교회가 어려울수록 우리 각자가 예수님 앞에 바로 설 필요가 있다. 내가 아니라 주님이 원하시는 교회가 진정 무엇인지에 관심을 가지고 교회를 새롭게 하는 데 앞장서야 한다. 한국교회는 보다 건강한 교회, 주님이 기뻐하시는 교회가 되어야 한다. 목회자 자신이나 개교회의 이름을 드러내려는 유혹을 벗어나 오직 이 시대의 소망이신 예수를 붙잡고, 그 주님을 힘있게 드러내야 희망이 있다.

5. 기독성과 그리스도인

라이문도 파니카(R. Panikkar)는 기독교를 세 가지 형태로 구분한다. 문화로서 기독교(Christendom), 종교로서 기독교(Christianity), 그리고 기독성으로서 기독교(Christianess)이다. 이 가운데 가장 바람직한 형태가 무엇일까?

문화로서 기독교는 기독교적 요소들이 모든 사회 영역에 영향을 미쳐 기독교 문화를 형성하는 것을 말한다. 여기에 속한 사람들은 좋은 기독교문화를 만들어 가는 데 관심이 있다. 이 경우 기독교문화를 향유하는 사람이라면 모두 기독교인으로 간주된다.

종교로서 기독교는 주일 성수나 십일조 등 기독교가 갖고 있는 종교적인 특성을 말한다. 신앙을 표출할 의식이 중시된다. 이 경우 교회 공식예배에 정규적으로 참석하고 헌금을 드리며 세례와 성례

등 각종 종교적인 의식을 지키는 사람이라면 모두 기독교인으로 간
주된다.

기독성으로의 기독교는 이 땅에서 예수의 삶을 사는 것이다. 이른
바 예수의 현존 체험에 정체성을 둔다. 기독성은 다른 말로 표현하
면 영성이요 예수를 드러내는 삶을 사는 것이다. 예수 현존 체험은
예수의 구원 사건이 먼 옛날의 사건으로 끝나는 것이 아니라 지금
이곳에서 그 구원사역에 동참하는 것을 의미한다. 하나님의 임재를
사모하는 사람이라면 오늘 예수가 가시는 곳에 가고, 그분이 하시는
일에 동참한다. 그것이 예수 현존 체험이다. 그것은 단지 체험으로
끝나는 것이 아니다. 우리의 삶의 현장에서 작은 예수로 그분의 삶
을 드러내며 산다. 이러한 삶을 사는 사람은 앞 두 경우의 기독교인
이 아니라 그리스도인이다.

이쯤 되면 어느 것이 진정 바람직한지 감이 올 것이다. 답은 세
번째에 있다. 기독교문화도 중요하고 예배 참석도 중요하다. 그것만
으로 기독교인의 정체성을 찾는다면 어딘가 빈구석이 많음을 느끼게
될 것이다.

기독교 문화를 창출하고 향유하는 일, 종교적 의식에 충실하며 늘
경건하게 살려고 하는 일도 중요하다. 그러나 여기에만 머물러 있다
면 당신은 기독교인일 수는 있어도 그리스도인은 될 수 없다. 진정
그리스도인이 되려면 문화를 뛰어넘고, 종교의식을 뛰어넘어야 한다.
우리 안에 잃었던 기독성, 곧 그리스도성을 회복하는 일이 중요하다.
기독성을 가진 사람은 결코 나약하지 않으며, 사회도 그런 사람에게
돌을 던지지 않는다.

왜 기독성을 가진 사람이 인정을 받을까? 그것은 성경대로 삶을 살기 때문이다. 예수는 늘 가난한 자, 억압받는 자와 함께했다. 그 예수는 성전 안에만 머문, 그리고 자기들이 만들어 놓은 문화에 스스로 갇혀 있는 바리새인과 서기관들을 공박하셨다. 사회와 함께 숨쉬지 못하는 신앙, 세상을 끌어안지 못하는 신앙은 죽은 신앙일 수밖에 없다. 말만 있고, 행동은 없기 때문이다.

주님은 교회 안에만 임재하지 않는다. 우리가 주님의 일을 하고자 하는 한 어디든 우리와 함께하신다. 주님은 서울에만 계시지 않는다. 남아공의 가난한 움막에도 계신다. 주님은 힘들고 어려운 곳에서 지금도 일하고 계신다. 교회 안에서만 주님을 만날 수 있다고 한다면 그것은 주님을 우리 스스로 제한하는 것이다. 예수는 바로 가난하고 억압받는 이들이 자신이라고 하셨다. 소자에게 한 것이 바로 나에게 한 것이라 하셨다. 우리는 나가서 이들을 만나야 한다. 그들을 향해 손을 뻗고 그곳에 계신 주님을 체험하면 할수록 우리 속에 기독성, 곧 영성이 쌓이고 쌓인다.

사회는 지금 교회를 향해 욕하고 있다. 기독교인들은 많은데 그리스도인이 보이지 않기 때문이다. 우리가 기독교문화를 만들어 누리는 데 급급하고, 교회출석과 은혜를 받는 것으로 만족한다면 저들의 목소리는 더 커질 것이다.

이제 교회는 세상의 아픈 목소리를 들어야 한다. 그것을 치유할 수 있는 길은 우리가 더욱 그리스도 앞에 나가는 것이다. 그리고 그분의 삶을 배우고 실천하는 것이다.

이그나티오스는 일찍이 4단계 영적 훈련을 제시한 바 있다. 첫 번째 단계는 하나님의 사랑에 비추어 우리 죄에 초점을 맞추어 보는 것이다. 두 번째 단계는 그리스도의 삶에 초점을 맞추는 것이다. 세 번째 단계는 그리스도의 수난에 초점을 맞추는 것이다. 그리고 끝 단계는 그리스도의 부활에 초점을 맞추는 것이다.

여기서 우리가 배울 점은 한두 가지가 아니다. 먼저 우리에게 잘못이 없는지 반성하자. 그 다음 그리스도에 초점을 맞추자. 기쁨과 평안만 누리려 하지 말고 고난 속으로 들어가자. 내 속에 나를 부활시키는 것이 아니라 주님을 부활시키도록 하자. 그러면 우리는 영적으로 풍성한 삶을 누릴 수 있다.

사람들은 기독교인들을 향해 나약하다 말한다. 그리스도의 능력을 드러내지 못하기 때문이다. 그러나 그리스도인은 달라야 한다. 당신은 주님의 임재를 체험하고 그분의 능력을 드러내는 사람이기 때문이다. 오늘 당신은 문화적·종교적 기독교인으로 만족하는 사람이 아니다. 예수를 체험한, 기독성이 강한 그리스도인이다. 그렇다면 당신은 결코 나약하지 않다.

6. 이웃 생각하는 마음 키우기

몇몇 교수들이 얘기를 나누던 중 요즘 애완동물에 대한 관심이 높아지고 있는 사회현상에 초점이 맞춰졌다. 한 교수는 애완견이 병들었을 때 3천 달러나 들여 고치는 것을 보고 놀랐다고 했다. 애완견에 대한 사랑이 지나친 것은 아닐까 하면서. 다른 교수는 한 식구가 돼 버린 애완견 얘기를 했다. 그러자 옆에서 듣고 있던 또 다른 교수가 입을 열었다. "예수님께서는 이웃을 내 몸과 같이 사랑하라고 하셨는데 사람들이 사람보다 애완동물을 더 사랑하게 되었으니 이젠 제발 인간을 사랑하라고 해야겠습니다."

"이웃을 생각하는 마음이 애완견만도 못하다고?" 모두들 웃고 말았지만 이웃에 대한 우리의 관심이 지금 뚝 떨어진 것은 아닌지 곰곰이 생각해 보게 한 멘트였다. 물론 애완견이라고 해서 모두 이 같은 대접을 받는 것은 아닐 터. 그러니 우리 이웃에 동물도 포함시키는 것이 당연할 것이다.

우리의 얘기를 본류인 이웃사랑으로 돌려 보자. 이웃에 대한 우리의 따뜻한 생각은 성탄 절기에 뜨겁다. 하지만 이 절기에 반짝 등장하다 사라진다면 정말 문제가 아닐까. 이젠 이웃을 생각하는 마음을 더 키워야 할 때가 되었다. 특히 세계적으로 경제가 어려운 이 시기엔.

부활절을 맞으면서 연변과기대는 초중등학생들의 학비로 어려움을 겪는 교직원들을 십시일반 돕는 일에 나섰다. 인민폐로 한 달에 몇 천 위엔씩 들어가 자녀를 몇 둔 가정의 경우 교육비로 허리가 휘기 때문이다. 모두 넉넉지 않은 형편이라 큰 기대는 할 수 없다. 하지만 다른 교직원들의 자녀를 자기 자녀로 생각하고 서로 짐을 나누어 진다는 것은 좋은 일이 아닐 수 없다. 이 일은 여기서 끝나지 않는다. 어려운 과기대 학생들을 돕는 일은 계속 이어진다. 여기서는 남을 돕는 일이 일상사가 된 지 오래다.

그렇다면 현대를 살아가는 그리스도인으로서 이웃을 향해 어떤 삶의 태도가 바람직할까. 두 사례를 통해 그 의미를 생각해 보는 것도 의미가 있을 것이다. 하나는 소록도의 두 수녀 이야기며, 다른 하나는 구세군 자선냄비 이야기다.

43년 동안 소록도에서 한센병 환자들을 보살피다 오스트리아로 돌아간 마리안네 스퇴거와 마가레트 피사렉 수녀의 이야기는 우리의 가슴을 뭉클하게 만들었다. 그들은 헤어지는 아픔을 주기 싫다며 편지 한 장만 남기고 새벽에 몰래 섬을 떠났다. 그 편지 속에는 "나이가 들어 제대로 일을 할 수 없다. 부담을 주기 전에 떠나야 할 때"라 말하고, 오히려 큰 사랑을 받았다고 했다. 그들은 소록도에 간호사가 필요하다는 소식을 듣고 주저하지 않고 지원해 먼 이국땅을 고향처럼 생각하며 지냈고, 장갑도 끼지 않은 채 환자들을 돌보아 감동을 주었던 사람들이다.

소외받는 이웃에 예수 그리스도의 사랑을 남김없이 쏟아 놓고서도 정작 자신들은 대접받기를 거부했다. 자신들의 식비를 안 받으면 봉사자격을 잃는다며 오히려 병원 측에 식비를 냈고, 본국에서 보내온 생활비를 쪼개어 어려운 이웃을 돌보았다. 70을 넘긴 두 수녀는 단지 가져왔던 가방만 들고 소록도를 떠났다고 한다. 그들은 이 땅에 이웃사랑이 무엇인가를 보여 준 천사들이다.

연말이면 그리스도의 사랑을 담은 구세군의 자선냄비가 어김없이 등장한다. 자선냄비가 처음 등장한 것은 1891년 미국 오클랜드의 한 부두에서이다. 당시 샌프란시스코의 도시 빈민들과 럭키 해안에 배가 좌초되어 생긴 1천여 명의 난민들은 우울한 크리스마스를 맞을 수밖에 없었다. 구세군 사관 조셉 맥피는 그들을 돕기 위한 방법으로 자선 국솥을 생각해 냈다.

오클랜드 부두로 간 그는 주방에서 사용하던 큰 쇠솥에 삼각다리를 놓고 그 위에 이렇게 써 붙였다. "이 국솥을 끓게 합시다!" 이를 계기로 전 세계에 구세군 자선냄비가 등장하게 되었다. 1928년 우리나라 모금액은 당시 화폐로 812원이었고, 2004년에는 21억을 넘어섰다. 경제가 어려울수록 모금액은 더 컸다고 한다.

초창기 구세군은 3S운동을 전개했다. 3S운동이란 Soup(국), Soap(비누), Salvation(구원)의 영어 첫 글자로서, 가난하고 소외된 이웃에게 먼저 따뜻한 국으로 몸을 지탱케 하고, 비누로 더러움(죄, 무지, 미자립, 가난의 습관 등)을 깨끗이 씻어내 스스로 건전한 사회인이 되게 하며, 그들에게 복음을 전함으로써 구원을 받는 사람이 되도록 한다는 뜻이다.

지금 우리 사회는 물질적으로나 정신적으로 어려운 상태에 있다. 이런 때 필요한 것이 그리스도의 사랑이다. 소록도의 두 천사는 그 사랑을 남김없이 쏟아 놓고서도 자신은 대접받기를 거부했다. 그리고 샌프란시스코의 자선냄비는 작은 것에서부터 이웃 섬김이 얼마나 위대한 결과를 낳는가를 보여 주었다. 이제 한국교회도 어려운 이웃과 사회를 살리는 그리스도의 전진기지가 되어야 한다. 꽁꽁 언 세상을 따뜻이 녹이는 주님의 교회가 되어야 한다.

7. 캐롤 앳킨스 이야기

연변과기대에선 매주 금요일 저녁마다 구역모임이 있다. 이번 주는 이임식 교수님 댁에서 모임을 가졌다. 식사를 하고 있는데 교수님이 벽에 걸린 한 그림을 가리키며 혹시 캐롤 앳킨스(Carol Atkins)를 아느냐고 물었다. 처음 듣는 이름이라 모르겠다고 하니 그 그림의 유래에 대해 설명을 하셨다. 이 여성은 화가라기보다 연변과기대 교수를 지내다 소천하신 호주인이다. 70 넘어 백혈병으로 가셨다. 그 그림은 어느 겨울 이 교수 내외를 위해 그려 준 그림이었다. 말하자면 유품인 셈이다.

연변과기대 조각공원 중앙에는 검은 돌로 만든 YUST 상징물이 서 있다. 그곳에는 이 학교에서 봉직하다 주님 앞으로 먼저 불림을 받은 사람들의 이름이 쓰여 있다. 그 가운데 바로 그의 이름이 있다. "아. 바로 그분이구나."

그가 연변과기대에 오게 된 것은 우연히 한국 목사를 만나 북한에 대한 이야기를 듣고서였다. 그 뒤 그의 기도에는 늘 북한이 있었다. 북쪽을 안고 기도하던 중 북한에 직접 들어갈 수 없다는 것을 알고 그곳과 제일 가까운 곳에 위치한 이 학교로 오게 된 것이다. 그는 이 대학에 와서 영어를 가르쳤다. 더 자격이 있는 교수가 되기 위해 호주에 돌아가 석사학위를 두 개나 더 받는 열정을 보이기도 했다. 과기대 학생들과 장백산에 오를 땐 혹시 북한 사람을 만나게 될지 모른다며 옷 이곳저곳에 주머니를 만들어 성경을 넣고 다니던 사람이다. 그가 백혈병이 있다는 것을 알게 된 것은 미국을 방문했을 때였다. 그는 치료를 받기 위해 호주로 돌아갔다.

그러나 호주에 있으면서 늘 마음에 걸린 한 학생이 있었다. "어서 그 학생에게 주님을 알게 해야 하는데." 그가 보고 싶어 한 학생은 연변과기대 전자공학도 김용. 학내에서 학생들 간의 싸움으로 한차례 어려움을 겪기도 했던 학생이다. 앳킨스는 그를 품고 기도하고 있었던 것이다.

그는 와병 중 그에게 전도해야 한다며 호주에서 서울로 왔다. 하지만 서울에서 그의 병세를 지켜본 동료들은 중국행을 말렸다. 중국에서 돌아가실지 모른다는 우려 때문이었다. "교수님, 이미 기도로 씨를 뿌려 놓았으니 거두는 날이 있을 것입니다. 이 몸으로 가지 못하십니다." 그의 고집을 꺾는 데 여러 날이 걸렸다. 동료들은 마지막 수단으로 그 학생을 북경으로 오게 해 만나도록 할 계획까지 가지고 있었다. 결국 그는 호주로 돌아갔고 그곳에 간 지 며칠 되지 않아 하나님의 부르심을 받았다. 학교는 그의 헌신을 기리어 기념 돌에 그의 이름을 새겨 넣었다.

나는 이 이야기가 너무 귀하고 나만 듣는 것이 아까워 구역 식구 모두에게 다시 들려 달라고 요청했다. 이날 밤 우리는 시편 8편과 9편을 묵상한 뒤 앳킨스의 이야기를 다시 들을 수 있었다. 북한을 끌어안는 그의 강렬한 기도, 복음을 위한 그의 열정이 우리 마음을 적시는 순간이었다.

이야기가 끝나자 나는 그 학생이 어떻게 되었느냐 물었다. 지금은 교회에 잘 다니고 있는 아내를 맞아 교회는 출석하고 있지만 주님을 완전히 영접하지는 않은 것 같다고 했다. 우리는 그 졸업생의 구원을 위해 간절히 기도했다. 그리고 과기대를 졸업한 학생들의 신앙을 위해서도 함께 기도했다.

요즘 금요일만 되면 바쁘다. 기도모임이 많기 때문이다. 새벽엔 학부 교수님들이 모여 학교와 학생들, 그리고 졸업생들을 위해 기도한다. 오전에는 평양과기대 개교를 놓고 학사위원들이 모여 기도한다. 점심시간에는 학부 교수님들이 학생들의 지도를 놓고 특별히 기도한다. 그리고 저녁에는 구역모임에서 말씀을 묵상하고 기도한다. 하루 내내 엎드리게 하시는 하나님, 그래서 금요일이 좋다. 특별히 오늘은 앳킨스를 알게 되어 더 기쁘다. 주님은 만남을 통해 하나님의 비밀을 더 알게 하시고 깨닫게 하신다. 그 오묘하신 하늘의 비밀을.

8. 워필드의 아내 사랑

현대 히브리 대표적 소설가 아모스 오즈(A. Oz)는 남녀가 만나서 삶을 꾸리는 것은 서로를 감싸 주는 것이라 주장한다. 그것을 연민이라 불러도 좋다. 사랑으로도 감싸고 증오로도 감싼다. 죽음을 앞둔 그를 병간호로도 지켜 주고, 헤어진 그녀가 헐벗으면 따뜻한 말과 지갑으로도 감싼다. 부부는 서로 감싸는 존재들이다. 그래서 더 아름답다.

이 감쌈의 본이 되는 인물로 세계적인 칼빈주의 신학자 벤자민 워필드(B. B. Warfield)가 있다. 그는 1921년에 세상을 떠날 때까지 프린스턴 신학교에서 34년간 교수로 재직했다. 그의 저서 『성경의 영감과 권위』뿐 아니라 신학분야에서 세계적인 학자로 인정을 받았다.

워필드

그러나 그런 그에게도 아픔이 있었다. 1876년 그는 당시 25세의 청년으로서 애니 킨키드(Annie Pierce Kinkead)와 결혼하게 되어 독일로 신혼여행을 갔다. 그러나 불행히도 풍랑을 만나 헤매던 중 낙뢰를 맞아 반신불수가 되었다. 아내가 반신불수가 된 이유에 대해서는 아직도 확실하지 않다. 그녀가 정신적인 또는 심리적인 문제가 있었다는 주장도 있고, 말에서 떨어졌기 때문이라는 주장도 있다. 즉 혼례식을 마치고 신부와 함께 마차를 타고 돌아오던 중 말이 놀라서 갑자기 뛰는 바람에 부인이 마차에서 떨어진 일이 있었기 때문이다. 그런 상황에 벼락까지 맞아 문제가 더욱 심각해진 것으로 보인다.

중요한 것은 워필드 교수가 그 후 39년간 아내를 성실하게 간호했다는 사실이다. 그가 결혼한 후 2시간 이상 아내를 떠난 일이 없었다고 한다. 가르치다가도 두 시간마다 아내를 돌보기 위해 찾아갔고, 노회 참석도 하지 못했다.

“우리가 알거니와 하나님을 사랑하는 자 곧 그 뜻대로 부르심을 받은 자들에게는 모든 것이 협력하여 선을 이루느니라.”(롬8:28)

그는 이 말씀에 관하여 다음과 같이 말한다. “하나님께서 사랑하시는 사람들에게 일어나는 모든 일은 좋은 것일 수밖에 없다. 모든 것을 하나님께서 통치하시므로 우리는 각자에게 일어나는 모든 일로부터 오로지 선한 요소들만 수확해야 한다. 나는 나의 달콤한 평안을 위하여 아내를 희생시켜 왔다. 큰 잘못이다. 하나님의 사람은 사랑하는 사람들과 함께 모든 것을 좋은 길로 이끌어야만 할 것이다. 예수께서는 자기를 죽이려는 사람들 사이에서도 사랑과 구원을 실천한 우리의 구주이시다.”

1915년 아내가 죽자 5년 후인 1921년 자신도 하나님의 나라로 갔다. 둘 사이에는 자녀가 없었다. 그는 신앙과 삶을 일치시킨 인물이자 성령의 뜻으로 산 사람이었다. 자기를 생각하지 않고 헌신한 사람 워필드(selflessly devoted person, B. B. Warfield).

부부가 묻힌 사진

칼 로저스에 따르면 결혼이 실패하는 대부분의 경우는 상대방에게 무엇을 기대하기만 함으로써 자기가 파트너가 된다는 정신적 준비가 안 된 상태에서 하기 때문이다. 그리스도의 나라를 지상에 세우는 것이 삶의 목적이었던 톨스토이는 자신의 가정도 하나 제대로 꾸리지 못하고 지순한 여인 소냐를 세기적 악처로 만들었다. 보이는 부부관계가 원만하지 못하면서 보이지 않는 하나님과의 관계가 원만해지기를 바라는 것은 나무에서 고기를 얻고자 하는 것과 같다.

워필드는 그렇게 아내에게 헌신하고서도 아내를 희생시켰다고 고백한다. 더 잘해 주지 못해서 아쉽다는 말이리라. 그 마음가짐, 그 감쌈이 그리스도인으로서 모범을 찾기 어려운 이 시대에 더욱 빛이 난다.

9. 파잔과 코끼리의 눈물

공동번역 성경에 나오는 집회서 13장 15절에 이런 말씀이 있다. "모든 동물은 그 동류를 사랑하고 인간은 누구나 자기 이웃을 사랑한다." 인간이 인간을 사랑하듯 각 동물도 자기끼리 서로 사랑하며 산다. 양도 양끼리 서로 사랑하며, 원숭이도 원숭이끼리 한 식구를 이루고 사랑하며 산다. 만일 양이 원숭이를 사랑하며 지낸다고 할 때 자연계는 혼란에 빠진다. 동물이 다른 식물과 다른 것은 그 사랑하는 모습이 구체적으로 보이고, 그 하나하나가 아름답고 귀하다. 그 것이 하나님이 만드신 자연의 이치다.

인간이 자연 그대로의 모습을 아끼고 존중하며 살아가는 것은 너무나 당연하다. 그러나 여러 정황을 보면 그렇지 못한 면이 많다. 특히 동물에 대한 인간의 학대는 물론이고 동물 살상 행위가 무분별하게 자행되고 있다. 오죽하면 동물보호단체원들이 입느니 차라리 벗겠다며 누드 행진을 벌일까.

알라스카에는 슬렛지(sledge) 게임이라는 것이 있다. 여러 개들을 연결하여 빨리 달리게 하는 경기이다. 이 경기는 매서운 북극 추위(arctic air) 아래 벌어지는 스피드 경주놀이이다. 그런데 이 경기가 열릴 때마다 최소한 5~6마리의 개들이 죽어 간다. 노모(Nomo)와 앵커레지(Anchorage)를 잇는 이 경기에서 개를 아주 사랑하고 잘 훈련한다는 수전(Suzane)의 개도 죽어 이 경기가 얼마나 혹독한가를 보여 주고 있다. 미국 휴매인 소사이어티(Humane Society of America)에서 이 경기에 이의를 제기했다. 동물보호 차원에서 이같이 혹독한 게임은 중지되어야 한다는 비판의 소리가 높아지고 있는 것이다. 혹시 슬렛지 경기를 즐기시나요? 동물에게는 고통입니다.

언젠가 KBS가 환경스페셜로 방영한 '코끼리 벼랑 끝에 서다'는 프로그램을 보고 코끼리가 겪는 아픔을 느꼈다. 태국을 중심으로 살아가는 아시아 코끼리들이 야생에서 자유롭게 살지 못하고 인간들의 이기심을 채우는 도구가 되면서 얼마나 잔혹한 대우를 받고 있는가를 고발한 프로그램이었다.

야생의 코끼리들을 잡아다 훈련시키는 사람들은 코끼리가 말을 듣지 않을 때 파잔이라는 고문을 가한다. 날카로운 쇠꼬챙이가 달린 거창이 사정없이 코끼리의 머리를 찍는다. 처음에는 사람을 태우기 싫어하던 코끼리도 한두 시간의 파잔을 거치면서 포기한 채 사람을 태운다. 머리는 이미 피로 범벅이 된 뒤다. 그뿐 아니다. 주인의 명령대로 재롱을 부리지 않으면 파잔이 가해진다. 어미를 떨어지기 싫어하는 어린 코끼리들이 재롱을 부리는 것을 보면 파잔이 얼마나 무서운가를 느끼게 한다. 어미든 새끼든 상관하지 않는 인간의 잔인함은 말할 것도 없다.

태국에는 천여 마리의 코끼리가 살고 있다. 100년 전만 해도 10만여 마리가 살고 있었지만 벌목과 상아를 얻으려는 사람들의 욕심으로 그동안 그 수가 크게 줄어 멸종위기에 처했다. 살아 있는 코끼리들도 혹독한 작업에 시달리고, 사람들의 구경거리가 되기 위해 훈련을 받으며, 심지어 주인에 이끌려 시내 이곳저곳을 돌며 먹이 동냥

마저 한다. 코끼리 병원에는 정신병에 걸린 코끼리가 마구 고개를 흔들고 있었다.

태국 하면 코끼리의 재롱이 유명하다. 코끼리의 경기를 보고 박수를 치고, 코끼리의 등에 타고 트래킹도 한다. 이 모두가 파잔을 거친 것이라 생각하면 마음이 아프다. 관광이라는 미명 아래 코끼리의 아픔과 눈물을 아랑곳하지 않는다면 거창을 들고 파잔을 하는 사람과 무엇이 다르랴. 코끼리가 있어야 할 곳은 자연이다. 그곳에서 자유를 누리게 하라.

예레미야 31장에 하나님께서 에브라임을 향해 "그를 위하여 내 마음이 측은한즉 내가 반드시 그를 긍휼히 여기리라."(20절) 하신 말씀이 있다. 에브라임은 요셉의 아들로 유다지파에 저항하고 이스라엘을 세워 우상을 섬기다 아수르의 포로가 된다. 진노의 대상이 된 것이다. 그 에브라임, 곧 이스라엘에 대해 하나님은 측은한 마음을 가지신다. 측은하다는 말은 히브리어로 함무메아이, 곧 '내 속 창자가 울려서 아프다'는 의미를 가지고 있다. 이스라엘을 생각할 때마다 하나님의 애간장이 탄다. 끊어질 지경의 아픔이다. 여기서 우리는 하나님의 마음을 읽을 수 있다. 하나님의 깊은 사랑이다. 눈물의 선지자 예레미야는 하나님의 마음을 깊이 본 사람이다. 그의 눈물은 배은망덕한 이스라엘을 향한 하나님의 아픔이요 하나님의 눈물이다.

하나님이 그 자녀를 그렇게 사랑하신다면 하나님의 피조물이자 우리의 또 다른 이웃인 동물을 사랑할 순 없을까. 실험에 따르면 자식 잃은 원숭이의 경우 창자 마디마디가 끊어져 있었다고 한다. 동물도 다치면 아파하고, 식구를 잃으면 슬퍼한다. 길을 잃으면 당황하고,

자기가 감당할 수 없는 적들을 만나면 두려워한다.

인간이 잠시 기쁨을 얻기 위해 그들을 파잔으로 몬다면 언젠가 인간이 파잔을 당할 때 도움을 받지 못할 것이다. 코끼리의 눈물을 기억하라. 하나님이 우리를 긍휼히 여기시듯 우리도 동물을 긍휼히 여길 줄 알아야 한다. 그들의 아픔, 그들의 눈물 속으로 들어가라. 당신이 하나님의 마음을 안다면.

10. 역사를 알지 못하는 세대들

안병렬 교수가 연변을 돌아보며 쓴 책 『동토가 아니예요 꽃이 핍디다』를 읽다가 매우 안타까운 장면을 보게 되었다. 용정중학교 전시실을 구경하고 나오다 운동장에서 뛰노는 아이들을 보았다. 모두들 우리말을 사용하고 있었고, 심지어 상스러운 말까지도 우리말이었다. 그 상스러운 말까지도 반가웠다. 중국에서도 우리말을 이토록 지켜 내다니. 하도 기특해서 동행한 김 선생에게 말을 건넸다.

"저들이 진정 우리 민족이군요."

그러나 그분은 한숨을 쉬면서 말했다.

"말만 쓴다고 되나요? 얼이 빠졌어요."

김 선생은 아주 기막힌 이야기를 하나 들려주었다. 자신이 경영하는 '한글독서사'에서 직원을 뽑게 되었다. 책을 다루다 보니 자격을 전문대 이상으로 했다. 3명을 모집하는데 10명이 응모해 부득이 시험을 보게 되었다. 그는 시험문제에 세종대왕, 이순신 장군이 누구며 한글은 누가 만들었느냐고 물었다. 그 결과 놀랍게도 아는 사람이 세 사람밖에 없어, 그 사람들을 채용했다.

그들은 왜 세종대왕과 이순신을 모를까. 그것은 학교에서 가르치지 않기 때문이다. 교과목에 우리 역사가 없으니 가르칠 수 없고 안 가르치니 모를 수밖에. 비록 우리말을 쓰고 우리글을 안다 해도 혼이 빠진다면 그 말과 글이 제대로 구실을 할 수 있을까. 중국 국민이니 진시황도 알고 명나라도 알아야지만 세종대왕이 누군지 모른다면 어찌 배달민족이라 하겠는가. 안 교수는 이 글을 쓰면서 매우 안타까운 마음을 떨치지 못한다.

이와 유사한 장면이 사사기 2장에 나온다.

> "백성이 여호수아의 사는 날 동안과 여호수아 뒤에 생존한 장로들 곧 여호와께서 이스라엘을 위하여 행하신 모든 큰일을 본 자의 사는 날 동안에 여호와를 섬겼더라. 여호와의 종 눈의 아들 여호수아가 일백십 세에 죽으매 무리가 그의 기업의 경내 에브라임 산지 가아스 산 북 딤낫 헤레스에 장사하였고 그 세대 사람도 다 그 열조에게로 돌아갔고 그 후에 일어난 다른 세대는 여호와를 알지 못하며 여호와께서 이스라엘을 위하여 행하신 일도 알지 못하였더라."(삿2:7-10)

이스라엘에 세대가 교체되면서 백성들이 결국 하나님이 누구신지 알지 못하고, 하나님이 이스라엘을 위해 행하신 그 큰일도 알지 못하게 되다니. 그들이 비록 히브리 언어를 사용한다 해도 과연 하나님의 백성이라 할 수 있을까. 한글을 쓰고 말하는 우리가 세종대왕이 누구인지 알지 못하는 것과 무엇이 다를까. 김 선생의 말대로 얼이 빠졌다.

물론 이스라엘이 하나님을 몰랐을까. 아니면 알고서도 그분의 통치에 대해 무관심하고 불순종했을까. 그 모든 가능성은 열려 있다. 그로 인한 참담함은 다음 절에서 입증된다. "이스라엘 자손이 여호와의 목전에 악을 행하여 바알들을 섬기며 애굽 땅에서 그들을 인도하여 내신 그 열조의 하나님 여호와를 버리고 다른 신 곧 그 사방에 있는 백성의 신들을 좇아 그들에게 절하여 여호와를 진노하게 하였으되"(삿2:11-12) 하나님의 백성이 바알과 아스다롯을 섬기는 백성으로 전락한 것이다. 얼이 빠지면 어떻게 되는가를 보여 준다.

하나님은 이스라엘에게 진노하신다. 그래서 주변국으로부터 노략질을 당하고 괴로움을 당하게 된다. 그들은 우상들에게 나아가 자신들의 평안을 빌었지만 하나님은 그들을 위해 고통을 주셨다. 다 깨닫게 하기 위함이었다.

이 두 사례는 우리가 후세들에게 어떤 교육을 시켜야 하는가를 잘 보여 준다. 중국이라 학교에서 역사를 배우지 못한다면 집에서라도 가르쳐야 했다. 아니 다른 길로도 우리 역사를 알도록 했어야 했다. 그러나 결국 그렇게 되지 못한 것이 안타깝다. 여호수아 이후 세대들도 자녀들에게 하나님을 알게 하고, 그 하나님이 이스라엘에게 어떤 분이셨는가를 교육했어야 했다. 그러나 결국 그리 되지 못했다.

지금 우리에게는 이 두 가지 모두를 후대에 교육해야 할 책임을 가지고 있다. 그럼에도 불구하고 후세대 역사 기록에서도 똑같이

"그러나 결국 그리 되지 못했다."라고 기록된다면 우리는 역사를 포기한 셈이다. 그리되지 않도록 우리 마음을 다잡아야 한다. 그리고 역사를 말해야 한다. 하나님은 말씀하신다. "네 자녀에게 부지런히 가르치며 집에 앉았을 때에든지 길을 갈 때에든지 누워 있을 때에든지 일어날 때에든지 이 말씀을 강론할 것이며"(신6:7). 이 명령은 지금 우리에게도 유효하다.

11. 동굴 속의 반딧불과 세상 속의 반딧불

뉴질랜드에는 와이토모 동굴(Witomo Caves)이라는 반딧불 동굴이 있다. 이 동굴에는 세계적으로 8대 불가사의로 손꼽히고 있는 현상이 벌어지고 있다. 이 동굴은 수백만 년 전에 생성한 종유석 동굴로 이 깊은 동굴 속에 반딧불들이 밤하늘의 은하수처럼 빛을 발하며 서식하고 있다.

이 반딧불은 9개월간 개똥벌레의 애벌레들로 먹이사슬을 늘어뜨린 채 빛을 내고 있다. 이 애벌레가 성충이 되면 1~3일간만 산다. 입이 없어 먹이를 먹지 못하므로 알만 까 놓고 죽는 것이다. 하루 이틀을 살기 위해 9개월 동안 빛을 발하며 동굴을 은하수로 만드는 것이다.

한 신학교를 방문했을 때 졸업생들이 선교사로 파견되어 있는 지역에 별 딱지를 붙여 놓았다. 딱지들이 세계지도 위에 별처럼 빛나고 있었다. 마치 와이토모 동굴의 반딧불처럼.

한국교회는 지금 많은 선교사를 파송하고 있다. 그 옛날 많은 선교사들이 이 땅에서 헌신한 것을 기억하고, 그 빚을 갚고 있다. 많이 받았으니 많이 주는 것은 당연한 것이리라. 이제 한국이 복음을 수출하는 국가가 되었으니 복받은 나라임에 틀림없다.

그러나 우리는 암울했던 시절 이 조선 땅을 위해 반딧불처럼 살아간 여러 선교사들을 기억하지 않으면 안 된다. 맥켄지 선교사는 초기 온갖 어려움을 겪으면서도 기도했다. "나의 뼈가 조선에 묻히게 하여 주옵소서." 그는 조선에 온 지 2년 만에 순교했다. 언더우드는 어둠이 짙은 조선 땅을 생각하며 기도했다. "믿음은 바라는 것들의 실상이요 보지 못하는 것들의 증거라 하신 주님. 지금은 아무것도 보이지 않습니다. 조선의 앞날을 볼 수 있게 하옵소서. 머지않아 이 땅에 하나님의 은총이 임할 것을 믿습니다." 그 기도는 결코 헛되지 않았다. 세계 선교를 위한 우리의 기도도 결코 헛되지 않을 것이다.

선교사들만 반딧불이 아니다. 현재를 살아가는 그리스도인, 보통의 그리스도인 모두 이 세상의 반딧불들이다. 우리 모두 빛의 자녀들이기 때문이다. 그러나 지금 우리는 세상의 빛으로서 역할을 하지 못한다며 비판을 당하고 있다. 안타까운 일이 아닐 수 없다. 왜 그리 되었을까. 빛과 소금은 자신을 태우고 녹여야 하는데 녹이고 태우는 일을 하지 않으려 하기 때문이다. 그러므로 이제 우리는 더 낮아지고 다 녹아지고 태워져야 한다. 그래야 빛이요 소금이라 할 수 있다.

김교신의 수필에 「조와」가 있다. 조(弔)는 슬퍼함, 와(蛙)는 개구리 울음을 뜻한다. 추운 겨울에 개구리가 얼어 죽어 더 이상 개구리 울음 소리를 듣지 못할 것을 생각하여 지은 것이다. 이 글을 쓴 때는 일제강점기여서 총독부는 이 말을 꼬투리 잡아 그를 감옥에 집어넣었다. 그의 글에 이런 대목이 나온다. "아 전멸은 면했나보다." 두어 마리 살아 있는 것을 보고 기뻐해서 나온 탄성이다.

구약을 보면 남은 자(remnant)가 소개되어 있다. 갈멜산에서 바알 선지자 450명과 대결해 하나님이 살아 있음을 보여 준 엘리야. 그러나 그를 죽이겠다고 말하는 이세벨의 말을 듣고 혼비백산해 도망하며 말한다. "하나님, 차라리 죽여 주십시오. 저밖에 남지 않았습니다." 그러나 하나님은 말씀하신다. 바알에 무릎 꿇지 않은 사람 칠천을 남겨 두셨다고.

어두운 시대에도, 험난한 이 시대에도 하나님은 남은 자를 두신다. 그들은 세상 방식대로 살지 않고 하나님 앞에 바로 선 자들이다. 하나님을 위해 살아 있는 자들이다. 그들 몇만 있어도 하나님은 그들을 통해 자신의 뜻을 기꺼이 이루어 가신다. 당신은 지금 무엇을 위해 빛을 발하고 있는가? 온 맘 다해 주 사랑하라. 온 맘 다해 주 빛 발하라. 당신은 세상을 밝히는 작은 반딧불이다. 신비한 빛이다. 하늘의 빛이다.

12. 공의를 행하며 인자를 사랑하며

2009년 2월 27일, 이날은 나의 생애에서 가장 잊지 못할 날 가운데 하나가 될 것이다. 한양대학교에서 정년을 맞은 날이기 때문이다. 그날 나는 퇴직 교수를 대표하여 퇴임사를 하게 되었다. 퇴임사를 하면서 미가서 6장 말씀을 읽었다. 한양대학교는 기독교학교는 아닐지라도 입학식과 졸업식은 물론 퇴임식에도 교목의 축도가 있는 학교가 아닌가.

"구약의 미가서 6장에 이런 말씀이 있습니다. '내가 무엇을 가지고 여호와 앞에 나아가며 높으신 하나님께 경배할까. 내가 번제물 일 년 된 송아지를 가지고 그 앞에 나아갈까. 여호와께서 천천의 수양이나 만만의 강수 같은 기름을 기뻐하실까.' 이 물음에 대한 선지자 미가의 대답은 이렇습니다. '사람아 주께서 선한 것이 무엇임을 네게 보이셨나니 여호와께서 네게 구하시는 것이 오직 공의를 행하며 인자를 사랑하며 겸손히 네 하나님과 함께 행하는 것이 아니냐.' 제사보다 더 중요한 것은 바로 공의와 사랑과 겸손이라는 것입니다. 저는 이 말씀을 묵상하면서 한양의 구성원들이 보다 하나님 앞에 바로 서고, 의와 사랑과 겸손을 가르치고 실천할 때 희망이 있다고 생각합니다."

그리고 한양대학교의 건학정신인 '사랑의 실천' 속에 담긴 실천의 덕목, 곧 근면·정직·겸손·봉사가 구호에서 벗어나 바르게, 그리고 지속적으로 실현되기를 당부했다. 한양대 웹사이트에 들어가 보니 반가운 글이 떴다. 그동안 선택과목이었던 '사회봉사'를 필수로 한다는 것이었다. 초창기 주성수 교수 등 여러 교수님들과 함께 그 과목을 만들기 위해 노력했던 일들이 주마등처럼 스쳐 간다. 미가의 말씀이 한양대학교에서 살아 역사함을 본다.

지금 연변과기대에 와 있다. 상경학부 교수님들이 모여 새벽기도
회를 가졌다. 김무범 교수님이 말씀을 보는데 바로 미가서 6장 6~8
절 말씀이다. 우연이라 하기엔 너무나 분명한 일이어서 주님이 계속
이 말씀을 주시는구나 생각했다. 말씀이 끝나고 기도 조목을 내놓고
기도하는 가운데 최근 중국 측 교직원에 대한 구조조정 얘기가 나왔
다. 이 일로 힘들어 하는 직원들을 사랑으로 대할 수 있는 방법을 달
라고 기도했다. 조원상 교수는 중국 측 직원들뿐 아니라 외국에서 온
직원들이 봉급을 5~10%씩 내놓아 그들을 돕는 compensation pooling
system을 구축하자고 제안한다. 자르는 대신 미가가 제시한 사랑을
말이 아니라 행동으로 보여 주자는 것이다. 학교가 그것을 수용할지
는 미지수다. 하지만 미가의 가르침이 이곳 현장에서 어떻게 발현되
는가를 본다.

그날 상경학부 일부 교수님들이 모여 재학생과 졸업생을 위한 기
도모임을 따로 가졌다. 유기체 모임이다. 그들의 영혼을 안고 기도하
는 모습이 좋았다. 백시현 교수님은 최근 한국으로 유학 간 졸업생,
특히 딸의 장래를 위해 세 번이나 재혼한 어머니를 둔 한 여학생의
이름을 불러 가며 그가 그곳에서 잘 적응할 수 있도록 간절히 기도
했다. 김무범 교수는 지도하는 한족 학생 중 무당 집안의 딸인 한
학생이 자기도 장차 무당이 되는 것이 희망이라는 말에 쇼크를 받고
그 영혼을 위해 간절히 기도했다. 그리스도의 사랑으로 모두를 끌어
안는 그들의 모습을 보며 미가 6장이 오늘도 어떻게 펼쳐지는가를
보았다.

그날 저녁엔 구역모임이 있었다. 화평타운에서 모임을 갖고 밤길

학교 숙사로 걸어오면서 다시금 미가 6장을 묵상해 보았다. "내가 무엇을 가지고 여호와 앞에 나아가며 높으신 하나님께 경배할까. …… 사람아 주께서 선한 것이 무엇임을 네게 보이셨나니 여호와께서 네게 구하시는 것이 오직 공의를 행하며 인자를 사랑하며 겸손히 네 하나님과 함께 행하는 것이 아니냐." 어둔 밤인데도 빛이 내 가슴에 환하다. 그 말씀이 가슴을 뜨겁게 달군다.

13. 시절을 좇아 과실을 맺으며

시편 1편은 복 있는 사람, 의인에 대해 소개하고 있다. 그 사람이 하는 일 가운데 하나는 오직 여호와의 율법을 주야로 묵상하는 자다. 그리고 해야 할 일 하나가 더 있다. 바로 시절을 좇아 과실을 맺는 것이다. "저는 시냇가에 심은 나무가 시절을 좇아 과실을 맺으며"(3절) 묵상하는 것까지는 쉽지만 열매를 맺는 삶은 결코 쉬운 일이 아니다. 그래서 시편 1편을 읽다가도 이 부분에서 걸린다. 아직 부족한 점이 많기 때문이다.

어떤 부모는 자식을 생각하며, 우리 자녀들이 그 나이에 맞는 열매 맺기를 기대한다. 그 열매가 보이지 않으니 안타깝게 매달리며 기도한다. 가만히 보니 그 열매는 자식의 성공이었다. 그것이 과연 시편 1편이 말하는 과실일까. 결혼적령기엔 좋은 혼처를 위해 기도한다. 그것도 중요하다. 그러나 그 결혼이 시편 1편이 말하는 열매는 아니다.

그렇다면 시편이 말하는 열매는 무엇일까? 열매 하면 금방 생각나는 것이 성령의 9가지 열매일 것이다. "오직 성령의 열매는 사랑과 희락과 화평과 오래 참음과 자비와 양선과 충성과 온유와 절제니"(갈5:22, 23). 이 열매도 중요하다. 그러나 그 무엇보다 전도의 열매가 아닐까. 전도는 우리에게 주어진 대사명이기 때문이다.

고난주간을 맞아 십자가의 고난을 생각하기도 하고, 그리스도의 남은 고난(골1:24)을 생각하기도 한다. 이 두 고난에 공통된 점이 한 가지, 그러나 궁극적인 것이 있다. 그 고난은 구원을 위한 고난이라는 것이다. 주님은 구원사역을 완수하기 위해 십자가를 지셨다. 그리고 주님의 십자가 사역 이후 우리에게 부여된 사역이 있다. 그것은 바로 주님의 위대한 구원사역에 동참하는 것이요 그것이 바로 그리스도의 남은 고난이다. 그 구원사역 중에 가장 중요한 것이 전도이다. 전도는 우리가 맺어야 할 가장 중요한 열매 가운데 하나이다.

지금 우리 신앙생활은 은혜를 좇아 사는 것으로 만족하는 것 같다. 교회에 출석해서 설교에 은혜받고, 함께 찬송하면서 은혜받고, 교제하면서 은혜받고, 그저 받기만 한다. 받기만 한다면 우리는 언제 나가서 열매를 맺을까. 그래서 전도의 열기는 점점 식어지고 있다.

사람들은 종종 생각한다. 하나님은 왜 전도라는 방법을 택하셨을까. 좀 더 세련된 방법을 택하셨다면 얼마나 좋을까. 바울은 말한다. "하나님의 지혜에 있어서는 이 세상이 자기 지혜로 하나님을 알지

못하므로 하나님께서 전도의 미련한 것으로 믿는 자들을 구원하시기를 기뻐하셨도다."(고전1:21)

전도는 미련하게 보인다. 그러나 그것은 우리가 하나님의 지혜에 따르지 못하므로 인간에게 가장 적절하게 택한 하나님의 방법이다. 하나님이 다른 방법을 택하셨다면 그 지혜에 따르지 못해 결국 구원에 이르지 못하는 사람이 많게 된다. 그렇다면 문제가 아니겠는가.

하나님이 우리를 위해 전도의 방법을 택하시고, 그것을 통해 구원의 대사명을 주셨다면 주님이 그 사명을 철회하실 때까지, 아니 다른 방법을 제시해 주시기 전까지는 이 방법을 사용할 수밖에 없다. 그 사명은 주님이 다시 오심으로 철회된다. 그땐 우리가 아무리 전도하려 해도 할 수 없다. 구원의 문이 닫히기 때문이다. 그러므로 그 문이 닫히기 전까지 최선을 다해야 한다.

주님도 곳곳을 방문하면서 천국복음을 전하셨다. 전도하신 것이다. 그렇다면 우리도 그 길을 따라야 한다. 시편 1편은 시절을 좇아 과실을 맺으라 한다. 시절은 계절을 말한다. 계절마다 열매를 맺는다. 요한계시록 22장을 보면 생명수 강 좌우에 생명나무가 있고 열두 가지 실과를 맺는데 달마다 그 실과를 맺는다.(2절) 여기선 계절이 아니라 달마다 열매를 맺는다. 에스겔 선지자가 환상 가운데 본 그 생명수 강가의 실과나무도 달마다 새 실과를 맺었다.(겔47:12) 우리도 계속 풍성한 열매를 맺어야 한다.

이 열매를 맺으려면 우리가 해야 할 일이 하나 있다. 시냇가에 심은 나무가 되어야 한다. 열매는 아무 데서나 얻어지는 것이 아니다. 생명의 물줄기에 뿌리를 둘 때 가능하다. 에스겔서에서도 생명수는 성소에서 흘러나왔다. 그 물이 흐르는 곳에 있어야 나뭇잎이 시들지 않고 실과도 끊이지 않는다. 계시록의 수정같이 맑은 생명수의 강도 하나님과 어린양의 보좌로부터 나온다. 열매는 우리 힘으로 맺는 것이 아니다. 그 뿌리를 주님의 말씀에 두고 성령님으로부터 힘을 공급받을 때 아름다운 열매를 맺을 수 있다. 그러므로 늘 말씀에 거하라. 성령 안에서 행하라. 그러면 기대 이상으로 열매를 맺을 수 있다.

14. 주리고 목마름으로

케냐가 6년 동안 비가 오지 않아 물 갈증에 시달리고 있다는 다큐멘터리를 보았다. 신문에서도 이 문제를 심각하게 보도하였다. 마사이족은 물을 찾아 가축을 이끌고 이곳저곳 헤매고 다녔다. 사람들은 가축이 마시는 흙탕물을 그대로 마셨다. 한 NGO단체는 물탱크에 물을 담아 기근을 겪고 있는 동네를 찾아가 물을 공급했다. 사람들은 너무나 오랜만인 듯 벌컥벌컥 물을 마셔 댔다. 물을 받지 못한 사람은 지난 4일 동안 물을 마시지 못했다며 제발 1리터의 물이라도 달라고 애원했다.

다큐멘터리를 보고 난 후 아내는 물 절약에 나섰다. 물 한 모금을 위해 투쟁하는 케냐 사람의 목마름과 아픔을 잊을 수 없기 때문이다. 한국도 곧 물 부족 국가가 될 것이라 한다. 이젠 물을 물 쓰듯 한다는 것도 옛말이 될 듯하다. 절약이 답일 수밖에 없다.

과거 우리 삶에 물이 문제 되지는 않았다. 그러나 앞으론 물 부족 국가들이 많이 생기고, 한국도 예외가 아니라 한다. 이젠 물 쓰듯 한다는 말은 옛날 얘기가 될지 모른다. 이스라엘은 물길 막을까 봐 골란 고원을 내주지 않고, 터키가 강물을 막자 이라크가 발끈했다. 미국의 캘리포니아는 콜로라도 물줄기에 의존한다. 중국의 사막화가 빨라지고 황사가 잦아지는 것도 물과 연관이 있다.

여행을 해 보면 한국의 물이 얼마나 좋은지 다시 깨닫게 된다. 유럽은 물론이고 태국도 석회질 때문에 수돗물을 그대로 마실 수 없다. 백두산이 가까워 물이 좋을 것으로 생각되는 연변도 물을 사 먹어야 한다. 얼마 전만 해도 한국은 물을 사 먹지 않았다. 수돗물이든 우물물이든 믿을 수 있었기 때문이다. 그러나 그 물을 그냥 마시는 사람은 그리 많지 않은 것 같다. 그만큼 물에 대한 신뢰도가 낮아졌다. 오염되었으리라는 생각이 더 많다.

그런데 아프리카의 경우 아이들은 오염된 물도 그냥 마신다. 물론 그로 인해 병도 생기지만 달리 선택할 길이 없다. 이젠 그들에게 자유롭게 물을 얻게 해 주는 것이 절실하다는 생각을 해 본다.

그들의 목마름 속에서 하나님의 말씀을 묵상해 본다. 시편 기자는 우리를 목마른 자라 했다. "저희가 광야 사막 길에서 방황하며 거할 성을 찾지 못하고 주리고 목마름으로 그 영혼이 속에서 피곤하였도다."(시107:4, 5) 사막 길은 목마른 곳이다. 이스라엘이 광야에서 목말라 할 때 물을 주셨다. "그들의 굶주림 때문에 그들에게 양식을 주시며 그들의 목마름 때문에 그들에게 반석에서 물을 내시고"(느 9:15) 하갈이 이스마엘을 데리고 브엘세바 들을 방황할 때 이제 목이 말라 자식이 죽게 되었다며 방성대곡했다. 하나님은 그 소리를 들으시고 샘물을 보게 하시고 갈증을 풀어 주셨다.(창21:16, 19) 공평하신 하나님이다. 그 하나님은 오늘도 목마른 자에게 생명수를 공급하신다.

하나님의 심판이 임박했음을 알린 아모스는 기갈이 심하게 될 것을 예고한다. "그날에 아름다운 처녀와 젊은 남자가 다 갈하여 피곤하리라."(암8:13) 우리말 성경은 "그날에 아름다운 처녀들과 젊은이들이 목마름 때문에 힘을 잃을 것이다." 하였다. 그 목마름은 무슨 목마름일까. 그것은 말씀에 대한 목마름이다. "내가 기근을 땅에 보내리니 양식이 없어 주림이 아니며 물이 없어 갈함이 아니요 여호와의 말씀을 듣지 못한 기갈이라 사람이 이 바다에서 저 바다까지, 북에서 동까지 비틀거리며 여호와의 말씀을 구하려고 달려 왕래하되 얻지 못하리니."(암8:11, 12)

인간은 물이 없으면 살 수 없다. 몸의 상당 부분을 물이 차지한다. 우리 영은 하나님이 없으면 살 수 없다. 그분이 없다면, 그분의 말씀이 없으면 살 수 없다. 목마른 사슴이 시냇물을 찾듯 우리는 주님을 찾는다. 생명수는 주님으로부터 나오기 때문이다. 사마리아 여인은 이 사실을 깨닫고 전도에 나섰다.

이 생명수를 마신 사람들은 그냥 있지 않는다. 가서 전한다. 바울은 전도하며 많은 고난을 당했다고 말한다. "또 수고하며 애쓰고 여러 번 자지 못하고 주리며 목마르고 여러 번 굶고 춥고 헐벗었노라."(고후11:27) 이 부분을 우리말 성경으로 보면 아주 실감난다. "나는 또 수고와 곤고와 종종 자지 못하는 것과 배고픔과 목마름과 때로 아무 먹을 것도 없는 것과 추위와 헐벗음 가운데 지냈습니다." 그 생명의 말씀을 전하기 위해 다시 목마른 위험을 감내하는 바울. 주님이 주신 물은 그만큼 다르기 때문이리라.

지금 이 세대는 물이 부족해 고통받고 있다. 오염으로 인해 마실 물도 부족하고 농사에 적합한 물도 얻기 어렵다. 그뿐 아니다. 영적인 기갈이 심하다. 참하나님의 말씀을 듣기 어렵기 때문이다. 교회가 적어서가 아니다. 설교자가 없어서가 아니다. 교회도 넘쳐나고 설교자도 넘쳐난다. 그러나 참교회, 참목자, 참하나님의 말씀을 찾기 어렵다.

교회는 지금 엔터테인(entertain)의 장소로 전락한 지 오래다. 사막화되어 가고 있다. 교인들도 가려운 귀 긁어 줄 사람을 찾아다니며 은혜받는 데 열중한다. 하지만 변화는 전혀 없다. 변화는 다른 사람의 몫이다. 자기는 관광객이요 광야 길은 보고 즐기는 대상일 뿐이다. 버스가 떠나고 사막 길에 홀로 남게 되면 그때 비로소 느끼게 될 것이다. 생명수가 얼마나 중요하다는 것을. 그리고 주 없이 살 수 없다는 것을.

다음은 그 유명한 영국 문인 토마스 모어(T. Moore)의 찬송시이다. "목마른 자들아 다 이리 오라. 이곳에 좋은 샘 흐르도다. 힘쓰고 애씀이 없을지라도 이 샘에 오면 다 마시겠네. 이 샘의 이름은 생명의 샘물 저 수정 빛같이 늘 맑도다. 어린양 보좌가 근원이 되어 생명수 샘이 늘 그치잖네."

15. 유머의 세계

어느 목사님이 대학 채플에 오셔서 학생들에게 질문했다.

"오병이어가 무슨 뜻입니까?"

잠시 시간을 주더니 목사님이 얼른 대답해 버린다.

"오병은 맥주병, 사이다병, ……입니다."

"창세기 1장 1절을 외워 보세요."

"태초에 하나님이 천지를 창조하시니라."

"잘하시네요."

"그럼 요한복음 3장 16절은요?"

"하나님이 세상을 이처럼 사랑하사……"

"잘하시네요."

"그럼 히스기야 3장 15절은요?"

모두 멍하다. 어떤 사람은 성경을 뒤적인다.

정답, "성경에 히스기야서는 없습니다."

"이상 유머였어요."

성경을 모르면 히스기야서도 찾는다.

유머, 그렇다. 그리스도인에게도 때론 유머가 필요하다.

세계적 권투선수 무하마드 알리는 평소 "그는 위대하다."고 말하곤 했다. 여기서 그는 자신을 가리킨다. 하루는 비행기를 탔다. 스튜어디스가 그에게 다가와 공손하게 안전벨트를 착용하도록 했다. 그러자 그는 아주 당당하게 말했다.

"나는 안전벨트가 필요 없소. 나는 슈퍼맨이요."

스튜어디스는 잠시 생각한 뒤 이렇게 말했다.

"슈퍼맨은 비행기를 탈 필요가 없지요."

교만한 알리의 코가 납작해진 이유가 있다. 이건 유머가 아니고 사실 아닌가? 그래도 작은 재치로 큰 교훈을 주니 유머라 치자.

이브의 질투에 관한 이야기이다. 『연금술사』의 작가 파울로 코엘료가 기차에서 모로코 사람을 만났는데, 그는 사막의 한 부족에 전해지는 원죄에 관한 기이한 이야기를 들려주었다.

이브가 에덴동산을 거닐고 있는데 뱀이 다가와 말했다.

"이 사과를 먹어 봐."

하나님이 가르쳐 준 대로 이브는 거절했다. 그러자 뱀이 우겼다.

"먹어 보라니까. 그래야 네 남자의 눈에 네가 예뻐 보일 수 있어."

이브가 대답했다.

"그럴 필요 없어. 그에겐 나 말고 다른 여자가 없으니까."

뱀이 비웃었다.

"정말 그럴까?"

뱀은 믿으려 하지 않는 이브를 데리고 우물이 있는 언덕 꼭대기로 갔다.

"이 우물 안에 그 여자가 있어. 아담이 여기에 숨겨 두었거든."

이브는 허리를 굽혀 우물을 들여다보았다. 그리고 우물물에 비친

아리따운 여자를 보았다. 그녀는 즉시 뱀이 권한 사과를 먹었다.

이 설화의 구도는 인간이 에덴동산에서 익숙해진 행복을 스스로 차 버린 것임을 가르쳐 준다. 소설 같은 설정이고 성경에 이런 이야기는 없지만 교훈은 준다. 오늘도 질투나 미움 때문에 행복을 차 버리지는 않는지.

찼다는 말이 나왔으니 하나 더 하자. 토마스 모어는 엔클로저 운동으로 인해 농민들이 땅에서 쫓겨나는 현상을 보고 "과거에는 사람이 양을 잡아먹었지만 지금은 양이 사람을 잡아먹는다." 했다. 목축업이 성하자 주인들이 양을 키우기 위해 말뚝을 박고 소작농부들을 들어오지 못하도록 한 데서 온 말이다. 혹시 우리 교회도 말뚝을 박고 남이 들어오지 못하도록 막고 있지 않나요? 그런데 이것도 유머가 되나요?

16. 맥가브란 이야기

최근 교회성장에 대해 말하면 비판받기 쉽다. 그렇지 않아도 교회가 물량주의에 치중해 있어 사회로부터 지탄을 받고 있는데 또 성장론이냐 하는 것이다. 자본주의의 발달로 사회가 물질에 더 관심을 가지면서 교회도 이 흐름에서 벗어나지 못했다. 그 사회가 가져올 수 있는 여러 병폐를 미리 알리고, 개선하는 데 앞장을 섰더라면 지금처럼 교회가 질타를 당하진 않았을 것이다. 이런 점에서 교회가 깨어 있지 못했다는 아쉬움이 크다. 오히려 그 흐름에 휩쓸렸기 때문이다. 그렇다고 해서 우리가 교회의 성장에 대해 입을 다물어야 할까. 그것은 아니라 본다. 성장의 폐해 때문에 전도를 접을 수는 없지 않는가. 하나님의 나라는 언제나 우리 속에 풍성히 임해야 하기 때문이다.

도날드 맥가브란(Donald McGvran), 그는 교회 성장학의 대가이다. 교회성장을 말할 때마다 그의 이름이 빠지지 않을 정도다. 어떤 땐 교회 성장에 대한 타성적 부정 때문에 그마저 종종 비판의 대상이 되기도 했다.

도날드 맥가브란

하나님의 교회가 성장해야 한다는 것은 누구나 인정한다. 그러나 그 방법에 있어서는 차이가 있을 수 있다. 맥가브란은 사실 성장학 그 자체보다 그 방법에 있어서 특이성에 더 비중을 두어야 한다고 생각한다. 이런 점에서 그에 대한 편견도 조금 불식할 필요가 있다.

맥가브란은 학자로서 삶을 시작한 것이 아니라 선교사로 시작했다. 인도의 하다는 그가 선교사 생활을 한 출발 지점이다. 이 경험을 바탕으로 선교사역의 효율성을 높이기 위한 연구에 관심을 가지고 콜롬비아대학에서 박사학위 과정을 밟았다. 그 다음 다시 20년 인도에서 더 사역을 했다. 그 결과 그는 대중운동(mass movement)의 필요성을 절감하고 이에 대해 집중적으로 연구하였다.

이 운동의 초점은 어떻게 하면 더 많은 사람을 주님께 돌아올 수 있게 할 수 있을까에 있다. 그는 스스로 이 질문에 대해 답해 보고, 또 해 본 결과 현재와 같은 개인 대 개인의 사역으로는 한계가 있을 수밖에 없다는 결론에 도달했다. 이제 세계복음화를 위해서는 선교전략도 달라져야 한다고 생각한 것이다. 지금과 같은 방법은 오래 전부터 해 왔던 방법이다. 물론 이 방법이 가진 장점도 있지만 세계복음화라는 거대 목표를 달성하기 위해서는 전략도 보다 커야 한다. 그것은 모두 개인 전도에만 집중하는 것이 아니라 부족이나 민족 전도에도 초점을 두는 것이다. 부족 전체나 혹은 동질성집단(homogeneous units) 전체를 그리스도로 이끄는 것이다. 지금까지 개인 단위 전도에 치중해 온 것을 부족 단위 전도로 바꾼다면 그 효과는 더 크지 않겠는가. 이것이 바로 그가 말하는 대중운동이요 동질성집단의 원리에 입각한 선교이다. 부족이라는 문화 단위를 대상으로 하는 선교인 만큼 접근방법도 달라야 한다.

나름대로 선교관을 정립한 그는 여러 신학교에 나가 선교학 강의를 하기 시작했다. 그리고 1961년에는 교회성장연구소(Institute of Church Growth)를 세웠다. 그는 이 연구소를 통해 자신의 선교방법론을 확장시켜 나갔다. 개인의 회심보다는 부족과 같은 거대 동질적 집단의 회심이 개인의 회심보다 더 안정적일 뿐 아니라 교회의 안정적 성장을 위해서도 바람직하다는 것이 그의 변함없는 생각이었다.

동질성집단의 원리에 바탕을 둔 그의 대중운동 선교개념이 세계적으로 널리 퍼지게 된 것은 1974년 로잔회의였다. 이 회의에서 발표된 그의 새로운 선교관은 지금까지의 전통적이고 비생산적인 선교방법에 빗장을 푸는 계기가 되었다. 전통적인 선교방법을 유일무이한 것으로 간주하고 그 외에 그 어떤 방법도 생각해 보지 못한 때에 생각을 바꾸게 만든 것이다.

물론 선교학에서 선교의 새로운 방법을 모색하지 않은 것은 아니다. 그러나 당시만 해도 선교학보다는 선교사역에 더 비중을 두었고, 선교학이 전문성을 가진 학문으로서 자리매김하지도 못했다. 그런 때 맥가브란은 초보적 단계의 선교학을 전문적 차원으로 업그레이드했고, 나름대로 새로운 선교접근법을 제시했다는 점에서 높이 평가를 받아야 한다.

맥가브란의 제안이 언제나 어디서나 맞는 것은 아니라 할지라도 주님 나라를 위해 선교사로서 헌신하고, 그 나름대로 효율적이고 효과적인 선교방법을 제안했다는 점에서 우리는 그를 존중한다. 그는 지금 우리를 향해 각자가 선 자리에서 그저 안주하지 말고 주님을 위해 어떤 방법으로 헌신해야 좋은가를 늘 고민하고 또 고민하라 말한다. 하나님의 필요에 적극적으로 응답하는 것이 그리스도인의 특권이 아니던가.

17. 나의 힘이 되신 여호와여

독일 월드컵에서 스위스와 격돌을 앞둔 날 아침 조선일보는 여러 선수들의 다짐을 전면에 실었다. 이영표 선수의 모습을 담은 그림이 크게 자리 잡고 있는 가운데 이 선수는 이렇게 말했다.

"힘과 능력을 주시는 하나님이 함께하신다는 걸 믿기에 저는 늘 든든합니다. 2002년 4강 신화도 하나님의 역사 아닙니까. 제가 혼자 할 수 있는 일은 아무것도 없습니다. '하나님께 또 한 번 영광을 돌릴 수 있는 기회를 주십시오.' 요즘 간절히 드리는 기도 제목입니다."

그날 배달된 기독신문에는 백넘버 12번을 단 이영표 선수가 프랑스 대표 팀과 경기를 마친 후 그라운드에서 기도하는 모습을 아울러 전면에 실었다. 그리고 이렇게 적었다.

"이제 막, 경기는 끝났습니다. 아직도 그라운드는 뜨거운 함성과 거친 숨소리로 가득합니다. 90분 내내 경기장을 달궜던 경쟁이 끝나자 누구는 탄식하고 또 누구는 환호합니다. 어떤 사람은 기쁨으로 목이 쉬었고 또 어떤 사람은 안타까움에 주저앉기도 합니다. 그러나

난, 내게 태극전사란 아름다운 이름을 갖게 한 하나님께 겸허히 무릎 꿇고 기도합니다. 오늘 나를 뛰게 만든 힘의 근원이 무엇인지 알고 있기 때문입니다. 지금 나의 기도가 최선을 다하는 내일의 원동력이 되길 바랍니다.”

이 선수의 기도 모습에 우리는 하나님을 향한 그의 아름다운 신앙을 본다. 더 아름다운 것은 패배한 상대 선수의 마음을 위로하고 격려하는 그의 모습이었다. 그리스도인은 승리에 취하는 것이 아니라 오히려 상대의 마음속에 들어가 그에게 위로를 전하는 자다. 그것이 더 보기 좋다.

여호와의 힘은 승리에서만 나타나는 것이 아니라 패배에서도 나타난다. 그리스도인은 어떤 상황에서든 나의 힘이 아니라 주님의 힘을 드러내는 자가 되어야 한다. 다윗은 오히려 어렵고 힘든 상태에서 여호와는 나의 힘이라 고백하였다. 우리가 애송하는 시편 18편 1절이 그것이다. “나의 힘이 되신 여호와여 내가 주를 사랑하나이다.”

다윗은 그 모든 원수와 사울의 손에서 구원하신 날에 이 노래로 여호와께 아뢰었다. 그가 얼마나 어려웠으면 “사람의 줄이 나를 얽고 불의의 창수가 나를 두렵게 하였으며 음부의 줄이 나를 두르고 사망의 올무가 내게 이르렀도다.”(시18:5, 6) 했겠는가. 그럼에도 불구하고 그는 나의 힘이 되신 여호와라 고백한다. 주님이 아니었으면 이미 죽었을 것이라는 고백이다. 그 어려운 고난을 이길 수 있었던 것은 주님이 나와 함께하신다는 임마누엘 신앙 때문이었다. 그리스도인은 모두 주님 때문에 산다.

그는 악인과 싸울 때나 전쟁에 나갈 때 전능하신 하나님을 의지하고, 그분만이 나의 힘이라고 고백한다. "오 전능하신 여호와여, 나의 힘이 되신 구원자시여, 주는 전쟁의 날에 나의 머리를 보호하시는 분이십니다."(시140:7, 쉬운성경)

여호와는 나의 힘이라는 고백은 다윗의 전유물이 아니다. 여러 믿음의 선배들이 경험하고 고백했다.

출애굽기 15장에 모세의 노래가 있다. 홍해를 건넌 다음 모세와 이스라엘 자손이 이 노래로 하나님께 찬송을 올렸던 내용 중 일부이다. "여호와는 나의 힘이요 노래시며 나의 구원이시로다. 그는 나의 하나님이시니 내가 그를 찬양할 것이요 내 아비의 하나님이시니 내가 그를 높이리로다."(출15:2) 이어 미리암도 찬송시로 화답한다. 영광받으실 분은 하나님이시다.

예레미야는 유다를 향한 하나님의 징계를 선포하면서도 여호와는 나의 힘이라 고백한다. 환난을 당할 것인데 그날에 우리가 피해야 할 피난처가 바로 주님이심을 가르친다.

"여호와 나의 힘, 나의 요새, 환난 날의 피난처시여, 민족들이 땅끝에서 주께 이르러 말하기를 우리 조상들의 계승한 바는 허망하고 거짓되고 무익한 것뿐이라 인생이 어찌 신 아닌 것을 자기의 신으로 삼겠나이까 하리이다. …… 보라 이번에 그들에게 내 손과 내 능을 알려서 그들로 내 이름이 여호와인 줄 알게 하리라."(렘16:19~21)

우리는 때로 우상의 길을 택한다. 그것이 마치 삶의 지름길인 것처럼 생각한다. 그러나 그것은 우리가 의탁할 수 있는 것이 아니다.

여호와, 그 전능하신 하나님만이 우리에게 힘을 주시고, 우리를 일으키신다. 힘이 들 때도, 아니 기쁨의 순간에도 우리가 찾아야 할 이름, 그 이름이 바로 여호와시다. 그분은 우리 힘의 근원이시다. "나의 힘이 되신 여호와여 내가 주를 사랑하나이다."

18. 성우의 하나님 경험하기

연구실에 제자 성우가 찾아왔다. 신앙적으로 귀한 청년이다. 안산 동산고 출신에다 학내에선 기독교 동아리 회장도 맡았었다. 그날 그가 나에게 던진 질문은 피상적인 것이 아니라 속 깊은 것이었다. "교수님, 성경을 통해서도 하나님이 어떤 분이신가를 알지만 어떻게 해야 정말 그 하나님이 저의 하나님임을 알 수 있을까요? 저도 그 하나님을 경험하고 싶습니다." 하나님과의 관계에서 나름대로 고민하고 있음을 보여 주는, 사실 꺼내기 어려운 질문이다. 더욱이 신앙심이 깊다는 그라면 더욱이.

눈 딱 감고 "그래 아직도 하나님을 모른단 말인가?" 꾸중할 수도 있다. 하지만 꾸중이 대답일 수는 없다. 하나님을 나의 하나님으로 느끼고, 경험하고 싶어 하는 그 마음이 더 크고 중요하지 않는가. "그런 생각을 갖는 것은 놀랄 일은 아니야. 오히려 아주 중요한 일이지. 하지만 자네가 하나님을 경험하고 싶다고 해서 금방 경험할 수 있는 것은 아니지. 하나님께서 적절한 시기에 가장 합당한 방법으로 자네를 만나게 될 거야. 그때, 아 하나님은 나로부터 멀리 계시는 분이 아니고, 언제나 나를 지켜보시며, 나를 이렇게 세우신다는 것을 느끼게 될 거야. 자네가 하나님을 알고 싶어 하니 하나님께서 더 기뻐하실 걸세." 그날 우리의 대화는 이 정도로 끝났다.

그가 하나님을 경험하게 된 것은 코이카 해외요원으로 선발되는 마지막 과정이었다. 그는 코이카의 일원으로 해외에서 활동하고 싶어 하는 꿈을 가지고 있었다. 그는 한때 휴학을 하고 아프리카 선교를 갔었다. 그런 그가 다시 아프리카를 가슴에 안기 전에 코이카의 길을 택한 것이다. 경영학도지만 자동차 정비를 공부하게 된 것도 선교사로서의 꿈을 가지고 있었기 때문이다. 그러나 코이카 일원으로 선발된다는 것은 쉽지 않았다. 여러 번 좌절되었다. 이젠 마지막 기회다 싶은 때에도 절망적인 결과가 그를 기다리고 있었다. 그때 이메일이 왔다.

"교수님! 성우 학생 문안 올립니다. 현재 계속 기도하는 중에 정말 하나님의 음성을 듣고자 엎드리고 있습니다. 너무나도 불투명해 보입니다. 경기한파로 요즘 코이카에 많은 사람들이 몰린다 하여, 제가 지원하는 협력요원 분야는 어떻게 될지 모릅니다."

그러나 다음 날 날아온 이메일은 하나님께서 그를 어떻게 극적으로 만나 주셨는가를 보여 주었다.

"교수님 성우 문안 올립니다. 오늘 아침에 코이카에서 연락이 왔습니다. 어제 정비학원에서 늦게 돌아와서 피곤하여 조금 늦게까지

자고 있었는데 모르는 번호가 핸드폰에 떠서 여차여차하여 받게 되었습니다. 알고 보니, 파견되기로 하였던 지원자가 포기를 하여 3등이었던 제가 가게 되었습니다. 눈물을 삼키며 정비학원을 다시 다니고, 정비소에 전화하고, 장학금도 제외되고, 생각하던 조기졸업도 안되고, 군대를 바로 신청하려 하니 바로 그날 군대 지원 마감이 되었고, 경기한파로 인해 그 어느 때보다 특이할 정도로 엄청난 인파가 코이카로 몰려온다는 소식을 접하며, 지원기회의 불투명성을 보게 되었고요. 정말 어찌할 바를 모르는 중에, 집 근처 산길을 다니며 엉엉 울면서 다시금 일 년을 어떻게 준비해야 할지 주님께 묻고 또 묻고 하던 시간이 생각났습니다.

그때 붙잡게 하신 말씀이 있었는데, '무화과나무가 무성치 못하며 포도나무에 열매가 없으며 감람나무에 소출이 없으며 밭에 식물이 없으며 우리에 양이 없으며 외양간에 소가 없을지라도 나는 여호와를 인하여 즐거워하며 나의 구원의 하나님을 인하여 기뻐하리로다. 주 여호와는 나의 힘이시라 나의 발을 사슴과 같게 하사 나로 나의 높은 곳에 다니게 하시리로다.'였어요. 마음은 너무 힘들고, 왜 모든 것이 이렇게 막히는가 하며 학원에서 돌아오는 밤길에, 마음 힘들어 하며 이 말씀을 주님 앞에 말씀드린 생각이 났어요. 이렇게 하나하나씩 하나님 아버지에 대해서 알아 가고 배워 가는 것 같아서 너무 감사합니다. 그저 눈물만 났습니다. 교수님 이제 행정절차가 남아서 최종처리까지 기다리고 있습니다. 이제 곧 군사교육을 4주간 받고, 또 4주간의 국내훈련을 마친 후 출국하게 될 것 같습니다. 파견되는 곳이 그곳에서도 가장 더운 지역이어서 그들도 살기 힘들어 한다고 합니다. 분명히 가서 더 많은 일들이 있을 것 같고, 마음 힘든 일도 있을 것 같지만, 이렇게 하루하루 주님 아버지에 대해 더 깊게 알며 교제하고 싶습니다." 그는 이 과정에서 하나님을 더 가까이 느끼게 되었다.

나는 그에게 이메일을 보냈다. "하나님께 감사드립니다. 잠시 방황하고 흔들리는 그 마지막 순간에 응답하는 하나님이심을 보게 합니다. 성우 군이 어찌할 수 없는 순간에, 다 내려놓게 하실 때 응답하시는 주님. 그 주님이 있어 우리는 세상에서도 살맛이 나는 것 같습니다. 끝까지 그 주님 붙드세요. 그곳에 가서도, 또 언제나."

하나님을 경험하기 원했던 그의 소망 제1장이 이제 막을 내렸다. 주님은 제2장을 준비하실 것이다, 아름답게. 우리도 예외가 아니다.

19. 하나님의 사랑가

여로보암 2세 때 이스라엘은 솔로몬 때의 판도를 다 회복하고 번영을 누렸으나 종교적으로는 심히 타락했다. 그들은 하나님의 율법을 잊었으며(호4:6) 무관심했다. 호세아는 음란한 마음이 있어 여호와를 알지 못한다(호5:4)고 지적하고 있다.

이런 시대에 호세아에게 하나님의 말씀이 임하였다. "너는 가서 음란한 아내를 취하여 음란한 자식들을 낳으라. 이 나라가 여호와를 떠나 크게 행음하였음이라."(호1:2) 호세아는 고멜을 아내로 맞는다.

호세아와 고멜의 결혼, 어떻게 볼 것인가?

호세아는 북이스라엘 선지자이다. 호세아는 '여호와의 구원'이라는 뜻을 가지고 있다. 이사야, 아모스, 미가 등과 함께 북이스라엘에서 활동했다. 고멜은 '끝', 또는 '끝이 되었다'는 뜻을 가지고 있다. 죄악으로 물들어 있는, 갈 데까지 간 이스라엘을 상징적으로 보여 주고 있다.

고멜은 이스라엘로 잘못된 신부이다. 다른 남자, 곧 이방신을 섬겼기 때문이다. 그러므로 호세아가 고멜과 결혼한 것은 신랑이신 하나님, 그 넓으신 주님의 사랑을 보여 준다. 그럼에도 불구하고 사랑으로 안으시는 주님이시다.

고멜은 첫 아들을 낳는다. 하나님은 그의 이름을 '이스르엘'이라 하셨다. 이스르엘은 '하나님께서 흩으신다'는 뜻을 가지고 있다. 이스르엘은 아합의 집이 예후에게 진멸된 곳으로, 이스라엘의 멸망을 상징한다. "그날에 이스르엘 골짜기에서 이스라엘의 활을 꺾으리라."(호1:5) 이스라엘은 결국 깨어진다.

그 다음 딸을 낳는다. 하나님은 그의 이름을 '로루하마'라 하셨다. 그 이름은 '긍휼을 얻지 못한다'는 뜻을 가지고 있다. 칼이나 전쟁, 말과 마병으로 구원하지 않으시겠다는 말씀도 덧붙이셨다. 전쟁이 나도 돕지 않겠다는 말씀이다.

로루하마에 이어 아들 로암미를 낳는다. 로암미는 '너는 내 백성이 아니다'는 뜻을 가지고 있다. 사생아라는 뜻이다. 닮은 데가 없기 때문이다. 이스라엘을 향해 "너는 내 자식이 아니다."라고 하실 때 주님의 마음이 얼마나 아프셨을까. 주님은 너희 하나님이 되지 아니할 것이라 선언하신다.

호세아와 고멜 사이에 낳은 세 자녀는 하나님의 기대에 이스라엘이 크게 미치지 못했음을 보여 준다. 고멜이 선지자 호세아의 아내라는 사실을 인지했다면 행실이 좋아야 했다. 그러나 그는 남편이 벌어 준 것을 가지고 애인, 곧 다른 남자를 위해 사용했다. 배신하는 아내, 남편의 마음이 얼마나 아팠을까. 세 아이의 이름을 그렇게 지으라는 하나님의 심정을 이해할 수 있을 것 같다.

호세아가 고멜을 선택했듯 하나님도 우리를 선택하셨다. 우리를 신부로 택하신 것은 그만큼 우리를 사랑하셨기 때문이다. 하나도 사랑할 만한 구석이 없는데도. 그래서 우리를 향한 주님의 사랑은 '그럼에도 불구하고'의 사랑이다.

세 자녀를 낳기까지도 정조를 지키지 않는 고멜은 이스라엘이다. 하나님만을 섬겨야 할 이스라엘이 다른 신을 섬겼다. 바알에게 그 마음을 빼앗긴 것이다. 하나님이 그들에게 포도밭의 풍성함을 허락하셨고, 그것으로 좋은 포도주를 만들었는데, 하나님이 주신 그것을 가지고 바알을 섬기는 데 사용했다. 벌을 받아야 마땅한 백성이 아닌가. 우리가 바로 그런 사람들이다. 하나님을 섬기면서도 이곳저곳 기웃거리며 음행을 한다. 세상 연락에 빠져 있다.

하나님은 이스라엘을 징계하신다. 그래서 징계받을 때 도와주지 않겠다 하시지 않는가. 철저히 깨달으라는 것이다. 하지만 징계 후엔 저를 위로하신다. 그리고 우리를 설득하신다. "저를 개유하여 거친 들로 데리고 가서 말로 위로하고"(호2:14) 개유(開諭)는 깨우치고 설득하는 것이다. 화도 내지 아니하시고 이스라엘을 달래신다. 거친 들은 광야다. 첫사랑의 추억이 있는 곳이다. 나아가 저에게 포도원을 주고, 이스라엘이 어렸을 때처럼, 애굽에서 올라오던 때처럼 저들을 응대하신다.

어디 그뿐인가. "이스라엘 자손이 다른 신을 섬기고 건포도 떡을 즐길지라도[1] 여호와가 저를 사랑하나니 …… 저희가 돌아와서 그 하나님 여호와와 그 왕 다윗을 구하고 말일에는 경외하므로 여호와께로 와 그 은총으로 나아가리라."(호3:1, 5) 하신다. "바알의 이름을 네 입에서 제하면 다시 너에게 장가들리라." 설득하신다.(호2:19) 음부가 된 그 여인에 대한 하나님의 순전한 사랑, 우리를 향한 하나님의 사랑가는 끝이 없다.

우리의 신랑 되신 주님은 선언하신다. "내가 나를 위하여 저를 이 땅에 심고 긍휼히 여김을 받지 못하였던 자를 긍휼히 여기며 내 백성 아니었던 자에게 향하여 이르기를 너는 내 백성이라 하리니 저희는 이르기를 주는 내 하나님이시라 하리라."(호2:23) 호세아 세 자녀 이름이 지녔던 의미를 완전히 바꿔 놓는다. 주님은 그만큼 관계회복을 원하신다.

"내가 너에게 장가들겠다." 얼마나 기쁜 말인가. 사랑을 받을 자격이 없는 민족인데도, 거리의 여인 같은 이스라엘을 하나님은 뜨겁게 안으신다. 하나님의 이 순수한 사랑을 받아들여야 관계가 회복된다. 예수님은 구원이시다. 죽을 수밖에 없는 우리를 지극히 사랑하셨다. "하나님이 이 세상을 이처럼 사랑하사 독생자를 주셨으니." 이제 우

---

1) 건포도 떡은 당시 부유층이 즐기던 사치 음식이었다. 여기서 건포도 떡을 즐긴다는 것은 음란과 사치, 곧 세상 욕망에 빠져 있다는 뜻이다.

리가 그 사랑에 응답할 차례이다. "너는 내 백성이다, 너는 내 자식이야." 그 말씀에 깊이 안긴다. 그 사랑에 목이 멘다.

20. 인생에게 행하신 기이한 일

시편 107편을 보면 "여호와의 인자하심과 인생에게 행하신 기이한 일을 인하여 그를 찬송할지로다."는 말씀이 네 번에 걸쳐 반복된다. 8절, 15절, 21절, 그리고 31절이다. 왜 4번일까? 그것은 이 시편의 감사 주제가 4개로 요약되기 때문이다. 광야 사막 길, 흑암과 사망의 그늘, 위경, 그리고 광풍이 바로 그것들이다. 그 인생의 험한 길, 어떤 도움을 받을 수 없으리라 생각한 그것들로부터 건져 주신 하나님의 인자하심과 그 기이한 일을 생각하면 감사하고 찬송하지 않을 수 없다는 것이다. 여호와께 구속함을 받은 자의 감사와 찬송이다.

구속함을 받았다면 구속받기 이전의 상태와 그 이후의 상태가 확연히 다를 것이다. 구속받기 이전의 상태는 문제가 아주 깊은 상태이다. 앞서 언급한 4가지가 바로 문제가 있는 상태이다. 그리고 그 상태로부터의 완전한 회복이다.

첫째, 광야 사막 길이다.(4절) 광야 사막 길이라 했지만 사막은 사실 길을 알 수 없을 정도로 막막한 곳이다. 방황할 수밖에 없고, 주리고 목마른 곳이다. 거할 성을 찾지 못한 것과 같다. 그렇다 보니 겉만 피곤한 것이 아니라 우리 영혼이 속에서도 피곤해진다.(4~6절) 길을 모르니 방황할 수밖에 없고 걱정이 이만저만이 아니다. 불안은 점점 나를 고통의 나락으로 깊게 떨어뜨린다.

이 광야 사막 길은 단순한 우리의 인생행로만 말하는 것이 아니다. 우리 영적 상태가 지금 사막 길에 놓여 있음을 말한다. 우리 영이 안주할 수 있는 곳이 없다. 갈증이 심한 것은 영혼의 목마름이 크다는 말이다. 목마른 사슴이 시냇가를 찾듯 주님을 향한 우리 영혼의 갈급함이 크다.

주님은 결국 우리를 바른길로 인도하시고 거할 성에 이르게 하신다.(7절) 상태의 완전한 전환이다. 뿐만 아니라 사모하는 영혼을 만족케 하시고 주린 영혼에게 좋은 것으로 채워 주신다.(9절) 정말 놀랍고 기이한 일이 아닐 수 없다.

둘째, 흑암과 사망의 그늘에 앉은 상태(10절)이다. 여기에서 우리는 과연 어떤 모습으로 있을까. 곤고와 쇠사슬에 매임, 하나님의 말씀에 대한 거역, 지존자의 뜻을 멸시함이다.(10~11절) 이런 것들이 우리를 얽어매어 꼼짝할 수 없다. 마치 거미줄에 꽁꽁 묶인 나비처럼. 우리는 근심과 고통 속에서 하나님께 매달린다. 하나님은 그 흑암과 사망의 쇠사슬을 끊고 그 그늘에 앉은 우리를 빛으로 인도해 내신다. 열릴 것 같지 않은 놋 문을 열고, 쇠 빗장도 꺾으셨다.(16절) 이것은 무엇을 의미하는가? 하나님의 말씀을 거역하며 죄에 매어 부자유한 우리를 해방시키심을 의미한다. 우리에게 영원한 자유를 주신 것이다. 대전환이다. 기이한 일이다. 정말 일어날 수 없는 일이 일어난 것이다.

셋째, 위경에 처함이다.(20절) 위경(危境)은 아주 위험한 지경을 말한다. 이 위경은 흑암과 사망의 그늘에 앉아 있는 상태, 내 영혼이 흑암에 휩싸여 있는 상태를 우회적으로 표현한 것일 수 있다. 그 위경은 저희 범과와 죄악 때문에 왔고, 저희 혼이 사망의 문에 가깝게 서 있기 때문이다.(17, 18절) 위험에서 부르짖을 때 주님은 말씀을 보내어 저희를 고치시고, 위경에서 구원하신다.(20절)

영혼에 문제가 있을 때 필요한 처방약은 하나님의 말씀이다. 하나님은 병중에 있는 히스기야에게 이사야를 보내 완쾌될 것이라는 메시지를 주셨다. 이런 간접적인 방법도 있지만 예수님이 직접 말씀으로 치유하신 것처럼 직접적인 방법도 택하신다. 중요한 것은 하나님의 말씀이 구원의 능력을 발휘한다는 것이다. 따라서 어떤 이는 위경을 병으로, 그것으로부터의 자유를 병 고침으로 해석하기도 한다. 그러나 하나님의 역사는 병 고침에 한정되지 않는다.

끝으로, 삶의 바다에서 일어나는 광풍이다.(25절) 이 광풍은 우리를 하늘에 올리기도 하고 깊은 곳에 내리기도 하며 우리의 간담을 써늘하게 만든다. 우리는 이리저리 구르고 부딪힌다. 지각도 혼미해진다.(26~27절) 이런 인생의 광풍을 만날 때 우리는 주님께 매달릴 수밖에 없다. 그때마다 주님은 광풍을 잔잔하게 하시고 우리 마음도 평안하게 하시며 우리를 가고자 하는 소원의 항구로 인도하신다.(29~30절) 그 광풍 앞에 우리 영혼이 얼마나 녹아내렸던가. 그러나 주님은 우리가 절대 벗어날 수 없었으리라 생각했던 노도광풍을 잔잔케 하셨다. 주님은 이처럼 우리에게 기이한 일을 행하셨다.

우리는 이 시편에서 4가지 극한 상황과 이 상황을 극적으로 반전시킨 하나님의 능력을 보았다. 중요한 것은 이 과정에서 하나님은 우리 마음을 철저히 낮추시고(12절), 하나님께 부르짖게 하시고(13절), 하나님의 뜻을 찾게 하셨다는(11절) 것이다. 이것은 우리를 향한 하나님의 사랑이요 축복이다. 인생에 이런 험한 길이 없었다면 우리는 우리 마음대로 생각하고, 우리 마음대로 행동했을 것이다. 그러나 그 길을 통해 주님은 우리로 하여금 주님을 찾게 하시고, 만나게 하시고, 주의 길로 인도하셨다.

우리에게 자유와 평안을 주신 것만이 기이한 것이 아니다. 우리를 구원의 길로 인도하시고 거할 성을 찾게 하신 것만이 놀랄 일이 아니다. 우리의 완악한 마음을 깨뜨리시고 하나님을 찾고 사모하게 하며, 감사하고 찬송하게 된 이 모든 역사 또한 기이하고 놀랍다. 이제 주님을 찾은 이들은 더 이상 길 없는 광야에서 유리하지 않을 것이다. 그 주님 붙들고 찬송하며 갈 것이다. 시편 기자는 이렇게 매듭을 짓는다. "지혜 있는 자들은 이 일에 주의하고 여호와의 인자하심을 깨달으리로다."(43절) 아멘!

21. 수입종교라고

요즈음 사회는 기독교에 대한 애증이 있다. 가르침은 좋은데 교회나 교인들의 행태가 마음에 안 들 때가 있어서이다. 예멘 사건으로 한국관광객이 죽었다. 알카에다 조직원이 관련된 사건이다. 이 사건을 놓고 해적을 막기 위해 소말리아에 파병한 때문일지 모른다. 아프간 파병국가에 대한 보복일 거야 하다가도 화살이 선교단체에 돌아간다. 언젠가 선교단체가 그곳에서 찬송가를 부르고 전도를 했다는 등. 실제 그랬는지 어땠는지는 확실하지 않다. 이라크에서 김선일 씨가 죽임을 당하고, 아프간에서 샘물교회 사건이 난 다음부터는 한국교회, 특히 선교활동에 대한 시선이 곱지 않다.

최근 한 인터넷 댓글에서 "기독교는 수입종교인데, 그걸 남들에게 전하려고 난리냐?"는 글을 읽었다. 이런저런 과정에서 우리나라 사람은 기독교를 외래종교로 보고 있다는 생각을 하게 되었다. 그것도 서양종교라는 것이다. 정말 그럴까?

어느 날 버스에서 일어난 일이다. 한 아주머니가 올라오더니 사람들을 향해 예수님을 믿으라며 전도를 하기 시작했다. 버스 안의 사람들은 조용했다. 얼마 있더니 앞좌석에 탔던 나이 든 할머니 한 분이 아주머니를 향해 고함을 지르는 것이었다.

"공자, 맹자도 다 알지 못하는 판에 딴 나라 신은 왜 믿으라고 하는 거야!"

그러자 딴 쪽에서 맞소리가 들렸다.

"그런 말 마세요. 공자, 맹자는 한국 사람이 아닙니다. 외국 사람이지. 어디 공자, 맹자가 한국 사람이요?"

기독교를 수입종교, 서양종교라 할 때 난 조금 의아해한다. 기독교는 물론 불교, 유교, 이슬람교 등 모두 수입종교인데 왜 기독교만 유독 수입종교라 할까. 한국의 토착종교가 있다면 그것은 샤머니즘

일 것인데, 그것의 뿌리도 러시아 아닌가. 기독교는 동양인 이스라엘에서 온 것인데 왜 서양종교라 말할까. 다 한국교회가 잘못한 탓이고, 하나님께 영광 돌리지 못한 우리 탓이다. 모범이 되지 못한 것이다. 오죽하면 간디도 예수는 좋지만 기독교는 싫다 했을까. 기독교 국가인 영국이 인도에 한 짓을 보면 그런 말도 나오겠다.

그러나 한편 감사하다. 우리가 얼마나 잘못했다는 것을 알게 해 주니까. 그래서 그런 말을 들으면 무릎을 꿇고 회개할 필요가 있다. "모두가 제 잘못입니다." 이런 태도를 가지면 그분들의 욕도 다 한국기독교를 사랑하기 때문임을 알게 된다. "제발 그런 교회는 되지 마라. 진정 하나님이 가르치신 진정한 교회가 되어 달라."는 말이다. 그러니 그런 말 들어도 싸우려 들지 말자. 다 사랑해서 하는 소린데.

그러나 한 가지 사실은 잊지 말자. 예수님은 모든 나라 모든 족속을 사랑하시고 구원받기를 기뻐하신다는 사실이다. 그 구원을 위해 주님이 이 땅에 오셨고, 십자가에서 보혈의 피를 흘리셨다.

시편 기자는 노래한다. "하나님이여 민족들로 주를 찬송케 하시며 모든 민족으로 주를 찬송케 하소서."(시67:3, 5) 하나님은 이스라엘의 하나님만이 아니다. 모든 민족의 하나님이시다. "열방은 기쁘고 즐겁게 노래할지니 주는 민족들을 공평히 판단하시며 땅 위에 열방을 치리하실 것임이니이다."(시67:4)

이 노래는 시편에서만 끝나지 않는다. 요한계시록에는 "만국이 와서 주께 경배하리이다."(계15:4) 하였고, "각 나라와 족속과 백성과 방언에서 아무라도 능히 셀 수 없는 큰 무리가 흰옷을 입고 손에 종려가지를 들고 보좌 앞과 어린양 앞에 서서 큰 소리로 외쳐 가로

되 구원하심이 보좌에 앉으신 우리 하나님과 어린양에게 있도다."(계 7:9, 10) 하였다. 기독교는 모든 나라 모든 백성을 위한 종교이다. 하나님은 이 세상을 이처럼 사랑하셔서 예수님을 이 땅에 보내셨다. 서양 사람들이 동양에서 발생한 기독교를 우리보다 먼저 믿은 것뿐이다. "수입종교다, 서양종교다." 하며 배척하면 하나님께서 정말 섭섭하실 일이다.

22. 주인공 인생과 주변인 인생

신앙생활을 하다 보면 주인공으로 사는 사람과 그저 주변만 배회하는 사람을 본다. 주인공 인생과 주변인 인생이다. 주인공은 열심과 최선이라는 명칭에 어울리게 중심에서 제 역할을 다한다. 은혜도 많이 받고 힘 있게 일한다. 주님의 능력이 그를 통해 나타나는 것을 느낀다. 하지만 주변인은 거의 관객 수준이다. 들어왔다 금방 나간다. 어떻게 될지에도 관심이 없다. 어느 조직이든 주변인이 많아질수록 생명을 잃는다.

성경을 보면 주인공으로 사는 사람과 주변인으로 사는 사람이 명확히 구분된다. 몇 가지를 살펴보자.

에스겔 8장 1~2절을 보자. "제육 년 유월 오 일에 나는 집에 앉

앉고 유다 장로들은 내 앞에 앉았는데 주 여호와의 권능이 거기서 내게 임하기로 내가 보니 불 같은 형상이 있어 그 허리 이하 모양은 불 같고 허리 이상은 광채가 나서 단쇠 같은데.” 에스겔에게 환상을 보여 주는 장면이다. 같은 시간에, 그것도 한 방 안에 에스겔과 유다 장로들이 함께 있었다. 그런데 에스겔 한 사람에게는 하나님의 권능이 임하여 친히 그 환상을 본다. 그러나 유다 장로들은 그저 그것을 지켜볼 뿐이다. 그들에게는 환상이 임하지 않는다. 에스겔이 주인공이라면 장로들은 들러리이다.

마태복음 8장을 보면 허다한 무리와 문둥병자가 나온다. “예수께서 산에서 내려오시니 허다한 무리가 좇으니라 한 문둥병자가 나아와 절하고 가로되 주여 원하시면 저를 깨끗케 하실 수 있나이다 하거늘 예수께서 손을 내밀어 저에게 대시며 가라사대 내가 원하노니 깨끗함을 받으라 하신대 즉시 그의 문둥병이 깨끗하여진지라.”(1~3절) 산상수훈을 마치고 내려오는 시간이다. 얼마나 감격적인 설교였는가. 허다한 무리와 한 문둥병자는 모두 같은 시간, 같은 장소에 있었다. 그러나 그 문둥병자는 주님 앞에 나아와 간청하므로 고침을 받았다. 그리고 다른 사람들은 둘러서서 구경만 하고 있었다. 문제가 있으면 주님 앞에 나가는 것이 중요하다는 것을 보여 준다. 어디 그들 중에 문둥병자 한 사람만 문제가 있었겠는가.

마태복음 14장과 요한복음 6장에 우리가 잘 아는 오병이어 사건이 나온다. 그 사건에서 주인공은 누구일까. 그것은 오병이어를 내놓은 한 아이이다. 그리고 제자들을 비롯해서 많은 사람들은 그가 내놓은 것이 어떤 결과를 가져오는가를 지켜보았다. 사람들도 놀랐겠지만 그것을 내놓은 아이가 느끼는 감정은 달랐을 것이다. 아이는 주인공이고, 다른 사람들은 들러리이다. 이 말씀은 우리로 하여금 들러리가 되지 말고, 적더라도 그것을 주님께 내놓는 것이 중요하다는 것을 가르쳐 준다. 주님은 그것을 가지고 기적을 일으키신다.

마태복음 14장에 물 위를 걷는 베드로가 나온다. 밤중에 물 위를 걸어오는 주님을 보고 유령이 아닌가 했다. 그러나 주님이 "안심하라 내니 두려워 말라." 하셨다. 베드로는 "만일 주시어든 나를 명하사 물 위로 걸어오라 하소서." 하였다. '오라'는 말에 베드로는 잠시나마 물 위를 걷는 최초의 인물이 되었다. 같은 시간, 같은 장소에 제자들이 있었다. 그러나 베드로는 주인공이 되었고, 다른 제자들은 들러리가 되었다.

사도행전을 가 보자. 2장에 성령이 임하는 장면이 나온다. 120문도가 다락방에 모여 성령이 임하기를 간절히 기도했다. "오순절 날이 이미 이르매 저희가 다 같이 한곳에 모였더니 …… 저희가 다 성령의 충만함을 받고"(행2:1, 3) 그들 모두가 주인공이 되었다. 그곳에는 한 사람도 들러리가 없었다. 함께 힘써 구하면 성령이 충만히 임하신다.

모두가 주인공이 되는 장면은 사도행전 10장에도 나온다. 고넬료와 일가친척들이 베드로의 말씀을 듣고 있을 때 성령이 말씀 듣는 모든 사람에게 내려오셨다.(행10:44) 베드로뿐 아니라 함께한 이방인 모두 놀랐다. 이에 베드로는 말한다. "이 사람들이 우리와 같이 성령을 받았으니 누가 능히 물로 세례 줌을 금하리오."(행10:47) 고넬료와 그의 친척 모두가 주인공이 된 것이다.

사도행전 16장은 바울이 빌립보에 가서 루디아를 만나 교회를 이루는 장면을 소개하고 있다. 안식일에 기도처가 있는가 하여 강가로 나가 그곳에 있는 여러 여자들을 만나 보았다. 그런데 주님께서 그 중에 루디아라는 한 여성으로 하여금 그 마음을 열어 바울의 말을 깊게 새겨듣게 하셨다.(행16:14) 루디아뿐 아니라 그 집이 다 세례를 받는 역사를 이루었다. 빌립보 교회는 이렇게 시작되었다. 그날 강가에 있었던 여인 가운데 루디아 한 여인은 주인공이 되고, 그 밖의 다른 여인은 들러리가 되었다.

인생에 주인공 인생과 주변인 인생이 있듯 신앙에도 주인공 인생과 주변인 인생이 있다. 베드로나 바울은 주변인 인생에서 중심으로 뛰어든 삶을 살았다. 그리하여 주님과 함께 세상을 변화시켰다. 멘토가 되는 여러 신앙의 인물들도 주변인의 삶을 청산하고 주인공이 된 사람들이다. 이제 우리 자신에게 깊이 물을 차례이다. "주인공으로 살 것인가, 아니면 계속 주변인으로 맴돌 것인가?"

23. 주님을 위한 복수전공

서울대학교 자유전공학부 교육과정안이 공개되었다. 문과, 이과 교차수강을 의무화하고 토론식 수업을 의무화하기로 했다. 방학기간 교수와 학생들이 모여 통섭 영역을 주제로 토론한다. 최근의 통섭(학문융합) 흐름에 맞게 학문 간 경계를 뛰어넘는 파격적인 교육과정을 마련한 것이다. 학부의 슬로건은 '경계를 넘어 미래로'이다. 어느 대학에서는 아예 복수전공을 제도화하려는 움직임이 있다.

이런 흐름을 보면서 세상 참 많이 변했다는 생각이 든다. 나는 정치학, 경영학, 신학을 공부했다. 조직행동을 전공하면서 심리학, 사회학, 인류학 등을 접했다. 어학도 라틴어를 비롯하여 여러 가지 배워 보았다. 시도 써 보고 그림도 그려 보았다. 악기도 여러 가지 다뤄 보았다. 한마디로 다중전공을 한 셈이다. 사람들은 나의 이력을 보면 무엇이 전공인지 잘 모르겠다고 말한다. 그러나 나는 내가 좋아하고 관심 있어 하는 것을 좇았을 뿐이다. 그래서 후회가 없다.

그런데 경영학 교수로 임용되는 데서 문제가 생겼다. 어느 대학에서는 이력서를 보더니 순종이 아니라 했다. 경영학으로 학사, 석사, 박사를 해야 하는데 정치 학사자로서 경영학을 했기 때문이다. 하지만 오히려 여러 가지를 공부한 것이 더 도움이 될 것이라는 대학도 있었다. 그나마 이해를 해 주었으니 다행이다. 지금은 교수로 정년퇴임까지 했으니 다 옛날 얘기이다. 지금도 조직행동에 관한 한 다중전공자가 적합자라 생각한다.

연변과기대 김진경 총장이 교수회의를 소집한 다음 서울대 자유전공학부 교육과정안에 대한 기사를 소개하고, 복수전공의 추세를 설명하며 교수들에게 연구해 보라 한다. 이제 복수전공제의 바람이 부는 것 같아 내심 좋았다.

신앙생활에서도 복수전공이 필요할까? 답은 '예'이다. 물론 모두 필요한 것은 아니다. 우리 믿음의 선배 가운데서도 복수 전공한 사람이 많다. 의사와 선교사를 겸한 알렌, 간호사와 선교사를 겸한 쉐핑, 그리고 교육과 전도를 겸한 많은 선교사들이 있었다. 그중에 메리 스크랜턴(Mary Scranton) 여사가 있다.

그는 나이 40에 남편을 잃었다. 그는 남편 잃은 아픔에만 매이지 않았다. 오히려 자신의 후반을 주님께 바치기로 했다. 선교 불모지에서 남은 삶을 불태워 달라 기도했다. 하나님은 그의 기도를 들으시고 그에게 새로운 지평을 열어 주셨다.

그에게는 외아들 윌리엄이 있었다. 아직 어리지만 그를 의사로 만드는 데 온 힘을 다했다. 잘 먹고 잘살기 위한 것이 아니었다. 그 아들마저 데리고 선교지에 나가 주의 일을 하고 싶은 거룩한 욕심이 있었다. 아들은 고맙게도 예일대 의대를 졸업했다. 이제 주저할 것이 없다. 그는 의사 아들 내외와 함께 조선 땅 선교사로 왔다. 1885년 그의 나이 52세였다. 그러므로 그는 아들과 함께 12년을 준비하며 이 땅을 밟은 것이다.[2]

아들은 제중원 원장이 되어 환자들을 돌보았다. 그리고 자신은 환자들이 데려온 딸들을 모아 집에서 가르치기 시작했다. 길가에 버려진 아이들, 첩들도 학생으로 받아들였다. 처음엔 이방인의 낯선 행동에 대해 의심의 눈초리를 보냈다. 하지만 지속적인 헌신과 돌봄으로 불신은 신뢰로 바뀌었다. 그러자 학생 수도 늘어났다. 조정에서도 학교 이름을 하사했다. 그 이름이 바로 이화학당이다.

---

2) 그는 감리교 여선교사로 아펜젤러와 함께 이 땅을 밟았다.

스크랜턴 부인과 초기
이화학당 학생들

　스크랜턴은 한국근대 여성교육의 선구자라 불린다. 그러나 그것만
이 그를 다 설명할 수 있는 것은 아니다. 그는 그리스도와 그의 복음
을 통해서 학생들이 훌륭한 인물로 성장하기를 기도했고, 1891년엔
학당을 와일러에게 물려주고 자신은 여러 전도부인들과 함께 전국을
돌며 전도에 전념했다. 주님을 전하기 위해 이 땅에 오지 않았는가.

전도부인과 스크랜턴 묘지

그는 조선에서 24년간 주님의 딸로서 치열한 삶을 살다가 1909년 76세에 하나님 품에 안겼다. 그의 육신은 지금 양화진에 있다. 스크랜턴 여사는 그의 후반을 40세에 시작했다. 아니, 52세 늦은 나이에 뛰어들었다. 그는 교육 사업에만 전념하지 않았다. 전도하는 일에도 열심을 다했다. 그는 주님을 위해 복수전공을 했다. 그의 아들까지 합하면 그 가정은 다중전공 가정이다.

주님의 일을 하기엔 당신 자신의 나이가 너무 많다고 생각하는가? 주님 일에는 정년이 없다. 당신은 얼마든지 지금 위대한 후반을 시작할 수 있다. 전반의 삶과 달리 전공을 바꾸어 위대한 후반을 열 수 있다. 복수전공자로 살기에 늦은 나이는 결코 없다.

24. 주야로 묵상하는 자와 그 형통

워싱턴에서 버스를 타고 뉴욕으로 오는 길에 유대인 두 자매가 나의 뒷자리에 앉았다. 처음에는 그들이 유대인인지 알지 못했다. 그들의 대화가 영어가 아니어서 프랑스 사람들인가 했다. 시간이 지나자 한 자매가 대화를 끝내고 조용히 소리 내어 무언가를 읽고 있었다. 호기심에 무엇을 하나 일어서 보니 히브리 성경을 읽고 있었다. 고개를 끄덕이며 말씀 하나하나에 열중하는 모습이 진지하기까지 했다. 버스 속에서도 하나님의 말씀을 진지하게 대하고 읽고 묵상하는 유대인, 그는 좀처럼 남을 의식하지 않았다. 그에게는 오직 말씀만이 있었다.

> "복 있는 사람은 …… 오직 여호와의 율법을 즐거워하며 그 율법을 주야로 묵상하는 자로다."

시편 1편 1절과 2절에 있는 말씀이다. 말씀을 주야로 묵상하는 사람, 이런 사람이 복이 있는 사람이라는 것이다. 왜 복이 있을까? 그는 하나님의 말씀을 사랑하는 사람이기 때문이다.

주야로 묵상하는 사람은 어떤 사람일까? 아마도 말씀을 은근히(?) 사랑하는 사람일 가능성이 높다. 가랑비가 대지를 적시듯 촉촉하게.

초대교인들은 우리와 같은 성경을 가지지 못했기 때문에 마음에 담고 다녔다고 한다. 마음에 담은 말씀을 틈틈이 꺼내 되새김하듯 묵상했을 것이다. 이에 반해 현대인들은 성경을 들고 다닌다. 말씀은 이미 문자로 기록되어 있기 때문에 마음엔 잘 담지 않는다. 필요하면 펴 읽는 것으로 만족한다. 어떤 쪽이 좋을까. '주야로 묵상하는 자로다'의 경우 읽는 것보다 마음에 담고 묵상하는 쪽이 아닐까.

플라톤은 생각을 가리켜 영원히 보유하고 있는 내면의 대화라 했다. 어거스틴은 플라톤의 생각을 적용하여 말씀을 묵상하고 생각했다. 이때 생각은 하나님과 직접 대화하는 것을 의미한다. 하나님의 말씀을 묵상하고 대화한다면 하나님께서 그를 좋아하실 것이다.

시편 기자는 이런 사람은 형통할 것이라 말한다. "저는 시냇가에 심은 나무가 시절을 좇아 과실을 맺으며 그 잎사귀가 마르지 아니함

같으니 그 행사가 다 형통하리로다."(3절) 그 행사가 다 형통하다. 얼마나 좋은 결과인가. 그것은 하나님의 말씀을 사랑하는 자가 누리는 행복일 것이다.

시편 119편은 하나님의 말씀을 사랑하는 자가 어떤 형통을 누리게 되는가를 여러 차원에서 전하고 있다.

첫 번째는 과거와는 달리 보다 거룩하게 살려고 노력한다는 점에서 거룩함에 이르는 형통이다. 119편은 "행위 완전하여 여호와의 법에 행하는 자가 복이 있음이여"라고 시작한다. 하나님 앞에 행위가 완전한 자가 어디 있을까. 그러나 완전해지려고 노력한다면 하나님은 기뻐하지 않으실까. 그 시편의 11절에 이런 말씀이 있다. "내가 주께 범죄치 아니하려 하여 주의 말씀을 내 마음에 두었나이다." 그러면 그렇지. 하지만 '주께 범죄치 아니하려 하여'의 마음씨가 얼마나 귀한가. 이런 사람은 시편 1편의 복 있는 사람처럼 악인의 꾀를 좇지 않으려 노력하는 사람과 같다.

에베소서를 보면 "도적질하는 자는 다시 도적질하지 말고 돌이켜 빈궁한 자에게 구제할 것이 있기 위하여 제 손으로 수고하여 선한 일을 하라."(엡4:28) 하였다. 도적질하는 사람에게 다시는 도적질하지 말고 일해서 번 돈으로 오히려 가난한 사람을 돕는 사람으로 달라지라는 말씀이다. 도적질하는 사람에게 하지 말라 한다고 안 할까. 이런 사람에게 필요한 것은 하나님의 말씀이다. 성경의 말씀 속으로 들어가 변화되는 작업이 필요하다. 개인변혁, 인격변혁이다. 말씀에 따른 변혁 없이 달라질 수 없다.

왜 범죄하고 또 범죄할까? 그것은 마음이 비어 있기 때문이다. 빈 마음을 하나님의 말씀으로 채울 때 다시는 범죄하지 않으려 할 것이다. 이것이 바로 '내가 주께 범죄치 아니하려'이다. 주님이 보시는데 어찌 다시 그 길로 들어가려 하겠는가.

두 번째는 주의 말씀이 고난 속에 있는 나를 살린다는 점에서 생명에 이르게 하는 형통이다. 119편 50절을 보자. "이 말씀은 나의 곤란 중에 위로라 주의 말씀이 나를 살리셨음이니이다." 내가 어려울 때 하나님의 말씀이 위로가 되고, 힘이 된다. 그 말씀을 묵상할 때 우리는 다시 일어날 수 있는 능력을 얻는다. 그리고 그 말씀이 나를 강자로 만든다. 이것이 바로 하나님의 말씀이 우리 안에 일어나는 신비이다.

끝으로, 하나님의 지혜로 승리하게 한다는 점에서 지혜에 이르는 형통이다. 119편 98~100절을 보자. "주의 계명이 항상 나와 함께하므로 그것이 나로 원수보다 지혜롭게 하나이다. 내가 주의 증거를 묵상하므로 나의 명철함이 나의 모든 스승보다 승하며 주의 법도를 지키므로 나의 명철함이 노인보다 승하니이다." 하나님의 말씀은 우리를 지혜롭게 한다. 하나님의 지혜로 집을 세우고, 하나님의 지혜로 나 자신을 가꿔 가자. 하나님의 말씀을 묵상하며, 하나님과 대화하며 지혜를 찾으라.

시편 119편 기자의 고백이다. "내가 주의 법을 어찌 그리 사랑하는지요. 내가 그것을 종일 묵상하나이다."(97절) 이 고백이 나의 고백이 되는 날 우리는 주님을 향해 사랑을 고백하게 될 것이다. 주님을 사랑하게 되었으니 그 이상 무엇을 바랄까. 그 행사가 다 형통하는 복은 그저 보너스일 뿐이다.

25. 어찌하여 열방이 분노하며

시편 2편을 읽으면 시끄럽다. 기름 부음을 받은 자, 곧 메시야를 거역하는 소리 때문이다. "세상의 군왕들이 나서며 관원들이 서로 꾀하여 여호와와 그 기름 부음 받은 자를 대적하며 우리가 그 맨 것을 끊고 그 결박을 벗어 버리자 하도다."(2절) 그러나 하나님은 그들의 행동을 비웃으신다. "하늘에 계신 자가 웃으심이여 주께서 저희를 비웃으시리로다."(4절) 결국 그 시끄러운 소리들은 철장으로 깨뜨림을 당한다. "내가 철장으로 저희를 깨뜨림이여 질그릇같이 부수리라."(9절) 세상은 주님 앞에 잠잠할 것뿐이다.

시편 2편은 이스라엘의 경우 왕위 즉위식 때 많이 읽었다고 한다. 시 속에 왕이란 말이 자주 등장하기 때문일까, 아니면 군왕들에 대한 훈계가 있어서일까. 그렇지만 이 시편의 중심에는 우리 주님이 이 땅에 만왕의 왕, 나의 왕으로 오신다는 것을 기억하지 않으면 안 된다. 세상이 아무리 시끄럽게 굴어도, 그리스도를 반대하는 세력이 많아도 하나님의 계획을 꺾을 수는 없다.

사도행전 4장을 보면 붙잡힌 베드로가 대제사장 등 공회원들 앞에서 성령 충만한 가운데 설교하는 장면이 나온다. 성령이 함께하시는데 거칠 것이 없다. 이 설교 가운데 바로 시편 2편이 그대로 인용되고 있다.

"또 주의 종 우리 조상 다윗의 입을 의탁하사 성령으로 말씀하시기를 어찌하여 열방이 분노하며 족속들이 허사를 경영하는고 세상의

군왕들이 나서며 관원들이 함께 모여 주와 그 그리스도를 대적하도다."(행4:25, 26)

베드로는 여기에서 열방이 분노하고 족속들이 허사를 경영하는 것이 바로 그리스도를 대적하는 것이라 하였다. 그가 이 시편의 중심을 간파하고 있는 충분한 이유가 있다. 이 시를 쓴 다윗도 성령이 충만한 가운데서 썼고, 이 설교를 하는 베드로도 성령 충만한 가운데 한 것이니 중심이 흐트러질 턱이 없다.

베드로는 헤롯과 빌라도, 이방인과 이스라엘 백성 모두 합동하여 하나님의 기름 부으신 거룩한 종 예수를 거슬렀다고 말한다.(행4:27) 그리고 그는 기도한다. "주여! 이제도 저희의 위협함을 하감하옵시고 또 종들로 하여금 담대히 하나님의 말씀을 전하게 하여 주옵시며 손을 내밀어 병을 낫게 하옵시고 표적과 기사가 거룩한 종 예수의 이름으로 이루어지게 하옵소서."(행4:29, 30) 이 기도 가운데 '위협함을 하감하옵시고'는 원수들을 멸해 달라는 것보다는 원수들의 방해로 인한 어려움 속에서도 힘 있게 하나님의 뜻을 따르게 해 달라는 간구가 담겨 있다. 하나님은 이 기도를 들으시고 모인 곳이 진동하게 하시며, 제자들이 다 성령이 충만한 가운데서 담대히 하나님의 말씀을 전하도록 하셨다. 하나님의 일을 막을 자 아무도 없다.

막을 자 없음은 시편 2편 여러 곳에 나타나 있다. 저희 행동을 비웃으시던 하나님께서 진노하시며 말씀하신다. "내가 나의 왕을 내 거룩한 산 시온에 세웠다."(6절) 계속 말씀하신다. "너는 내 아들이라 내가 너를 낳았도다."(7절) 하나님이 세우신 왕, 만왕의 왕, 독생자, 그분은 바로 예수 그리스도이시다.

그럼 이제 우리는 어떻게 할 것인가? 시편 저자는 강조한다.

- 주님께 간구하라. "내게 구하라. 내가 열방을 유업으로 주리니 네 소유가 땅 끝까지 이르리로다."(8절)
- 교훈을 받으라. "그런즉 군왕들아 너희는 지혜를 얻으며 세상의 관원들아 교훈을 받을지어다."(10절)
- 하나님을 경외하라. "여호와를 경외함으로 섬기고 떨며 즐거워할지어다."(10절)
- 그 아들에게 입 맞추라. "그 아들에게 입 맞추라. 그렇지 아니하면 진노하심으로 너희가 길에서 망하리니 그 진노가 급하심이라. 여호와를 의지하는 자는 다 복이 있도다."(12절)

대적들은 지금도 그리스도를 거역하는 일로 바쁘다. 그러나 그 주님은 다시 오신다. 우리는 주님의 자녀들이다. 자녀들은 주님의 오심을 간절히 기다린다. 그리고 그분의 자녀로서 산다. "어찌하여 열방이 분노하며 민족들이 허사를 경영하는고 …… 그 아들에게 입 맞추라."

26. 구원은 여호와께 있사오니

시편 3편은 다윗이 그 아들 압살롬의 반역을 피할 때 지은 시이다. 쫓겨 다니면서 지은 것이므로 참담한 마음이 그대로 담겨 있다.

사무엘하를 보면 다윗이 감람산 길로 황급히 피할 때 머리를 가리고 맨발로 울며 갔다.(삼하15:30) 그와 함께 갔던 사람들도 울며 갔다. 얼마나 황망한 일인가.

때론 우리도 믿었던 사람이 배반하고, 그래서 나는 저 깊은 나락으로 떨어지는 것 같은 순간도 맞는다. 길거리의 모든 사람들이 나를 바라보며 조롱하는 것 같고, 그래서 어디론가 숨어 버리고 싶은, 어디를 가도 나를 지지해 주는 사람은 보이지 않고, 그때 필요한 시편이 바로 이것이다. 모든 것이 꽉 막힌 그 순간 하나님을 바라보게 한다.

"여호와여 나의 대적이 어찌 그리 많은지요. 일어나 나를 치는 자가 많소이다."(1절) 주변엔 자기를 대적하는 사람들로 가득한 이 느낌, 다윗은 왜 그리 되었을까 생각을 많이 했을 것이다. 다윗은 자신이 저지른 강간과 살인사건도 생각했을 것이고, "여호와의 원수(사단)로 훼방거리를 얻게 하였나이다."라고 한 나단의 질책도 생각났을 것이다. 그리고 지금 사람들이 자신을 향해 퍼붓는 비난도 생각했을 것이다.

"많은 사람이 있어 나를 가리켜 말하기를 저는 하나님께 도움을 얻지 못한다 하나이다."(2절) 다윗은 이제 끝났다는 말이다. 너무나 서럽다. 도망을 하는데 사울 집 족속 사람인 시므이가 나타나 돌을 던지며 저주했다. "피를 흘린 자여 비루한 자여 가거라 가거라."(삼하16:7) '비루한 자여'란 '이 더러운 놈아'라는 말이다. 시므이 생각에 다윗이 지금 이렇게 당하는 것은 사울가의 이스보셋과 아브넬 죽음이 다윗과 관련이 있다 잘못 이해한 데서 비롯된 것이다. 곁에 있는 신하가 "이 사람을 죽여 버릴까요?" 제안한다. 다윗은 그대로 두라 말한다. 다 자업자득이 아닌가. 그때 다윗의 말이 너무나 멋있다.

"저가 저주하는 것은 여호와께서 저에게 다윗을 저주하라 하심이니
네가 어찌 그리하였느냐 할 자가 누구겠느냐. …… 저로 저주하게 버
려두라. …… 혹시 여호와께서 나의 원통함을 감찰하시리니 오늘날 그
저주 까닭에 선으로 내게 갚아 주시리라."(삼하16:10~12)

사단은 하나님의 백성이 넘어지기를 기다린다. 사단은 이 기회를
놓치지 않는다. 이런 때일수록 더 강해져야 한다.

지금 한국교회에 대한 비판이 끊이지 않는다. 사방이 반기독교적
인 정서로 둘러싸인 느낌이다. 왜 그렇게 되었을까. 한국교회와 교인
들의 신앙적이지 못한 행동들이 반복되면서 민심이 교회로부터 이반
된 것이 아닐까? 사회를 향해 채찍을 들어야 할 교회가 지금 사회로
부터 질타를 당하고 있다. 한국교회는 썩었다는 그들의 비판에, 그래
도 안 썩은 사람이 더 많다 설득할 때 과연 몇 사람이나 그 말을
받아들일까. 오늘도 교계는 권력의 암투로 시끌시끌하고, 교회는 이
땅의 부정직한 크리스천 리더들에 대해 정직을 말하지 못하고 오히
려 감싸려 든다. 그럴 때 이 사회가 기댈 수 있는 언덕은 없다. 이
제 기도의 무릎을 강하게 할 때이다. 모든 것을 내려놓고 주님 앞으
로 나아갈 때이다. 무엇이 주님보다 중요하단 말인가. 거기서부터 다
시 시작해야 문제가 풀릴 수 있다.

다윗은 하나님을 향했다. "여호와여 주는 나의 방패시요 나의 영
광이시요 나의 머리를 드시는 자니이다."(3절) 조롱을 받고 있는 다
윗이 주님이 나의 방패요 나의 구원자라 고백한다. 주님은 이 고난
에서 자신을 구원해 줄 유일한 분임을 확신했다.

그는 부르짖고, 주님은 응답하신다. "내가 나의 목소리로 여호와께 부르짖으니 그 성산에서 응답하시는도다."(4절) 그는 하나님을 의지했을 뿐 아니라 응답에 대한 확신 또한 강하다. "내가 누워 자고 깨었으니 여호와께서 나를 붙드심이로다."(5절) 그는 위태로운 상황 가운데서도 눕고 잔다. 하나님께서 보호해 주실 것을 믿기 때문이다. "천만 인이 나를 둘러치려 하여도 나는 두려워 아니하리이다."(6절) 대부분의 시편 기자들은 두려운 환경 속에서도 두려워하지 않는 신앙을 가졌다. 예를 들어 시편 118편 기자도 "여호와는 내 편이시라 내게 두려움이 없나니 사람이 내게 어찌할꼬." "저희가 나를 에워싸고 에워쌌으나 내가 여호와의 이름으로 저희를 끊으리로다."(시118:8, 11) 말한다. 두려움이 없는 것은 하나님에 대한 전적 신뢰 때문이다.

최악의 상황에서 그가 하나님 아버지께 구할 수 있는 것은 구원에 대한 호소이다. "여호와여 일어나소서. 나의 하나님이여 나를 구원하소서."(7절) 매우 다급하다. 그때 하나님 아버지는 빠르게 응답하신다. "주께서 나의 모든 원수의 뺨을 치시며 악인의 이를 꺾으셨나이다."(7절) 아니 "하나님, 뭐하세요. 저 나쁜 녀석들의 뺨을 때려 주세요. 그 녀석들의 이를 부러뜨려 주세요." 간구했는지 모른다. 마치 어린아이가 아버지에게 말한 것처럼. 그렇게 유치하게 구해도 하나님은 자기를 의지하는 자녀들에게 필요한 조치를 하신다. 그것이 뺨을 때리고 이를 꺾는 것이다. 상처 난 자녀의 마음이 시원하도록. 중요한 것은 우리가 하나님 아버지를 전적으로 신뢰하고 그 앞에 나가 구하는 것이다. 찬송가 가사가 생각난다. "마음속에 근심 있는 사람 주 예수 앞에 다 아뢰어라. …… 무엇이나 근심하지 말고 주 예수께 아뢰어라.”

다윗은 결론적으로 말한다. “구원은 여호와께 있사오니 주의 복을 주의 백성에게 내리소서.”(8절) “구원은 여호와께 있사오니(from the Lord comes deliverance)” 얼마나 멋진 말이며, 얼마나 귀한 고백인가. 구원(소테르)은 하나님께 속한 것이다. 그러니 우리는 그 주님께 매달릴 수밖에 없다.

다윗의 마음속에는 이처럼 하나님을 향한 DNA가 강하게 살아 있다. 이 때문에 패배주의가 그를 이길 수 없고, 사단이 그를 넘어뜨려도 다시 일어날 수밖에 없다. 그 어떤 시험과 어려움이 와도 그는 말할 것이다. “그리하여도 나는 주님을 의지하리이다.”

앞뒤로 막히고 옆으로 막혔는가? 그렇다면 위를 보라. 구원은 주님으로부터 온다. 어떤 상황에서도 여호와 하나님은 우리의 구원자이시다. 하나님에 대한 소망을 잃어버리는 것은 모든 것을 잃는 것이다. 당신이 주님만 붙잡고 있다면 그 어떤 풍랑도 헤쳐 나갈 수 있다.

27. 주의 얼굴을 들어 우리에게 비취소서

시편 4편은 다윗의 시이다. 이 시는 하나님은 의의 하나님이시요 그분은 우리에게 의의 삶을 구하는 분이심을 드러내고 있다.

1절을 보자. "내 의의 하나님이여 내가 부를 때에 응답하소서. 곤란 중에 나를 너그럽게 하셨사오니 나를 긍휼히 여기사 나의 기도를 들으소서." 다윗은 하나님을 가리켜 '의의 하나님'이라 하였다. 하나님은 의의 주체시요 우리는 그분의 의를 이 땅에서 실현해 내어야 할 주님의 일꾼들이다.

그러나 다윗의 보기에 이 땅은 문제가 많았다. 2절을 보자. "인생들아 어느 때까지 나의 영광을 변하여 욕되게 하며 허사를 좋아하고 궤휼을 구하겠는고." 하나님의 영광을 욕되게 하고, 허사를 좋아하고, 궤휼을 구하는 것이 무엇일까. 이것은 우리가 주의 의에 너무나 미치지 못한다는 것을 보여 준다.

하나님은 이 시대에 어떤 인물을 구하실까? "여호와께서 자기를 위하여 경건한 자를 택하신 줄 너희가 알지어다."(3절) 경건한 자를 구하신다. 경건한 자는 히브리어로 '카시이드'로 하나님의 마음을 가진 자이다. 하나님의 의를 구하며 실행하는 자이다.

다윗은 두 가지를 부탁한다. 첫째, "너희는 떨며 범죄치 말지어다. 자리에 누워 심중에 말하고 잠잠할지어다."(4절) 두려운 마음으로 떨며 다시는 죄를 범하지 말라는 것이다. 둘째, "의의 제사를 드리고 여호와를 의뢰할지어다."(5절) 하나님을 생각하며 의로운 삶을 살라는 것이다.

사람들은 말한다. "우리에게 선을 보일 자 누구뇨?" 의를 행해야 하겠는데 그 의를 본받을 자가 없다. 이에 대해 다윗은 말한다. "여호와여 주의 얼굴을 들어 우리에게 비취소서."(6절) 사람을 볼 것이 아니라 하나님을 보라는 것이다.

다윗은 온 마음을 다해 하나님을 보고 싶어 했다. 우리는 하나님의 얼굴을 볼 수 없는데 왜 하나님의 얼굴을 구할까? 얼굴은 인격이다. 하나님만이 우리가 마땅히 구해야 하는 인격을 가지신 분이기 때문이다. 하나님은 두 얼굴을 가지셨다. 하나는 공의의 얼굴이요 다른 하나는 사랑과 긍휼의 얼굴이다. 우리가 의의 하나님의 얼굴을 사모하게 될 때 우리는 그분을 닮을 수 있다.

다윗은 "주의 얼굴을 들어 우리에게 비취소서." 기도한다. 민수기 6장 25절, 26절에도 "여호와는 그 얼굴로 네게 비취사 …… 여호와는 그 얼굴을 네게로 향하여 드사" 기도한다. 우리가 주님의 인격을 닮으면 삶이 달라진다. 우리 안에 평안이 임한다. 그래서 다시 일어설 수 있다.

다윗은 의의 하나님이신 그분이 '곤란 중에 나를 너그럽게' 하신 분이라 고백한다. 곤란 중에는 그가 막다른 골목에 처해 있을 때, 문제가 있을 때이다. '나를 너그럽게 하셨다.'는 것은 자신에게 평안의 길로 인도하시어 숨 쉴 수 있는 공간을 만들어 주셨다는 것이다. 자신을 긍휼히 여기셨다. 여기서 우리는 사랑과 긍휼의 하나님을 본다.

우리도 문제가 많다. 그러나 하나님의 얼굴을 구하면 우리도 반전의 삶을 살 수 있다. 그 가능성을 7절과 8절에서 발견할 수 있다. "주께서 내 마음에 두신 기쁨은 저희의 곡식과 새 포도주의 풍성할 때보다 더하나이다. 내가 평안히 눕고 자기도 하리니 나를 안전히 거하게 하시는 이는 오직 여호와시니이다." 주님이 주신 기쁨은 물질이 풍요했을 때와는 비교할 수 없다. 평안하고 안전하다.

그는 처음에 탄식으로 시작했다. 그러나 끝에는 기쁨과 감사가 넘친다. 탄식이 이 땅에 하나님의 의가 없음에 대한 것이라면 기쁨과 감사는 주의 얼굴이 우리에게 비춰심으로 얻은 하늘의 평화와 기쁨이다. 주님이 주시는 힘으로 의가 회복되는 것에 대한 감사와 기쁨이다. 세상이 주는 기쁨과는 차원이 다르다.

이 땅에 사는 한 탄식이 종결되지는 않을 것이다. 다윗이 경건한 자를 구한 것처럼 우리는 다시 탄식할지 모른다. 그러나 의의 하나님이 계시고, 우리가 그의 얼굴을 구하는 한 우리에게는 희망이 있다. 하나님은 언제나 우리의 소망이시며 구원자이시다. 다윗의 말대로 우리가 구할 분, 우리가 의지해야 할 분은 '오직 여호와'이시다. 그분은 우리의 모든 것이 되신다. "주의 얼굴을 들어 우리에게 비취소서." 이 어지러운 세상에서 이것이 우리의 기도가 되어야 한다.

28. 내가 주를 의뢰하고

원숭이를 대상으로 한 실험은 우리에게 도전의 삶이 얼마나 중요한가를 가르쳐 준다. 장대 끝에 바나나를 매달아 두었다. 원숭이가 어느 정도 장대에 오르면 찬물을 끼얹어 도전하지 못하게 했다. 실험에 참가한 원숭이들 모두 물벼락을 맞았다. 이 경험을 한 원숭이들은 더 이상 도전하지 않았다.

얼마 후 새로운 원숭이를 우리에 집어넣었다. 새 원숭이는 장대 끝에 매달린 바나나를 보며 장대에 도전하고자 했다. 그러자 이미 경험을 했던 원숭이들이 한사코 그를 말렸다. "올라가면 물벼락을 맞는다." 그러지 않았을까. 결국 원숭이들은 바나나 따기를 포기하고 그저 장대 밑에서 놀고 있었다. 좌절의 경험이 포기를 낳은 것이다.

인간은 도전하는 인간이라는 점에 특색이 있다. 아무리 실패의 경험이 있다 할지라도 다시 도전한다. 하나님을 믿는 사람은 더욱 그러하다. 주님이 나의 방패가 되기 때문이다.

시편 18편을 읽으면서 믿는 자의 용기가 어디에서 나오는가를 실감했다. "내가 주를 의뢰하고 적군에 달리며 내 하나님을 의지하고 담을 뛰어넘나이다."(시18:29) 다윗의 용맹성이 그대로 드러난다. 주저하지 않고 달려 나가는 그의 모습, 험한 곳도 마다않고 넘나드는 그의 빠른 움직임, 이 시는 우리도 그와 함께 뛰게 만든다. 하나님이 함께함을 믿기 때문이다. 다른 절들에서도 이 감동은 충만하게 이어진다.

- "이 하나님이 힘으로 내게 띠 띠우시며 내 길을 완전케 하시며 나의 발로 암사슴 발 같게 하시며 나를 나의 높은 곳에 세우시며"(32, 33절)
- "하나님의 도는 완전하고 여호와의 말씀은 정미하니 저는 자기에게 피하는 모든 자의 방패시로다."(30절)
- "여호와 외에 누가 하나님이며 우리 하나님 외에 누가 반석이뇨."(31절)
- "나를 또 넓은 곳으로 인도하시고 나를 기뻐하심으로 구원하셨

도다."(19절)

● "나의 힘이 되신 여호와여 내가 주를 사랑하나이다."(1절)

시편 18편의 감동은 그의 시편 60편에서도 그대로 나타난다. "우리가 하나님을 의지하고 용감히 행하리니 저는 우리의 대적을 밟으실 자심이로다."(시60:12) 짐 엘리엇 선교사도 이 말씀에 의지하며 에콰도르 선교사로 나아갔다. 주님은 오늘도 우리가 의지해야 할 처음이자 마지막 분이시다. 그분만이 우리의 알파요 오메가이시다.

시편은 기도요 찬양이다. 어려움에 처했다 할지라도 우리 입에서 찬양이 떠나지 않아야 한다. 힘들 때 오히려 찬양으로 시작하라. 그러면 하나님이 그 찬양을 기쁘게 받으시고 우리를 위해 기쁨으로 일하실 것이다.

암몬 자손과 모압과 세일 산 사람들이 유대를 치러 왔다. 여호사밧은 여호와를 신뢰하라 선포하고 군대 앞에 찬양대를 세워 하나님을 향해 먼저 찬양하게 하였다. "여호와께 감사하세 그 자비하심이 영원하도다."(역하20:21) 그 노래와 찬송이 시작될 때에 여호와께서 복병을 두어 유다를 치러 온 사람들을 패하게 하셨다.(역하20:22) 천군천사를 동원하신 것이다.

다윗은 사울을 피해 동굴에 있었을 때도 찬양했다. "하나님이여 내 마음이 확정되었고 내 마음이 확정되었사오니 내가 노래하고 내가 찬송하리이다. 내 영광아 깰지어다. 비파야, 수금아, 깰지어다. 내가 새벽을 깨우리로다."(시57:7, 8) 새벽을 깨우는 그의 찬송을 하나님이 어찌 기뻐하시지 않겠는가.

바울도 모든 것을 뒤로 하고 앞을 보고 나갔다. "오직 한 일 즉 뒤에 있는 것은 잊어버리고 앞에 있는 것을 잡으려고 푯대를 향하여 그리스도 예수 안에서 하나님이 위에서 부르신 부름의 상을 위하여 좇아가노라."(빌 3:13,14) 그리스도인에게는 전진이 있을 뿐이다. 그는 자신의 모든 것을 하나님께 맡겼다. "우리가 알거니와 하나님을 사랑하는 자 곧 그 뜻대로 부르심을 입은 자들에게는 모든 것이 협력하여 선을 이루느니라."(롬 8:28) 주님만을 믿고 따른 것이다.

모세도, 아브라함도 하나님을 의지하고 따랐다. 다윗도, 바울도 그랬다. 하나님은 선을 이루는 패턴(pattern)이 있다. 좋은 옷을 만들기 위해서는 패턴을 따라야 한다. 그 패턴을 따르면 아름답지만 패턴을 따르지 않으면 엉망이 되고 만다. '내가 주를 의뢰하고' 이 패턴만 따른다면 믿음의 여정에서 실패란 없다.

29. 선하고 아름다운 동거

"형제가 연합하여 동거함이 어찌 그리 선하고 아름다운고 머리에 있는 보배로운 기름이 수염 곧 아론의 수염에 흘러서 그 옷깃까지 내림 같고 헐몬의 이슬이 시온의 산들에 내림 같도다. 거기서 여호와께서 복을 명하셨나니 곧 영생이로다."

시편 33편의 말씀이다. 이 시는 다윗이 쓴 것으로 성전에 올라가는 노래이다. 성전에 올라가는 노래란 성전에 올라가는 자가 취해야 할 자세를 가르친다. 이 시는 형제의 연합을 노래했다. 화합과 단결, 특히 신앙 안에서 맺어지는 화합을 노래하였다. 그러므로 성전에 오르기 전 형제연합이 중요하다는 것을 말해 준다. 초대교회는 이방인과 유대인의 화합을 노래하는 데 이 시를 자주 인용했으며, 현대교회도 화합과 일치가 필요할 때 이 시를 자주 인용한다.

이 시에서 형제연합과 동거를 강조하고 있는데 말이 형제연합이지 이 시의 배경을 살펴보면 상황이 매우 복잡했음을 알 수 있다. 그 배경은 한두 가지가 아니다.

- 법궤가 시온에 안치된 후 나라는 안정 속에 결속을 가져와 안정 속의 결속을 노래한 것이다.
- 다윗 집안과 사울 집안의 싸움이 끝났을 때를 배경으로 한 것이다. 지파 간의 알력도 있었을 것이다.
- 압살롬의 배반이 막을 내리고 다윗 왕이 돌아온 것을 배경으로 한 것이다.
- 많은 내분과 음모, 분란이 있었음을 배경으로 한 것이다.

이 배경 중에 어떤 것인지는 확실치 않다. 그러나 여러 배경을 함께 가지고 있었다고 보는 것이 더 정확할 것이다. 다윗은 이 복잡한 과정 속에서도 여호와를 찾았고, 여호와로 말미암은 진정한 화합의 아름다운 의미를 알고 노래했다는 점이 더 중요하다.

이 시의 의미를 더 짚어 보자. 먼저 "형제가 연합하여 동거함이 어찌 선하고 아름다운고." 이 형제는 일차적으로 이스라엘 공동체 안의 각 개인을 말한다. 우리 식으로 말하면 그리스도 안의 형제자매들이다. 동거는 육신적 동거라기보다 영적인 동거이다. 이 안에는 신앙 안에서, 교회 안에서 맺어지는 화합과 단결이 있다. 교회의 화합이 가정과 사회로 파급되어 그 삶을 풍성하게 한다. 이것이 보기에 좋다. 선하고 아름답다.

선하고 아름다운 것은 창조의 목적과 연결된다. 하나님은 우리가 인간관계에서나 삶에서 선하고 아름답게 존재하기를 바라신다. 선하고 아름다운 화합을 위해서는 다양성을 인정하고 서로 존중하는 자세가 중요하다. 하나님은 우리를 각기 다르게 창조하셨다. 창조하신 뜻에 따라 우리가 서로를 인정하고 존중할 때 화합과 조화가 일어난다. 이러한 화합은 인간과 인간에서만 일어나는 것이 아니라 하나님이 지으신 또 하나의 피조물인 자연과의 관계에서도 일어나야 한다.

"머리에 있는 보배로운 기름이 수염 곧 아론의 수염에 흘러서 그 옷깃까지 내림 같고" 이것은 선하고 아름다운 모습의 제사적 표현이다. 머리에 있는 보배로운 기름은 아론이 직무를 수행하기에 앞서 바른 기름, 곧 성유를 말한다. 향료가 복합된 달콤한 기름으로 제사장 성별의식에 사용되었다. 현대식으로 표현하면 성령의 기름 부으심이 넘치는 모습이다. 그 기름이 아론의 수염에 흘러 그 옷깃까지 내림 같다는 것은 그 기름이 온몸에 퍼져 향기를 발하듯 형제우애가 매우 아름답다는 것이다. 수염에 흘러 그 옷깃까지 내리듯 성스러움과 축복이 넘친다.

"헐몬의 이슬이 시온의 산들에 내림 같도다." 선하고 아름다운 모습을 자연에 빗댄 표현이다. 헐몬은 북부에 있는 높은 산이다. 헐몬의 이슬은 이스라엘 북방에서 남방으로 내려오는 수증기로 인해 생겨나는 것으로, 이것은 종종 하나님의 은혜를 상징한다. 이스라엘에서는 이 이슬이 없으면 곡초가 자라지 못한다. 이 이슬이 시온의 산들에 내림과 같다는 것은 이 이슬이 먼 곳 시온 산에도 내림과 같다는 것을 말한다. 이것으로 시온도 번영한다. 한곳의 번영이 다른 곳의 번영을 가져오는 것이다. 이 모두는 하나님의 은혜가 아닐 수 없다.

하나님의 영광과 기쁨과 축복이 우리 속에 송송 맺힌 모습을 상상해 보라. 이 풍요의 원천은 하나님이시다. 이슬이 높은 헐몬 산에서 내려 퍼지는 것처럼 진정한 하나님의 사랑은 '엘피스', 곧 위로부터 내리신 것이다.

"거기서 여호와께서 복을 명하셨나니 곧 영생이로다." 형제가 선하고 아름답게 연합하고 동거하는 모습 속에 하나님의 축복이 임한다. 이래야 축복을 받는다. 이런 모습이 하나님의 사람으로서 사는 모습, 축복받는 모습이다. 하나님은 그 속에 거하신다. 그 속에 영생이 있다.

🍀 30. 내 혼을 살게 하소서

시편 119편은 아주 길다. 그러나 그 속에는 하나님의 말씀에 대한 깊은 사모가 있다. 물론 그 말씀은 주의 율례, 주의 법도, 주의 규례, 주의 계명 등 여러 말로 표현되지만 그 말씀을 사모하는 마음, 그리고 그에 못지않게 주의 구원을 사모하는 마음이 깊게 담겨 있다. 119편의 맨 마지막 부분에 해당하는 169절에서 176절을 살펴보아도 그것을 충분히 느낄 수 있다.

이 시편 기자는 우선 자신을 잃은 양이라 부른다. "잃은 양같이 내가 유리하오니 주의 종을 찾으소서."(176절) 잃은 양이 찾는 것은 주인의 목소리 아닐까? 그 양은 지금 유리방황하고 있다. 그는 길을 잃고 헤매고 있으면서 말한다. "주의 종을 찾으소서." 주인이 자신을 찾아 주기를 바란다. 왜 그런 말을 할 수 있을까. 길을 잃었는데. 그 답은 "내가 주의 계명을 잊지 아니함이니이다."(176절)에 있다. 길을 잃고 헤매고 있다 할지라도 주인의 목소리는 잊지 않고 있다는 말이다.

그는 기도를 올린다. "나의 간구가 주의 앞에 달하게 하시고 주의 말씀대로 나를 건지소서."(170쪽) 나의 간구가 주의 앞에 달하게 하시고. '주의 앞에'라는 말이 와 닿는다. 주의 앞에는 '코람 데오(Coram Deo)'이다. 주의 앞에서(before God) 원문은 '주의 얼굴 앞에서'이다. 우리의 주인이신 하나님 앞에 사는 것이 소원이라는 것이다. 주님 앞에 사는 것이 그 어느 것보다 행복하다는 것을 고백한다. 이 고백이 간구로 이어진다. 시편 기자는 이 간구가 주님 앞에 전달되고, 건져 주실 것을 소원한다. 구원을 소원한다. 그 소원은 그저 바라는 정도가 아니다. 사모한다. "여호와여 내가 주의 구원을 사모하였사오며"(174절) 간절하고 간절하다는 것이다.

이 구원은 물질적인 것이 아니다. "내 혼을 살게 하소서."(175절)

영혼구원이다. 영적 탈선에서 구원해 주옵소서. 물질적 삶에서, 미움과 시기와 질투에서 구원해 주옵소서. 경마장의 그 큰 말도 기수의 고삐에 의해 움직인다. 사람도 무엇에 이끌림을 당한다. 그것이 우리 영혼으로 하여금 길을 잃게 한다. 지금 나를 이끌고 있는 것은 무엇인가? 나로 하여금 길을 잃게 하는 것은 무엇인가? 그것으로 우리가 이끌림을 받는 것이 아니라 성령님에 의해 이끌림을 받아야 한다. 시편 기자는 주의 법도가 자신을 이끌어 달라고 기도한다. "내가 주의 법도를 택하였사오니 주의 손이 항상 나의 도움이 되게 하소서."(173절) "주의 규례가 나를 돕게 하소서."(175절) 주의 인도하심 외에는 다른 길이 없다는 것이다.

시편 기자는 주의 인도하심을 기뻐한다. 아니 그 인도를 찬송한다. "주의 모든 계명이 의로우므로 내 혀가 주의 말씀을 노래할지니이다."(172절) "주께서 율례를 가르치시므로 내 입술이 찬송을 발할지니이다."(171절) 그는 주의 인도가 얼마나 평안과 행복을 가져다주는가를 잘 알고 있다. 물고기는 물속에서 가장 행복을 느낀다. 새는 창공을 날 때 행복을 느낀다. 하나님의 사람은 주님의 품 안에 있을 때 행복을 느낀다. 그때 우리 입술에는 찬송이 있다. 찬송은 주 안에 사는 자의 행복고백이다. 찬양은 단지 노래만 의미하지 않는다. 가정에서든 직장에서든 내가 무엇을 하든 하나님을 기뻐하고, 하나님을 찬양하는 마음으로 살면 그것이 찬양하는 삶이다.

시편에서 가장 많이 나오는 단어는 '할렐루야'이다. 야는 하나님을 가리킨다. 우리의 찬양 속에도, 그것이 아무리 짧은 단어라 할지라도 그 속에 우리의 주인은 하나님이심을 고백한다. 주님은 우리에게 그만큼 중요하다.

시편 기자는 외친다. "여호와여 나의 부르짖음이 주의 앞에 이르게 하시고 주의 말씀대로 나를 깨닫게 하소서."(169절) 유리하는 우리는 스스로 구원할 수 없다. 이미 길을 잃지 않았는가. 영적으로 문제가 있지 않는가. 시편 기자는 주님을 찾으라 말한다. 그 속에 길이 있기 때문이다. 이런 의미에서 시편 119편 기자는 성숙된 기도로 우리를 주님으로 인도한다. 깊은 깨달음으로 인도한다. "나를 깨닫게 하소서." "나를 건지소서." "혼을 살게 하소서."

이 순간 다윗의 시가 생각난다. "여호와는 나의 목자시니 내가 부족함이 없으리로다."(시23:1) 공동성경은 이렇게 적고 있다. "야훼는 나의 목자, 아쉬울 것 없어라." 주님만 있다면 진정 더 이상 아쉬울 것이 없는가? 그만큼 주님을 사모하는가?

31. 눈물을 흘리며 씨를 뿌리는 자

시편 126편은 민족해방을 맞아 하나님을 찬양하는 시이다. 에스라 때 이스라엘로 귀환하면서 지어진 것으로 추정하고 있다. 1절에서는 포로 생활에서의 귀환을 과거로 표현했는데, 4절에서는 아직 성취되지 않은 것으로 해석할 수 있기 때문이다. 이 포로 귀환은 그리스도로 인한 구속 사건의 예표로 이해하기도 한다. 이런 경우 이 시는 구원에 대한 감격을 나타내는 시로 해석할 수 있다.

"여호와께서 시온의 포로를 돌리실 때에"(1절) 문자적으로는 70년 포로생활을 끝내고 자유의 몸이 되어 고국으로 돌아올 때를 의미한다. 그러나 자기백성을 향하신 하나님의 구원 역사는 한 시대에 국한되지 않는다. 아브라함으로부터 출애굽, 바벨론 포로 귀환, 그리고 앞으로도 계속해서 하나님의 구원의 역사를 바라볼 수 있다.

"우리가 꿈꾸는 것 같았도다."(1절) 꿈인지 생시인지 구분이 가지 않는다는 의미이다. 포로로 잡혀갔을 때 어린 사람이 이제 백발이 되어 돌아왔다. 그들이 포로로 잡혀갔을 때 왕은 눈알이 뽑혔다. 근동 역사기록에 따르면 백성들에게는 심지어 포승줄이 아깝다며 손목을 꿰뚫어 잡아갔다고 한다. 이런 그들이 돌아올 수 있다니. 시편 기자는 꿈꾸는 것 같은 광경을 이렇게 표현한다. "우리 입에는 웃음이 가득하고 우리 혀에는 찬양이 찼었도다."(2절)

"여호와께서 저희를 위하여 대사를 행하셨으니 우리는 기쁘도다."(3절) 대사를 행하셨다는 내용이 2절에 이어 3절에서도 반복된다. 여기서 대사(great thing)는 포로에서 귀환된 사건, 구원의 사건을 가리킨다. 포로생활로 비참하게 살아가던 이스라엘 사람들에게 있어서 해방은 꿈 같은 기쁨의 사건이었다.

일상생활을 하는 현대인에게 있어서 대사는 무엇일까? 현대인은 웬만한 것에는 관심을 두지 않는다. 세상에는 재미있는 일이 많기 때문이다. 그리스도인들이 현대인들에게 보여 주어야 할 것은 하나님의 능력이 아닐까 싶다. 그 능력이 우리를 통해 나타날 때 그들이 비로소 기독교에 대해 관심을 갖게 될 것이다. 사회학자 안토니 캄플로는 90세 이상의 노인들을 대상으로 한 조사에서 "당신들이 다시 태어난다면 어떤 일을 하고 싶은가?" 물었다. 대답에서 비중을 차지하는 것으로는 "진지하게 살겠다.", "죽음 이후에도 계속될 일을 위해 투자하겠다."는 것이었다. 우리에게 필요한 것은 대사, 곧 주님으로 인한 우리의 내면적인 변화이다. 혁명적인 내면의 변화는 우리의 힘이 아니라 주님의 능력이 우리 안에서, 우리의 생활에서 힘 있게 나타나도록 해야 한다. 그래야 그리스도인들을 다시 보게 될 것이다.

"여호와여 우리의 포로를 남방 시내들같이 돌리소서."(4절) 남방시내들은 네게브(Negev) 지역을 가리킨다. 이곳은 본래 척박한 사막이다. 이 사막이 겨울우기에 비만 오면 진초록 초원으로 바뀐다. 이것은 놀라운 변화다. '우리의 포로를 남방시내들같이 돌리소서.'는 포로의 암흑한 땅에서 놀랍게도 푸른 초원으로 인도하시는 하나님을 보며 감사하는 말이다. 아직 이뤄지지 않은 사건으로도 해석될 수 있지만 이미 이뤄 놓으신 것에 대한 감사의 반응으로도 해석될 수 있다.

"눈물을 흘리며 씨를 뿌리는 자는 기쁨으로 거두리로다."(5절) 눈물로 씨를 뿌릴 때는 하나님이 기뻐하시는 씨를 뿌려야 한다. 우리는 성령의 사람이다. 성령의 사람은 성령으로 심어야 성령의 열매를 거둘 수 있다. 아버지의 뜻대로 씨를 뿌려야 한다. 어떤 사람이 링컨 대통령에게 나아와 "하나님이 당신 편에 서기를 원합니다."라고 말했다. 남북전쟁에서 대통령이 승리하기를 바라는 마음을 그렇게 비친 것이다. 그러자 대통령은 "저는 그보다는 나와 이 국가가 주님

편에 서기를 원합니다. 주님은 항상 정의의 편에 서시는 분이십니다."라고 말했다. 하나님이 우리 편에 서기를 바라기보다 우리가 하나님 편에 서도록 해야 한다. 케네디는 많은 사람으로부터 존경을 받지만 그는 대통령 명령으로 미국공립학교에서 기도를 없앤 장본인이다. 그런 의미에서 그는 하나님이 기뻐하시는 씨를 뿌리지 못했다. 링컨은 칭찬을 받아 마땅하지만 케네디는 이런 점에서 문제가 있다. 하나님이 기뻐하시는 사역이 되게 해 달라고 기도해야 한다.

열매를 쉽게 거두려 해서는 안 된다. 씨를 뿌린 자는 계속적인 돌봄과 기다림의 인내가 있어야 한다. 자갈밭은 가꾸어야 하고, 거름도 주며, 부지런해야 한다. 농부의 아픔과 인내를 보라. 그것이 눈물로 씨를 뿌리는 것이다.

우리는 전도의 씨를 뿌린다. 어떤 밭이든 상관하지 않고 열심을 다한다. 주의 이끄심에 철저히 순종하며 나간다. 때론 핍박도 당한다. 그래도 곁길로 가지 않는다. 오로지 명령에 순종할 뿐이다. 주의 종은 지금 당장 내게 유익이 있느냐를 따지지 않는다. 주님의 일을 먼저 생각하고, 장차 많은 사람들에게 유익이 돌아갈 일을 먼저 한다. 하나님은 우리를 철저히 연단시킨 후에 열매를 주신다.

"기쁨으로 거두리로다." 눈물로 씨를 뿌리면 기쁨으로 거둔다는 소망을 가지고 있어야 한다. 기독교는 소망의 종교이다. 그리스도인은 이미 이길 것을 알고 싸우는 사람들이다. 소망이 있는 자는 소망이 없는 다른 사람처럼 낙심해서는 안 된다. 우리가 힘들어 울 때 하나님도 함께 우신다. 우리가 하나님과 함께 운다면 하나님은 기뻐하실 것이다. 때가 이르면 거두게 된다. 그러나 적게 심으면 적게 거둔다.

그러므로 더 많이 전도할 수 있어야 한다. 한 사람이라도 더.

"울며 씨를 뿌리러 나가는 자는 정녕 기쁨으로 그 단을 가지고 돌아오리로다."(6절) 5절의 반복이다. 이 내용을 다시 한 번 강조하기 위한 것으로 보인다. '정녕(surely, indeed)'은 결과의 확실성에 대한 믿음을 나타낸다. 하나님은 그것을 확실하게 보장하신다. 주님을 위해 울며 씨를 뿌리는 자는 그 단을 안고 기쁨으로 돌아온다. 이러한 확신을 가지고 오늘도 눈물을 흘리며 씨를 뿌리자. 아무리 삶이 어렵더라도.

32. 밤중에 일어나 감사하는 이유

시편 119편 57절에서 64절은 하나님의 말씀을 그 마음에 모시며, 그 말씀을 지키기로 서약한 사람들은 어떤 삶의 특징이 있는가를 잘 보여 주고 있다. 우리 모두 주님의 뜻을 이루며 살고자 하지 않는가. 그렇다면 그 특징을 닮아 갈 필요가 있다. 그 특징은 과연 무엇일까? 절 하나하나에 그 특징이 고스란히 담겨 있다.

첫째, 하나님을 자기 삶의 중심으로 모신다. 우선 시편 저자는 여호와를 자신의 분깃이라 하였다.(57절) 분깃은 유업을 말한다. 유업은 자기 삶의 터전이 되는 것이요 이것 없이는 삶이 흔들리는 것을 말한다. 그 유업이 바로 하나님이며 그 하나님이 자기 삶에 전부가 된다고 고백하고 있다. 우리는 예수 그리스도를 믿음으로써 그의 나라를 유업으로 얻었다. 상속자가 된 것이다. 이 놀라운 은총을 입은 사람들은 이 땅에서 주님을 모시고 산다. 나의 옛 삶이 아니라 새 삶, 곧 그 나라의 삶을 산다. 그 사람은 "주의 말씀을 지키리이다."(57절) 서약한다. 주님과 그의 말씀을 생명처럼 여기기 때문이다.

둘째, 주의 은혜 없이는 못 산다. "내가 전심으로 주의 은혜를 구하였사오니 주의 말씀대로 나를 긍휼히 여기소서."(58절) 자기를 불쌍히 여겨 달라는 이 기도는 주의 은혜를 얼마나 사모하는가를 보여 준다. 위에서 내리시는 은혜가 나를 살리고, 나의 생명을 지탱하게 만든다.

셋째, 잘못한 것을 깨닫고 돌아선다. "내가 내 행위를 생각하고 주의 증거로 내 발을 돌이켰사오며"(59절) 회개하는 삶을 산다는 것이다. 회개를 위해서는 늘 자신의 행위를 돌아볼 수 있어야 한다. 말씀에 비춰 보고, 그 말씀이 나를 찌를 때 거부하지 않고 오히려 감사한다. 그때 주의 증거가 내 속에 역사한다. 말씀은 우리 삶의 기준이다. 이 기준을 벗어나서는 안 된다. 말씀이 지적할 때 내 발을 그것에서 돌이킬 수 있어야 한다. 삶의 방향을 바꾸는 것이다. 회개는 돌이키는 것이 아니던가. 이를 위해 우리는 언제나 말씀 앞으로 나아가며, 그 앞에 나를 세워야 한다.

넷째, 헌신의 삶을 산다. "주의 계명을 지키기에 신속히 하고 지체치 아니하였나이다."(60절) 말씀대로 살고자 한다면 말씀 지키는 것을 1순위에 두어야 한다. 그것을 후순위에 두는 것은 헌신의 삶이 아니다. 신속한 순종, 이것은 믿음 있는 모든 선배들의 모습이었다.

다섯째, 연단받을 때도 주님의 말씀을 생각한다. 그리스도인이 되었다고 해서 죄와 상관없는 것은 아니다. 살면서 얼마든지 죄를 지을 수 있다. 마음으로는 죄를 짓고 싶지 않지만 육신이 약하기 때문이다. 우리가 육의 몸을 입는 한 범죄할 가능성은 언제나 있다. 그 순간순간마다 주님을 붙잡는다. "악인의 줄이 내게 두루 얽혔을지라도 나는 주의 법을 잊지 아니하였나이다."(61절) 악인의 줄은 내 삶에 큰 장벽을 의미한다. 그 큰 장벽에 부딪혔을지라도 하나님의 말씀을 결코 포기하지 않는다.

인간의 삶은 연단의 과정이다. 때로 주님은 나를 내가 원하는 자리가 아닌 곳에 두기도 하고, 영적으로 어려운 자리에 두기도 하신다. 그런 때 우리는 "하나님께서 나를 더 성숙하게 하시려고 이 자리를 마련하셨구나." 감사하게 생각하며 이겨 내야 한다. 장벽을 만나면 도전의 기회로 삼으라. 다윗에게도 위기가 있었다. 그는 밧세바 등 여러 사건을 거치면서 자신의 잘못을 하나님의 거울에 비춰야 했고, 그럴수록 주님 앞에 더 낮아지게 되었다. 그의 영적인 성숙은 여러 시편에서 그대로 표출되고 있다. 그렇게 강한 연단 과정이 없었다면 그토록 추앙받는 인물이 되지 못했을 것이다.

여섯째, 순간순간 감사한다. "내가 주의 의로운 규례를 인하여 밤중에 일어나 주께 감사하리이다."(62절) 여기서 주의 의로운 규례는 52절의 주의 옛 규례와 연결시켜 생각할 수 있다. 주의 옛 규례는 과거에 명백하게 나타났던 하나님의 증거를 말한다. 이 증거에서 겸손한 자는 높이시고 악한 자는 낮추시는 하나님의 공의로운 법칙이 드러난다. 주의 의로운 규례라 함은 바로 이것과 맥을 같이한다. 주의 말씀, 주의 공의로움, 그것이 나의 삶을 더 거룩하게 만들었던 것을 생각하면 자다가도 감사가 나온다. 그것이 바로 밤중에도 찬양하게 하는 이유이다. 감사 찬송이다. 주님이 나의 삶에 베푸신 그 모든 은혜를 생각하면 할수록 우리 입술에 찬양이 넘친다. 낮이나 밤이나.

일곱째, 믿음 안에서 교제한다. "나는 주를 경외하는 모든 자와 주의 법도를 지키는 자의 동무라."(63절) 말씀 지키는 자와 동무하며 건전한 신앙공동체를 이룬다. 공동체가 건강하기 위해서는 전심으로 주의 은혜를 구하고, 주의 말씀을 지키도록 서로 격려하고 지지한다.

끝으로, 늘 주님과 동행한다. "여호와여 주의 인자하심이 땅에 충만하였사오니 주의 율례로 나를 가르치소서."(64절) 주의 인자하심이 땅에 충만한 것은 주의 자비가 우리 안에 넘침을 말한다. 그만큼 주님은 우리와 동행하기를 원하시고, 우리 또한 주님과 동행하기 원한다. 그 동행이 아름답기 위해서는 주의 말씀이 나를 이끌도록 해야 한다. 이렇게 해야 세상이 나를 흔들어도 넘어지지 않는다. 하나님의 인자가 온 땅에 충만한 것을 감사하며, 오늘도 소망 없는 세상에서 주님은 우리의 희망임을 확신하라.

지금까지 시편 119편을 중심으로 하나님의 말씀을 그 마음에 모시고 사는 사람들의 특징을 여러 가지로 살펴보았다. 이 모두 우리가 밤중에 일어나 감사하는 이유가 될 것이다. 우리는 주님이 있어 행복한 사람들이다. 그리고 더 많은 사람들이 이 행복을 누리기를 원한다.

33. 영광을 우리에게 돌리지 마옵소서

요즘 연변과기대에선 매주 화요일 평양과기대 학사모임을 갖는다. 그러나 그 모임은 주로 기도모임이다. 개교가 불투명한 상황에서 우리가 할 수 있는 일은 기도뿐이기 때문이다. 이 모임에서 노마 니콜스 교수가 입을 열었다.

"중국이 개방되면서 우리는 많이 놀랐습니다. 중국공산당이 선교사를 모두 추방했기 때문에 중국에는 기독교인들이 하나도 없으리라 생각했었습니다. 그런데 그게 아니었어요. 우리 주님은 선교사들을 모두 내보내고 중국 땅에서 홀로 일하셨습니다. 그사이에 수천만의 기독교인들이 태어났어요. 놀라운 일이지요. 우리가 일한다고 생각하면 잘못입니다. 주님이 일하십니다. 영광을 받으실 분은 오직 하나님뿐이세요."

평생을 선교사로 살아온 그의 눈빛과 어조는 단호하면서도 심각했다. 그렇다. 주의 일을 하면서 우리는 종종 하나님보다 나를 내세우곤 하지 않는가. 이러한 생각을 깨뜨리는 말씀이 바로 시편 115편이다. "여호와여 영광을 우리에게 돌리지 마옵소서." 이 말씀이 선명하기 때문이다.

시편 115편은 주의 인자와 진실을 찬양하는 시이다. 이 시는 할렐의 세 번째 노래로 우상과 대비하여 참신이신 여호와를 찬양한다. 그는 먼저 하나님의 이름이 능욕을 받는 현실에 대해 분노한다. 우상은 헛된 것뿐인데. 이에 비해 참된 하나님은 얼마나 다른가. 그래서 그는 크게 외친다. 참된 하나님을 의뢰하는 자만이 도움을 받게 된다고.

1절에서 그는 하나님을 향해 간청한다. "여호와여 영광을 우리에게 돌리지 마옵소서. 우리에게 돌리지 마옵소서. 주의 인자하심과 진실하심을 인하여 주의 이름에 돌리소서." 인간이 영광을 받을 만한 일을 한 것은 없다. 오직 주님이 우리를 불쌍히 여기시고 신실하게 그 언약을 지키신 때문에 우리가 이 정도로 살게 되었다는 것이다. 시편 기자는 "우리에게 돌리지 마옵소서(not to us)."라는 말을 두 번이나 반복한다. 강력한 간청이다. 우리를 향한 주의 사랑과 그 신실하심을 찬양하라는 말이다. 이 부분이 참 마음에 든다.

1절의 간청에는 우리에게 도움을 주시는 분은 오직 하나님임을 분명히 하고 있다. 그리고 2절에서 8절까지 이 하나님과 우상을 대비하면서 우상이 얼마나 허망한 존재인가를 부각시킨다.

그는 먼저 열방의 소리에 강한 거부감을 표시한다. "어찌하여 열방으로 저희 하나님이 이제 어디 있느냐 말하게 하리이까."(2절) 너희 하나님이 어디 있느냐 방자하게 소리치는 이방의 악한 소리를 더 이상 참을 수 없다는 말이다.

그들이 섬기는 우상이란 과연 어떤 존재인가? 사람의 수공물에 지나지 않지 않는가. 입이 있어도 말도 못 하고, 눈이 있어도 보지 못한다. 귀가 있지만 들을 수 있는가. 발이 있지만 걸어 다닐 수 있는가. 목소리를 낼 수 있는가. 우상을 만들어 그것을 신이라 말하는 사람도 그렇고, 그것을 신이라 믿고 의지하는 사람도 그렇지 다 무슨 짝인가. 그것을 만든 사람이든 그것을 믿는 사람이든 결국 우상 꼴이 될 것이다. "우상을 만드는 자와 그것을 의지하는 자가 다 그와 같으리로다.”(8절) 우상을 섬기는 자의 결국이 다 허망뿐이라는 말이다.

이에 반해 여호와 하나님은 다르다. “오직 우리 하나님은 하늘에 계셔서 원하시는 모든 것을 행하셨나이다.”(3절) 내가 아니라 하나님이 하셨다. 그러므로 우리가 영광을 받을 것이 아니라 오직 하나님만이 영광을 받으실 분이다. 선교도 내가 하는 것이 아니라 하나님이 하신다. 하나님만이 영광을 받으실 분이다. 그래서 시편 기자는 ‘여호와를 의지하라.’고 강조하고 또 강조한다.

- “이스라엘아 여호와를 의지하라. 그는 너희 도움이시요 너희 방패시로다.”(9절)
- “아론의 집이여 여호와를 의지하라. 그는 너희 도움이시요 너희 방패시로다.”(10절)
- “여호와를 경외하는 너희는 여호와를 의지하라. 그는 너희 도움이시요 너희 방패시로다.”(11절)

그 여호와가 이스라엘 집에도, 아론의 집에도, 여호와를 경외하는 모든 자에게도 복을 주신다.(12, 13절) 나아가 시편 기자는 너와 너희 자손이 더 번창하기를 기원한다.(14절)

우리는 누구인가? 천지를 지으신 여호와로부터 복을 받는 자이다.(15절) 하나님은 우리를 위해 이 땅을 창조하시고, 이 땅을 통해 복을 풍성히 누리도록 하셨다.(16절) 이런 주님께 우리가 드릴 수 있는 것은 찬양이다. 죽은 자는 찬양할 수 없다. 그리스도 안에 살아 있는 우리는 지금부터 영원까지 여호와를 송축하며, 그 이름을 높이며 산다. 우리 입에 감사와 찬송이 있게 하신 분은 누구인가? 주님이다. 내가 아니다. "여호와여 영광을 우리에게 돌리지 마옵소서. 그 영광은 모두 주님 것입니다."

34. 하나님이 새 이름을 주실 때

부모는 자식에게 이름을 지어 준다. 대부분 그렇게 살라는 간절한 기원이 담겨 있다. 나의 경우 항렬에 따라 큰 얼굴이 되라는 뜻의 이름이 있다. 그러나 호적엔 다른 이름이 있다. 목사님이 지어 주신 것으로, 삼위일체 되시는 하나님께서 나를 지으셨다는 뜻이다. 철저히 하나님의 피조물이라는 것을 명심하고 주님을 섬기며 살라는 의미이다. 아내의 경우 태어날 때 난산과정을 겪은 탓에 주님의 은혜와 사랑으로 태어났다는 의미를 가지고 있다. 지금도 늘 주님의 은혜와 사랑 가운데 감사하며 산다. 누구든지 이름엔 그에 상당하는 뜻과 의미가 담겨 있다. 그래서 그 이름에 걸맞게 살고자 한다.

성경을 보면 하나님께서 새 이름을 주시는 경우가 여럿 있다. 그 중에 대표적인 인물이 아브라함과 야곱이다. 하나님은 아브람을 아브라함이라, 야곱을 이스라엘이라 하라 하셨다. 그 이름을 주실 땐 그만한 의미가 있다. 주님께서 의미 없이 주시는 이름은 없다. 그 의미는 우리가 평생 깨달아야 할 아주 중요한 의미이다. 그 의미를 아브라함과 야곱은 절실하게 느꼈을 것이고, 그 의미대로 살 것을 다짐하고 또 다짐했을 것이다.

아브라함의 원래 이름은 아브람이다. 아브람(Abram)은 '높임을 받는 아버지(exalted father)'라는 뜻을 가지고 있다. 하나님이 선택한 백성의 조상이라는 뜻이다. 그의 이름은 아브라함으로 바뀐다. 그 뜻은 '많은 무리(열국)의 아비'이다. 그의 이름이 바뀌게 된 것은 그의 나이 99세 때 하나님으로부터 언약을 받은 때이다. 창세기 17장을 보면 "내가 너와 언약을 세우니 너는 열국의 아비가 될지라. 이제 후로는 네 이름을 아브람이라 하지 아니하고 아브라함이라 하리니 이는 너로 열국의 아비가 되게 함이니라."(4, 5절) 이후로 그는 열국의 아비로 불리게 되고 그의 후손은 언약의 백성이 된다.

그가 그 이름을 갖게 된 것은 이삭을 낳기 전이다. 그러므로 아들을 갖기 전에 열국의 아비라 불렸으니 민망할 때도 있었을 것이다. 그러나 그는 그 약속을 믿었고, 그의 후손들이 그 영원한 언약 가운데 살 것도 확신했다. 그 믿음이 위대한 것은 아직 자손도 갖지 못한 때에 그 약속을 믿었다는 점에 있다. 그의 아내 사래도 사라로 바뀐다. 사라는 열국의 어미란 뜻을 가지고 있다. 하나님은 아브라함 부부에게 그 약속을 주신 것이다. 아직 실체가 주어지지 않았지만 그 약속을 믿고 나가도록 한 것이다. 그 믿음으로 인해 그는 훗날 이삭을 바치라 했을 때 주저하지 않았다. 주님의 약속을 믿었기 때문이다. 그러므로 그의 이름은 우리로 하여금 언약에 대해 확고한 믿음을 갖도록 한다.

야곱이 이스라엘로 변한 것은 그의 삶의 방식과 직결되어 있다.

야곱은 발꿈치를 잡은 자, 사기꾼, 빼앗는 자 등 여러 뜻을 가지고 있다. 이것은 그의 형 에서와 깊게 연관되어 있다. 그는 철저히 자기중심으로 살았다. 팥죽 한 그릇에 장자의 명분을 산 것은 형을 배려하는 모습이 전혀 없음을 단적으로 보여 준다. 그는 위장술을 통해 이삭의 축복마저 얻어 냈다. 축복을 가로챈 것이다.

이런 그가 극적으로 달라진 것은 얍복 강가에서 밤새 하나님과 씨름한 다음부터이다. 그것도 하나님으로부터 크게 맞은 다음부터이다.

그 강가에 있을 당시 처음부터 그가 달라졌을까? 물론 식구들을 모두 떠나보낸 다음이었으니 그의 심정은 남달랐을 것이다. 그러나 그의 이기적인 태도가 완전히 달라졌으리라 보긴 어렵다. 형이 사백 인을 거느리고 나를 치러 온다는 소식에 두려움이 앞섰고, 이 일에 대해 대책이 없었던 그가 아닌가. 형의 마음을 돌려 달라고 애원하지 않았을까. 자기의 이기적인 마음과 태도는 그대로 둔 채. 하나님이 그의 환도 뼈를 친 것은 그의 끈질김, 매달림에 화가 났기보단 그의 변함없는 이기적인 기도에 더 화가 난 결과였을 가능성이 높다.

그 순간 정신이 확 들지 않았을까. 하나님은 이런 기도를 받아 주지 않으시는구나. 이런 식의 삶을 살아선 안 되겠구나. 더 이상 형을 미워할 것이 아니라 형의 마음을 이해하고 사랑해야지. 그동안 얼마나 형의 마음이 아팠을까. 내가 못된 놈이지. 형을 어떻게 해주기보다 주님, 저를 먼저 고쳐 주세요. 저를 변화시켜 주세요. 그의 기도도 이렇듯 달라졌으리라. 자신에 대한 깊은 성찰과 회개의 눈물, 물론 이것은 어디까지나 가정이다.

그러나 하나님이 그를 치심은 야곱을 깨뜨리기 위함이 확실하다.

결국 그는 깨어졌다. 그는 절뚝이면서도 주님께 매달렸다. 그는 더 이상 과거의 야곱이 아니었다. 자기의 연약함, 하나님에 대한 전적인 의지, 그리고 형에 대한 사랑과 용서 모두가 하나의 기도로 승화되었다.

"당신이 내게 축복하지 아니하면 가게 하지 아니하겠나이다."(창 32:26)라는 그의 애절한 간구는 자신의 운명이 하나님의 손에 달려 있음을 인정하고, 이제 당신의 축복을 받기에 합당한 사람으로 살겠다는 다짐이다. 과거처럼 살지 않겠다는 것이다.

그의 놀라운 변화에 하나님은 그의 이름을 바꿔 주신다. 다시는 네 이름을 야곱이라 부르지 말고 이스라엘이라 부르라. 새 이름을 주신 것이다. 이스라엘은 하나님과 겨루어 이긴 사람이라는 뜻을 가지고 있다. 사람이 어떻게 하나님을 이길 수 있으랴. 하지만 그는 알고 있다. 이스라엘은 하나님 없이는 살 수 없는 사람이라는 뜻임을. 오늘날 국가 이스라엘도 헌법에 하나님을 제일 먼저 내세운다. 그만큼 이스라엘이라는 이름이 가진 의미는 다르다.

야곱은 변하지 않은 그의 과거이다. 그러나 이스라엘은 달라진 야곱이다. 차원이 다르다. 자기만 알았던, 자기만 알아주기 바랐던 그가 아닌가. 형을 질시하고 미워한 그가 아닌가. 그런데 이젠 얍복 강가에서 주님을 만나 변화된 뒤 형(남)을 이해하고 사랑하는 존재로 변화되었다.

막상 형을 만났을 때 형의 마음은 이미 풀려 있었다. 그날 밤 하나님은 형의 마음도 바꿔 놓으셨다. 에서는 야곱을 보자 달려와 그를 안고 입 맞추고 울었다. 그 옛날 야곱을 죽이고자 한 에서가 아니다. 야곱도 에서에게 말한다. "내가 형님의 얼굴을 뵈온즉 하나님의 얼굴을 뵌 것 같사오며”(창33:10) 우리는 그동안 그의 이 모습을 우아하다고 말해 왔다. 우라지게 아부한다며 비꼰 것이다. 그러나 그렇게만 볼 일이 아니다. 이제 변화된 시각으로 보니 정말 우아하다. 그는 그만큼 형을 포용하고 용서하고 사랑하는 우아한 존재로 변한 것이다.

당신은 아브라함만큼 하나님의 말씀을 신실하게 믿고 사는가? 더 이상 자기 자신만 생각하는 야곱이 아니라 하나님을 사랑하고 이웃을 내 몸과 같이 사랑하는 이스라엘로 살고 있는가? 야곱인 우리가 달라진다면 주님은 우리에게도 이스라엘이라는 이름을 주실 것이다. 아니, 주님은 이미 우리에게 새 이름을 주셨다. 그리스도인, 하나님의 형상, 왕 같은 제사장, 하나님의 백성, 성도, 주의 자녀, 상속자, 정말 그 많은 이름에 합당한 삶을 살고 있는가, 지금.

35. 믿음은 지식이 아니다

에스겔 14장 12절에서 20절까지의 말씀을 보면 우리 모두 각자 행한 대로 공의의 심판을 받게 될 것을 말해 주고 있다. 그러면서 의로운 사람을 세 사람 든다. 노아, 다니엘, 욥이다. 오늘은 그 가운데 노아를 생각해 보기로 한다. 의로운 노아이다.

창세기 6장에서는 노아의 생애사를 이렇게 표현한다. "노아는 의인이요 당세에 완전한 자라 그가 하나님과 동행하였으며"(9절). 당대에 의롭고 흠이 없는 사람, 하나님과 동행하는 사람이 바로 그였다는 말이다.

하나님이 물 심판을 할 만큼 당시는 종말이었다. "하나님이 보신즉 땅에 패괴하였으니 이는 땅에서 모든 혈육 있는 자의 행위가 패괴함이었더라."(창6:12) 강포가 땅에 충만하고 패괴한 시대, 사람뿐 아니라 땅의 모든 것이 그 영향을 받아 악해졌다. 하나님은 말씀하신다. "내가 나의 창조한 사람을 지면에서 쓸어버리되 사람으로부터 육축과 기는 것과 공중의 새까지 그리하리니 내가 그것을 지었음을 한탄함이니라."(창6:7) 한탄하시는 하나님. 지금 우리는 어떤 시대를 살아가는가? 하나님의 한탄을 다시 한 번 짓게 하고 있지 않는지 정말 우리 자신을 돌아볼 때이다. 예수님의 말씀처럼 "노아 시대에 일이 벌어진 것과 같이, 인자의 날에도 그러할 것이다."(눅17:26) 말씀하셨기 때문이다.

우리는 종말적 삶을 살아야 한다. 한때 종말론자들이 기한을 정해 놓고 종말을 외치다 종종 불발이 되고 말아 이젠 종말 얘기하면 사람들이 별로 관심을 두지 않는다. 하지만 우리가 잊어서는 안 되는 것이 바로 종말이다.

역사적으로 보면 5세기 말 로마가 망할 때 종말이 왔다고 생각했었다. 14세기에 유럽 온역이 퍼져 인구의 3분의 1이 죽자 종말이 온 것 아닌가 생각했었다. 십자군 전쟁으로 세상이 혼란해지면서 종말이 올 것으로 생각했다. 18세기엔 멕시코에 지진이 발생해 하루에 만여

명 죽어 나가자 종말이 왔다고 말했다. 말세에 기상이변이 있을 것을 말씀하셨기 때문이다. 그러나 만물의 마지막이 가까이 왔을 때 우리가 해야 할 일은 정신 차리고 근신하며 기도하는 일이다.(벧전4:7)

노아는 그때 가슴 아파했다. 사람들에게 회개하라고 했을 것이다. 사람들은 듣지 않았다. 그가 하나님의 말씀을 순종하여 그 큰 방주를 짓고 있을 때 돌았다고 생각했을 것이다. 인간의 생각에 그것은 비이성적이요 비합리적이요 비현실적이다. 갤럽조사에 따르면 조사 대상 중 38%만 지옥과 천국이 있다고 믿었고, 홍수 심판을 두고 28%는 사랑의 하나님이 어떻게 물로 쓸어버리겠느냐, 어떻게 그렇게 큰 방주를 짓겠느냐 했다. 한마디로 코웃음 친 것이다. 사람들은 보는 것을 믿는다. 보이지 않는 것, 아직 오지도 않은 것을 믿고 따르는 것은 모자란 짓이다. 사실적 판단, 이성적 판단, 현실적 판단, 이것이 사람들의 생각이다.

그러나 하나님의 사람 노아는 달랐다. 하나님이 의로운 삶을 기뻐하시고, 완전하게 살려는 모습을 좋아하시고, 하나님과 동행하는 것을 기뻐하신다는 것을 알았다. 하나님이 방주를 만들라 하셨을 때도 의문부호 하나 달지 않고 따랐다. 그 많은 생물들을 방주로 이끌라 하실 때 그대로 따랐다. 사람들은 방주 동물원인가 했을 것이다.

믿음은 한마디로 보지 못하는 것을 보는 것처럼 믿는 것이다. 히브리서 기자는 그의 믿음에 대해 이렇게 말한다. "믿음으로 노아는 아직 보지 못하는 일에 경고하심을 받아 경외함으로 방주를 예비하여 그 집을 구원하였으니 이로 말미암아 세상을 정죄하고 믿음을 좇는 의의 후사가 되었느니라."(히11:7) 아직 보지 못하는 일, 그것은 듣지도 보지도 못한 것 아닐까. 세상은 그것을 비합리적이라 말하지만 하나님의 사람에게는 합리적이다. 사람이 말한 것이 아니라 하나님의 말씀이기 때문이다. 하나님의 말씀은 이루어지기 때문이다. 그의 믿음이 위대함은 바로 여기에 있다.

노아시대의 사람은 악독했었다. 오죽하면 하나님께서 사람 지으신 것을 후회하셨을까. 그런 가운데서도 하나님은 남은 자를 두셨다. 그가 바로 노아이다. 지금 우리는 어떤가. 우리는 보는 것을 위주로 하며 합리적이면 믿으려 한다. 상식적 차원에서 믿음생활을 하려 하는 것이다. 현대인 아닌가. 그러나 믿음은 시대를 초월한다. 아니 우리의 생각을 뛰어넘는다. 그래서 하나님이 말씀하시면 그것이 비록 보지 못하는 것이라 할지라도 보는 것처럼 믿어야 한다. 그래야 우리의 믿음이 앞서 나갈 수 있다. 이런 점에서 노아는 불가시적 신앙을 가졌고 이로 인해 앞당기는 믿음, 내세를 준비하는 믿음까지 소유할 수 있었다. 그의 신앙은 앞을 보는 선견신앙, 미래를 준비하는 신앙이었다.

그는 세상을 정죄했다. 하나님의 말씀을 믿고 순종하지 않았기 때문이다. 결국 노아 식구만 구원을 받았다. 하나님의 말씀을 믿었기 때문이다. 우리는 경외함으로, 두렵고 떨림으로 그 말씀 앞에 나가야 한다. 하나님의 말씀이기 때문이다. 지금은 보이지 않지만 언젠가 기필코 성취될 말씀이다. 이만큼 합리적이고 실제적인 말씀이 있을까.

방주는 하나님이 닫고, 하나님이 여셨다. 구원의 문을 닫고 여시는 분은 오직 하나님 한 분이다. 본회퍼 친구는 그를 향해 말했다. "세상의 삶은 달고 죽음은 쓰다. 왜 쓴 것을 택하려고 하는가? 살길을 찾으라. 죽음을 면하라." 그러자 본회퍼는 대답했다. "내세의 삶은 더 달고 내세의 죽음은 더 쓰다. 왜 내가 그것을 택하지 않겠는가." 그는 보이지 않는 하나님 나라를 확신한 사람이다. 그 나라의 삶이 이 땅의 삶보다 얼마나 가치 있는가를 아는 사람이었다. 신앙은 경고하심을 잘 받아들이는 것이다. 보이지 않는 것을 마치 보는 것처럼 실제로 받아들이는 것이다. 그리고 그 말씀을 경외함으로 끝까지 붙잡는 것이다. 믿음은 지식이 아니다. 우리 삶 속에 그대로 역사하는 생명이다.

노아는 쉼, 위로라는 뜻을 가졌다. 노아가 있어 우리에겐 큰 위로가 된다. 하나님께는 말할 것도 없으리라. 그 패역한 세대에서 빛과 같은 존재였으니까. 하나님께 과연 우리는 어떤 존재인가?

36. 신에 감동된 자

모세의 마지막이 가까웠다. 하나님은 아론이 그랬던 것처럼 너도 조상에게 돌아갈 것이라 선언하셨다. 가데스 므리바 물 사건에서 하나님의 거룩함을 드러내지 못한 것이 죄목으로 거론되었다. 우리 행실 가운데 하나님의 영광을 드러내지 못하면 거두어 가신다는 것을 보여 준다. 모세는 이 죽음 선언을 담담히 받아들인다. 당신이 모세였다면 무엇이라 말할까.

그 순간 모세는 백성들이 걱정되었다. 그동안 자신만 의존해 온 사람들 아니던가. 그래서 간구한다. "여호와의 회중으로 목자 없는 양과 같이 되지 않게 하옵소서."(민27:17) 이 기도에 하나님은 즉각 반응하신다. "눈의 아들 여호수아는 신에 감동된 자니 너는 데려다가 그에게 안수하고"(민27:18). 그렇게 해서 여호수아가 모세를 이은 지도자로 선택되었다.

여기서 우리가 주목해야 할 부분은 '신에 감동된 자'이다. 신에 감동된 자(a man in whom is Spirit), 얼마나 가슴 설레게 하는 말인가. 여호수아는 성령 충만한 자라는 말이다. 하나님은 성령 충만한 자가 누구인지 아시고, 그를 택하여 사용하신다.

모세는 하나님의 말씀대로 그를 택하여 안수한다. 안수할 때 그에게 '지혜의 신'이 충만하였고, 이스라엘 자손이 여호와께서 명하신 대로 여호수아의 말을 순종하였다.(신34:9) 여기서 지혜의 신은 성령님을 말한다. 성령님이 지도자에게 필요한 지혜를 주셨다는 것이다. 성령이 충만하면 그에게 필요한 지혜도 주신다. 주님은 이처럼 세밀하게 인도하신다.

신앙생활에서 감동은 중요한 요소이다. 모세가 하나님의 지시대로 성막을 짓기 위해 재료들을 모을 때 많은 사람들이 예물을 가져왔다. 그때 가져온 사람들을 성경은 이렇게 기록한다. "무릇 마음에 감동된 자와 무릇 자원하는 자가 와서 …… 예물을 가져 여호와께 드렸으니"(출35:21) 여기서 마음에 감동된 자란 그의 마음이 그를 움직이게 한 자(whose heart moved him)이다. 그때 그 마음을 주장하셨을까. 그것은 바로 성령님이시다. 성령님이 마음을 움직이게 하시고, 자원하게 하신다. 그렇게 해서 주님의 일은 시작된다.

성령님은 지도자를 세울 때 역사하신다. 그 예가 다윗의 경우이다. 사무엘이 기름을 다윗에게 붓자 그날 이후로 다윗이 여호와의 신에게 크게 감동되었다.(삼상16:13) 그날부터 성령님이 강하게 그에게 임했다는 말이다. 이젠 과거의 다윗이 아니다. 더 이상 일상적인 인물(ordinary person)이 아닌 것이다. 다윗은 이렇게 지도자로 세워졌다.

삼손이 사자를 염소새끼처럼 찢을 만큼 괴력을 발휘할 수 있었던 것은 성령님이 그와 함께하셨기 때문이다. "삼손이 여호와의 신에게 크게 감동되어(the Spirit of the Lord came upon him in power)"(삿14:6) 성령이 강하게 임하면 우리가 예상할 수 없을 정도로 힘을 발휘할 수 있다.

성령은 능력으로 임한다. 그래서 주님은 제자들에게 성령의 능력을 받으라 하지 않으셨는가. "오직 성령이 너희에게 임하시면 너희가 권능을 받고 예루살렘과 온 유대와 사마리아와 땅끝까지 이르러 내 증인이 되리라."(행1:8) 우리에게도 성령이 필요하다. 전도의 능력을 받기 위해서, 주의 일을 더 열심히 하기 위해서. 성령님이 우리 안에서 능력으로 역사하지 않으면 우리는 아무것도 할 수 없다.

성경도 하나님의 감동으로 쓰였다. "성경은 하나님의 감동으로 된 것으로"(딤후3:16) NIV는 God-breathed라 했다. 하나님의 숨(루아흐), 곧 성령이 능력으로 임한 것이다. 성령님의 간섭이 없었다면 성경이 성경될 수 없다. 성령님이 없는 것은 성경이 아니다. 그만큼 성령님의 역사가 중요하다.

요한도 성령에 감동했을 때 하늘 보좌와 그 위에 계신 이를 볼 수 있었다. "내가 곧 성령에 감동하였더니 보라 하늘에 보좌를 베풀었고 그 보좌 위에 앉으신 이가 있는데"(계4:2) 주님을 만나고 싶은가? 그렇다면 우리에게 필요한 것이 있다. 성령에 감동하는 삶을 사는 것이다.

주님은 오늘도 신에 감동된 자를 찾는다. 그를 들어 주님의 일을 맡기신다. 지금 감동되지 않았다 해도 하나님 마음에 합하게 살면 다윗처럼 그를 택하여 하나님의 신에 감동하게 하시고, 그를 들어 사용하신다. 성령 충만하라. 성령의 기름 부으심을 사모하라. 오직 하나님과 그 나라를 위하여.

37. 내가 여기 있나이다 나를 보내소서

웃시야는 16세에 왕위에 올랐다. 어린 나이에 임금이 되었기 때문에 힘이 들었다. 당시엔 음모도 많고 모사가 많아 사람을 의지한다는 것은 매우 위험스러웠다. 그는 하나님 앞에 정직하게 살려 했다. 신앙적으론 선지자 스가랴의 도움을 받았다. 그가 하나님을 구하는 동안 하나님은 그를 형통하게 했다.(대상26:4, 5) 군사력을 강화하고 기술을 발전시켜 나라도 강성해졌다. 이른바 태평성대를 누리게 된 것이다. 그의 이름도 널리 퍼졌다. 이렇게 된 것에는 다 하나님의 도우심이 있었다. "그 이름이 원방에 퍼짐은 기이한 도우심을 얻어 강성하여 짐이더라."(대하26:15)

나라가 강성해지자 그는 교만해졌다. 그리고 악을 행하기 시작했다. 심지어 여호와 전에 들어가 향단에 분향까지 하려 했다. 제사장 역할까지 하려 한 것이다. 제사장 아사랴가 사람들을 데리고 들어가 막자 왕은 분노했다. "어떻게 감히 나를 제지하다니." 그러나 제사장의 제지도 완강했다. 제사장에게 분노하는 순간 하나님은 그를 문둥병에 걸리게 하셨다.(대하26:19) 왕은 결국 병으로 죽게 되었다. 그는 결국 시작은 좋았으나 끝이 좋지 않은 왕이 되고 말았다.

당시 웃시야의 모든 사적을 기록한 인물이 선지자 이사야였다. 이사야는 웃시야 왕의 친척이었던 것으로 추정되고 있다. 그는 왕으로부터 재정적으로나 정신적으로 후원을 많이 받았기 때문이다. 웃시야가 죽자 이사야는 세상이 무너지는 느낌이었다. 웃시야의 죽음으로 국가조차 위태로웠다. 앗수르의 위협을 받았기 때문이다.

나라가 흔들리자 이사야는 기도하기 시작했다. 하나님을 만나는 체험을 한 것이다. 이것은 이사야의 인생을 바꿔 놓았다. 흔들림이 은총의 기회가 된 것이다. 그의 신앙도 달라졌다. 그가 어떻게 달라졌는가를 보여 주는 기록이 바로 이사야 6장이다.

그 6장에 따르면 이사야는 영광 중에 계시는 하나님을 보게 된다. 이상을 본 것이다. 보좌에 앉으신 하나님의 옷자락이 성전에 가득했고, 스랍들(seraphim)이 서 있었다. 스랍은 하나님의 보좌를 지키는 천사들이다.

스랍은 '타오르다'는 뜻을 가지고 있어 불타는 존재, 또는 불로 죄를 정하게 하는 일을 하는 것으로 추정한다. 이사야가 본 스랍들은 각기 여섯 날개를 가지고 있었다. 둘로는 얼굴을 가리었고, 둘로는 발을 가리었고, 둘로는 날았다. 얼굴을 가린 것은 거룩한 하나님의 임재 앞에 고개를 들 수 없기 때문으로, 발을 가린 것은 수치스런 부분을 가리는 것으로, 그리고 두 날개로는 자유롭게 날면서 찬양도 하고 주어진 임무를 수행하는 것으로 이해되고 있다.

이사야는 스랍들의 웅장한 찬양을 들었다. 그 찬양은 하나님이 얼마나 거룩한 분이신가를 드러낸다. "거룩하다 거룩하다 거룩하다 만군의 여호와여 그 영광이 온 땅에 충만하도다."(사6:3) 거룩하다는 말이 두 번만 나와도 최고의 거룩함을 의미하는데 세 번이나 거듭 언급되는 것은 하나님의 거룩함이 얼마나 지고한가를 보여 준다. 그 찬양소리가 얼마나 크고 장엄한지 문지방의 터가 요동할 지경이었다. 그리고 성전에 연기가 충만했다. 성령이 충만한 것이다. 이 하나님의 영광을 어떻게 사람의 영광과 비교할 수 있으리.

이상 중에 하나님을 뵙게 된 이사야는 놀라지 않을 수 없었다. "화로다 나여 망하게 되었도다."(5절) 망하다는 말은 '닌메이트'로 전쟁 후 폐허의 모습을 나타낸다. 그만큼 자신이 위험에 처하게 되었다는 말이다. 당시 유대인들은 하나님의 얼굴을 뵈면 죽임을 당하는 것으로 생각했다. 부정한 죄인이 어떻게 하나님의 얼굴을 뵐 수 있으리라 생각한 것이다. "나는 입술이 부정한 사람이요 입술이 부정한 백성 중에 거하면서 만군의 여호와이신 왕을 뵈었음이로다."(5절) '입술이 부정하다'는 것은 지금 이사야가 자신을 처절히 돌아보고 있음을 말해 준다.

이사야의 이러한 반응은 성경의 하나님을 만난 모든 사람들이 통과해야 할 과정이 아닐까. 하나님 앞에 설 때 우리의 모든 죄가 적나라하게 드러나기 때문이다. '화로다 나여 망하게 되었도다.'는 이사야의 고백은 하나님 앞에 섰을 때 뭔가 부적절하고 무능한 자신의 모습, 그리고 잘못을 심각하게 깨닫게 될 것을 말해 준다. 불완전한 우리가 하나님을 뵈면 스스로 불충분함을 느끼지 않을 수 없다.

그때 스랍 하나가 제단의 핀 숯을 가져와 그것을 이사야의 입에 대며 말했다. "보라, 이것이 네 입에 닿았으니 네 악이 제하여졌고 네 죄가 사하여졌느니라."(7절) 그의 죄는 하늘 성전의 거룩한 숯불로 사해졌다. 그는 완전한 용서의 경험을 했다. 이것은 하나님의 용서를 보여 주는 본보기이다. 우리도 그리스도의 보혈로 완전히 깨끗해졌다. 제단 숯불은 깨끗함을 얻는 기회이다. 용서의 경험은 주님의 일을 하려면 먼저 깨끗한 그릇으로 준비되어야 한다는 것을 보여 준다.

그 후 이사야는 주님의 목소리를 듣는다. 용서를 받는 자는 주의 음성을 듣는다. "내가 누구를 보내며 누가 우리를 위해 갈꼬."(8절) 이사야는 즉시 응답했다. "내가 여기 있나이다. 나를 보내소서."(8절) 주님의 절실한 요청에 빠르게 응답한 것이다. 이것이 바로 이사야가 하나님과 만나고, 그 후 역동적인 선지자로 변하는 전기가 되었다. 하나님은 자신의 사자를 부르실 때 이처럼 자신의 방식으로 만나고 소명을 주신다.

제단의 숯불로 정결하게 된 이사야는 하나님의 사자로 나서게 된다. 그가 받은 소명은 하나님의 심판이 일정한 기간 내로 한정될 것이고, 그 이후에는 구원이 있을 것이라는 메시지를 전하는 것이었다. 악으로 돌아가고 또다시 돌아가는 백성을 무섭게 대하는 하나님, 그리고 그들이 회개할 때 넉넉히 안아 주는 하나님이시다.

이 모든 과정을 통해 이사야는 통치하시는 이는 왕이 아니라 하나님이심을 절감하게 되었다. 하나님을 체험하기 전까지 그는 왕이 잘해서 태평성대를 누린 것으로 생각했다. 그러나 하나님을 만난 이제 그의 관점은 완전히 바뀌었다. 이사야는 보좌에 앉으신 주님을 보았고, 주님의 손 안에 있는 이스라엘을 보았다.

그래서 그는 선포한다. "과거에도 현재에도 미래에도 이스라엘의 통치자는 하나님이시다. 왕이 아니다. 인간이 아니다. 평안은 주님으로부터 온다. 그러니 하나님의 말씀에 순복하라."

우리도 위기의 순간에 왕이신 하나님을 바라보고, 그분을 만나며, 우리의 삶이 획기적으로 변하는 기회로 삼아야 한다. 주님은 백성의 죄를 통탄하신다. 그러나 돌아오는 백성을 무한한 사랑으로 감싸 안으신다. 그 주님은 지금도 우리가 깨어나기를 바라신다. 모든 것이 끝났다고 생각되는 곳에도 우리 주님은 희망의 메시지를 주신다.

지금까지 시작은 좋았으나 끝이 나쁜 웃시야를 보았다. 그리고 웃시야에 크게 의존했던 이사야가 어떻게 해서 이스라엘은 인간이 아니라 하나님이 통치하신다는 것을 깨닫고 하나님의 사자로 변화했는가를 보았다. 이제 여기에 마지막 질문이 있다. "당신은 앞으로 웃시야처럼 살 것인가, 아니면 이사야처럼 살 것인가?" 이사야를 택했다면 이제 살아 계신 하나님을 만나라. 그리고 그의 임재를 경험하라. 그러면 당신 안에 주님이 통치하시는 새로운 세계가 열릴 것이다.

38. 괴로워하시는 하나님

이사야 43장 22절에서 28절에서는 유독 괴로움이라는 단어가 자주 등장한다. 특히 하나님은 이스라엘을 향해 나는 너를 괴롭게 하지 않았는데 왜 너는 나를 괴롭게 하느냐며 직설적으로 말씀하신다.

하나님은 먼저 이스라엘이 하나님을 괴롭게 생각하는 것을 지적하셨다. "이스라엘아 너는 나를 괴로워하였으며"(22절) 그리고 왜 그렇게 생각하는지 이해가 되지 않는다는 말씀도 하셨다. "나는 예물로 인하여 너를 수고롭게 아니하였고 유향으로 인하여 너를 괴롭게 아니하였거늘"(23절) 그리고 말씀하신다. "너는 나를 위하여 돈으로 향품을 사지 아니하며 희생의 기름으로 나를 흡족케 아니하고"(24절) 물론 이것은 이사야 당시 이스라엘을 두고 하신 말씀이다. 향품은 제단에 바치는 거룩한 액체 몰약을 말한다. 이스라엘이 그토록 하나님에 대해 신경을 쓰지 아니했는데 왜 나를 괴롭게 생각하느냐는 것이다.

오히려 이스라엘에 대한 하나님의 섭섭함은 더 크다. 그 섭섭함은 너희가 오히려 나를 괴롭혔다는 말씀으로 요약된다. 무엇이 하나님을 섭섭하게 만들었는가?

그 첫째는 그들이 하나님을 진정으로 찾지 아니했다는 것이다. "야곱아 너는 나를 부르지 아니하였고"(22절) 하나님을 부른다는 것은 하나님을 찾는 것을 말한다. 그리스도인은 언제나 주님을 찾아야 한다. 즐거울 때도 찾고 슬플 때도 찾는다. 유혹을 받을 때도 찾고 핍박받을 때도 찾는다. 세상을 떠날 때도 찾는다. 주님이 나의 삶 전체에 신앙고백이 되어야 한다.

하나님은 무엇보다 하나님을 찾는 우리 마음, 그 모습을 귀하게 보신다. 우리가 찾으려 하면 주님은 그 모습을 보시고 우리가 생각하는 이상으로 기쁘게, 그리고 빨리 응답하신다. 이것은 하나님이 우리의 무엇을 기뻐하시는가를 보여 준다. 기도로 그 주님 앞에 나아가고, 찬양으로 그 앞에 나아가며, 감사로 그 앞에 나아간다. 주님이 내 모든 것 되시고, 우리의 인도자가 되심을 고백할 때 주님은 감격해하신다. 하나님은 우리 아버지시기 때문이다. 그의 자녀가 아버지를 이처럼 찾는데 감격하지 않을 수 있겠는가. 그런데 불행히도 지금 이스라엘에게서는 이런 모습이 보이지 않으니 정녕 섭섭하다는 말씀이다. 하나님을 괴로워해서는 안 된다. 예배를 기뻐하고, 기도를 기뻐해야 한다. 헌신의 생활에 인색해서는 안 된다. 우리가 주님을 향해 조금만 문을 열어도 주님은 웃으며 반기신다. "이제 됐다, 내 아들아, 내 딸아."

둘째로, 이스라엘의 죄악이 하나님을 괴롭게 만들고 있다는 것이다. 자기 자녀가 범죄하고 있다면 가슴 아파하지 않을 부모가 어디 있겠는가. 부모는 언제나 자식의 바른 삶을 원한다. 범죄함으로 인해 사회에 누가 된다면 머리 둘 곳이 없을 것이다. 지금 하나님은 이스라엘이 범죄함으로 인해 가슴이 몹시 아프다. 괴롭다. "네 죄악으로 나를 괴롭게 하였느니라."(24절) 우리는 주님 앞에서 사는 사람들이다. 주님을 내 안에 모시고 사는 사람들이다. 죄를 멀리하고, 허물을 쌓지 않아야 한다. 원죄로 인한 고통도 대단한데 고범죄로 주님을 괴롭혀서는 안 된다.

그렇게 섭섭하고 괴로워하시던 하나님은 크게 마음을 여신다. 그리고 선포하신다. "나 곧 나는 나를 위하여 네 허물을 도말하는 자니 네 죄를 기억지 아니하리라."(25절) 여기에서 하나님은 용서를 약속하신다.

나아가 하나님은 이스라엘을 향해 서로 변론하자 하신다. 확실히 해 둘 일이 있기 때문이다. "너는 나로 기억이 나게 하고 서로 변론하자. 너는 네 일을 말하여 의를 나타내라."(26절) 하나님과 변론하여 이길 사람은 아무도 없다. 우리 조상이 하나님 앞에 잘한 일은 무엇이 있는가? "네 시조가 범죄하였고 너의 교사들이 나를 배역하였나니"(27절) 한마디로 이스라엘이 주님 앞에 자랑스럽게 내놓을 것은 하나도 없다는 말이다. 그래서 주님은 말씀하신다. "그러므로 내가 성소의 어른들로 욕을 보게 하며 야곱으로 저주를 입게 하며 이스라엘로 비방거리가 되게 하리라."(28절) 용서는 하시지만 이런 식으로 계속 범죄하면 그 대가를 꼭 치르게 하겠다는 것이다.

이사야 43장 끝 부분에 나오는 이 말씀은 매우 특이하다. 섭섭한 마음을 그대로 토로하셨기 때문이다. 이 섭섭함이 어찌 이스라엘에게만 국한된 일일까. 지금 우리는 어떤가? 하나님을 찾는 일은 언제나 뒷전이고, 신앙생활을 부담으로 여기고 있지 않는가? 아니 계속 죄를 지음으로 주님을 괴롭게 하지는 않는가? 더 이상 주님을 괴롭혀서는 안 된다. 우리 죄 때문에 십자가에 못 박히신 주님을 잠 못 이루게 하는 일은 없어야 한다.

39. 장부의 신앙

이사야 47장은 바벨론이 몰락할 것을 예언한다. 이에 앞서 46장은 바벨론 몰락이 그들이 섬기던 신들의 몰락으로부터 시작될 것을 말한다. 그 몰락에 비해 하나님은 살아 역사하신다. 그 신들과는 비교가 허락하지 않는다. 누가 감히 하나님과 비교할 수 있겠는가. 이사야는 이 일을 기억하고 우리로 하여금 장부가 되라 한다. 장부의 신앙이다.

46장을 보자. "벨은 엎드러졌고 느보는 구부러졌도다. 그들의 우상들은 짐승과 가축에게 실렸으니 …… 피곤한 짐승의 무거운 짐이 되었도다."(1절) 벨은 태양신으로 주 또는 소유자라는 뜻을 가지고 있다. 바알과 같은 어원을 가지고 있다. 벨은 수메르의 주신 중 바람과 폭풍의 신인 엔릴(Enlil) 신을 지칭했는데, 바벨론 사람들이 벨을 더 숭배하게 되자 바벨론 주신 마르둑 이름에 그대로 쓰게 되었다. 여기서 벨은 마르둑 신을 가리킨다. 벨사살의 벨도 바로 벨 신의 이름을 딴 것이다. 느보는 바벨론 신 중 지혜와 문학의 신인에 해당한다. 물의 신으로도 알려져 있다. 느브갓네살의 느브는 바로 이 신의 이름에서 빌려 온 것이다. 그만큼 그 신을 중시했다는 말이다. 그런데 이렇게 중시해 온 그 신들이 엎드러지고 구부러진 것이다. 그리고 더 안전한 곳으로 옮기기 위해 짐승과 가축에 실려 가는 신세로 전락했다. 피난 짐으로 전락한 신상, 짐승들에게 짐만 된 신상, 자기 자신도 구원하지 못하는 신상, 이것이 바로 그들 이방신, 곧 우상들의 모습이다.

이에 반해 하나님은 다르다. 하나님은 이스라엘을 태에서 날 때부터 안으셨다. 지금도 안으실 뿐 아니라 노년이 되고 백발이 성성할 때까지도 품을 것이라 하신다. "태에서 남으로부터 품긴 너희여 너희가 노년에 이르기까지 내가 그리하겠고 백발이 되기까지 내가 너희를 품을 것이라. 구하여 내리라."(4절) 하나님은 엎드러지고 구부러진 이방신상과는 판이하게 다르다.

이사야서는 자기 백성을 품에 안으시고 돌보는 여호와의 모습을 대조적으로 보이며 단적으로 선언한다. "너희가 나를 누구에 비기며 누구와 짝하며 누구와 비교하여 서로 같다 하겠느냐."(5절) 사람들이 만든 신, 메어다 놓으면 둔 그대로 있고, 움직이지도 못하며, 부르짖어도 구원하지 못하는 그 우상과 어찌 비교가 가능한가. 이동할 때 사람들이 우마차에 실어 날라야 하는 우상과 자기 백성을 품에 안고 돌보시는 하나님과 어찌 비교가 되는가. 5절은 참신과 거짓 신이 근본적으로 다르다는 것을 보여 준다.

하나님은 이스라엘을 향해 이 사실을 똑바로 기억하고 장부가 되라 하신다. '장부가 되라'는 말씀은 원어로 '히트오샤슈'다. 이것은 자신을 굳세게 하라, 남자답게 강건하게 하라는 뜻이다. 하나님에 관한 한 대장부 같은 믿음, 흔들리지 않는 믿음을 가지고 힘 있게 나가라는 말씀이다.

이사야는 이스라엘을 향해 "야곱 집이여 이스라엘 집의 남은 모든 자여"(3절)라 불렀다. 남은 자는 이사야가 좋아하는 키워드이다. 그는 이 말씀을 통해 절망 속에서 희망을 보여 준다. 그리스도인은 절망할 자가 아니다. 주님 품에 안긴 자다. 우리를 안고 가시는 주님의 발자국을 보는가. 우리가 백발이 될 때까지 품으신다. 주님의 인자하심은 이처럼 영원하다. 요한 웨슬리는 고백한다. "세상 사는 동안 가장 좋은 것은 하나님이 우리와 함께하심이다."

주님은 계속하여 말씀하신다. "너희는 옛적 일을 기억하라. 나는 하나님이라. 나 외에 다른 이가 없느니라."(9절) "나의 모략이 설 것이니 내가 나의 기뻐하는 것을 이루리라."(10절) "내가 말하였은즉 정녕 이룰 것이요 경영하였은즉 정녕 행하리라."(11절) "나의 구원이 지체치 아니할 것이라. 내가 나의 영광인 이스라엘을 위하여 구원을 시온에 베풀리라."(13절) 웨슬리의 말처럼 때가 되면 우리는 가지만 하나님의 일은 계속된다. 하나님은 자기 소유된 백성을 반드시 구원하신다.

우리 하나님은 지금도 우리를 품에 안고 가시는 하나님이시다. 우리 하나님은 바벨론 신과 비교를 허락하지 않으시는 하나님이요 우리로 하여금 장부답게 믿음에 굳게 서도록 하시는 하나님이시다. 오늘 누구를 택할 것인가? 벨인가 여호와 하나님인가?

40. 반얀 나무 신앙과 바나나 나무 신앙

스티븐 그레이브스 등이 쓴 『최고의 리더 예수의 영향력을 배워라』에 두 나무가 소개된다. 하나는 반얀 나무(Banyan tree)이고, 다른 하나는 바나나 나무이다. 이 두 나무의 성격이 너무 달라 이것을 반얀 나무 신앙과 바나나 나무 신앙이라 부르기로 한다. 어떤 나무의 신앙을 가져야 하는지는 우선 독자의 판단에 맡긴다.

인도엔 반얀 나무가 많다. 인도를 대표하는 수목 중의 하나이다. 인도보리수, 벵골보리수라 불리기도 한다. 하지만 부처가 득도한 보리수와는 다르다. 이 나무는 인도뿐 아니라 캄보디아 등 동남아시아, 하와이 등지에서도 볼 수 있다. 이 나무는 쐐기풀목, 뽕나무과 고무나무속의 상록교목이다. 세계에서 제일 큰 반얀 나무는 인도 콜카타에 있다. 수령은 250년이고, 나무의 둘레만 500미터에 달한다. 나무숲처럼 보이지만 실은 한 그루의 나무이다.

이 나무를 보면 모두 탄성이다. 이런 나무도 있다니! 그저 매혹적이다. 이 나무는 공중에서 뿌리를 내린다. 가지를 길게 땅으로 뻗어 내려 뿌리를 내리고 또 다른 나무줄기를 형성한다. 이런 과정을 거쳐 온 땅을 뒤덮는다. 완전히 자란 반얀 나무 한 그루는 1,200평을 뒤덮을 수 있다. 가지는 크고 넓어 주변을 무성하게 가린다. 가지가 넓게 또는 기기묘묘하게 드리워져 그늘을 만들고, 사람은 물론 동물들까지 그 그늘 아래서 휴식을 취한다. 이런 것을 생각하면 반얀 나무는 좋기만 하다.

어떤 이는 신경숙의 『자거라, 네 슬픔아』를 읽고 말한다. "멀리서 보면 수십, 수천 그루의 반얀 나무가 숲을 이루고 있는 것으로 보인다. 하지만 그 숲은 단 한 그루의 반얀 나무로 인해 만들어진다. 가지들이 올라가다가 아래로 구부러지는데 그 가지가 땅에 닿으면 그것이 다시 뿌리가 된다. 단 한 그루로서 숲을 이루는 나무. 음, 나도 저런 존재가 되고 싶다." 독자는 작가의 필치에 따라 이렇듯 감동을 받는다.

　　그러나 반얀 나무의 습성을 알면 감동은 바뀐다. 무성한 그 나뭇잎 아래에서는 그 어떤 식물도 자랄 수 없다. 그리고 이 나무가 수명을 다하고 죽게 되면 그 밑의 땅도 황폐해져 쓸모없는 땅이 된다. 이 모습은 앞의 낭만적 정서와는 거리가 멀다.

반얀 나무

　　반얀 나무는 지표층이 얇은 토양에서도 잘 자란다. 뿌리가 약한 이 나무는 쓰러지지 않기 위해 제 팔뚝에서 다시 땅으로 내려와 뿌리를 내리는 것이다. 수백, 수천 갈래의 뿌리들이 가지에서 땅으로 내려와 흙을 움켜쥐어야만 비로소 흔들리지 않는 나무가 되는 것이 이 나무이다. 앙코르와트의 반얀 나무는 유적지를 기괴하게 감싸고 있다. 마치 유적지를 한 손에 움켜쥐고 금방이라도 먹을 것처럼. 그래서 밤에 그 나무를 보면 그 기다란 수많은 팔로 나의 목을 휘감아 버릴 것 같은 느낌을 받는다. 그러나 그 모두 자신이 쓰러지지 않기 위해 안간힘을 쓰는 것이다. 남에게 도움을 주는 것이 아니라 자기가 살기 위해 남을 못살게 구는 것이다. 고적이든, 유네스코 문화유적이든 상관하지 않는다. 자기만 살면 된다.

앙코르와트의 반얀 나무

그러나 바나나 나무는 전혀 다르다. 이 나무는 싹이 튼 지 6개월이 지나면 그 주변에 작은 싹이 난다. 다시 6개월이 지면 나무줄기에서 인간을 비롯한 모든 동물에게 영양을 공급하는 나나 열매가 열린다. 12개월 후엔 처음에 싹이 났던 가지 주변으로 두 번째 싹이 난다. 시간이 지나면 그 나무는 죽는다. 그러나 그때쯤이면 어린 싹이었던 또 다른 바나나 나무가 다 자란 상태이다. 이 새로운 바나나 나무도 6개월 후면 열매를 맺는다. 6개월마다 새싹을 키우고, 또 키우며, 애써 맺은 열매를 아낌없이 주는 나무이다. 그리고 그 자신이 죽음으로 양분이 되는 나무, 그 나무가 바로 바나나 나무이다.

바나나 나무

　이 두 나무에서 무엇을 배울 것인가? 그리고 우리는 어떤 신앙을 가져야 하는가? 겉은 크고 멋있어 보이지만 속으로는 연약해서 오히려 남을 이용하고 그가 뿌리를 내린 토양마저 죽게 하는 반얀 나무 신앙을 가질 것인가? 아니면 자신의 모든 것을 내어 주고서 또 내어 주며 이웃을 풍성하게 하는 바나나 나무 신앙을 가질 것인가?

41. 감사가 없어 섭섭하다면

　우리는 누구에게 베풀어 준 일에 대해 감사를 받고 싶은 욕망이 있다. 인정받고 싶은 욕구일 것이다. 그런데 상대가 감사를 하지 않을 경우 당신은 어떻게 생각하겠는가? 우리는 종종 "그 사람 감사할 줄 몰라." 하는 말을 한다. 섭섭하다는 뜻이다.

그런데 헨리 나우웬은 이 문제에 대해서는 특별히 신경 쓰라고 한다. 누가 베풀어 준 일에 대해 감사한다는 것은 잠시나마 그에게 의존해 있음을 인정한다는 것을 의미한다. 그래서 감사하다는 짧은 말에도 인색할 수밖에 없다. 어느 누가 자기가 도움을 받아야 할 처지에 놓여 있어서 "나는 스스로도 나의 일을 처리할 수 없어요." 인정하기를 좋아하겠는가. '감사하라'는 말은 바로 이것을 시인하라는 것 아니겠는가? 그러므로 남에게 도움을 주고도 감사하다는 말을 듣지 못하는 것은 이상한 일이 아니라 자연스런 일이다. 감사의 말을 요구하는 것은 의존관계를 드러내고 자존심을 위협하는 행위이다. 이것은 개인에게서만 나타나지 않는다. 국가도 의료품이나 식료품이 절실하면서도 거절하기도 한다. 다른 나라에 의존하느니 차라리 자존심을 지키고 죽는 편이 낫다고 생각하기 때문이다.

나우웬의 이 글을 읽으면서 생각했다. "감사하지 못한다고 상대를 욕하거나 감사하라는 말을 하라고 하는 것은 폭력이구나." 주님은 말씀하신다. "너는 구제할 때에 오른손이 한 것을 왼손이 모르게 하라."(마 6:3) 주님, 남을 도우면서도 인정받고 싶어 하는 욕구를 없애 주세요.

복음서를 보면 이와 관련해 주님의 방법이 무엇인지 좀 더 자세히 가르쳐 준다. 다음은 예수님의 말씀이다.

"또 자기를 청한 자에게 이르시되 네가 점심이나 저녁이나 베풀거든 벗이나 형제나 친척이나 부한 이웃을 청하지 말라. 두렵건대 그 사람들이 너를 도로 청하여 네게 갚음이 될까 하라. 잔치를 배설하거 든 차라리 가난한 자들과 병신들과 저는 자들과 소경들을 청하라. 그 리하면 저희가 갚을 것이 없는 고로 네게 복이 되리니 이는 의인들의 부활 시에 네가 갚음을 받겠음이니라 하시더라."(눅14:12~14)

우리는 매우 상대적이다. 친구가 나에게 식사를 대접했으면 감사한 마음으로 상대에게 대접을 한다. 그렇지 않으면 늘 빚진 것 같다. 주 님도 이것을 잘 아셨다. "도로 청하여 네게 갚음이 될까 하라." 도로 청함으로써 그 빚을 갚게 되지 않을까 오히려 염려하라는 것이다.

그 염려를 줄이기 위해서는 어떻게 해야 할까. 사람을 청할 때 아 주 갚을 수 없는 사람을 청하라 한다. 가난한 사람을 청하고, 신체 적으로 어려움이 큰 사람을 청한다. 이들은 되갚을 능력이 없다. 그 러니 신경 쓸 일도 없다. 이것은 한마디로 어떤 대가를 바라지 말고 섬기라는 말씀이다.

상대가 감사하든 안 하든, 다시 청하여 빚을 갚든 갚지 않든 상관 하지 말고 섬기는 자로서의 본분을 다하면 된다. 그래야 네게 복이 된다고 하신다. 부활 때 주님께서 기억하시고 갚아 주시기 때문이다. "또 누구든지 제자의 이름으로 이 소자 중 하나에게 냉수 한 그릇이 라도 주는 자는 내가 진실로 너희에게 이르노니 그 사람이 결단코 상을 잃지 아니하리라 하시니라."(마10:42) 소자에게 한 것이 곧 나 에게 한 것이라 하신 주님, 그 주님께서 그 작은 하나의 섬김까지 기억하고 갚겠다 하신다.

물론 우리는 꼭 주님으로부터 받고 싶어서 이웃을 섬기는 것은 아니다. 꼭 주님으로부터라도 받아야겠다고 고집한다면 그것 또한 잘못된 생각이다. 주님이 기억해 주시지 않는다 할지라도, 천국에서 그에 대한 상이 없다 할지라도 주님을 생각할 때마다 감사해서 섬긴다. 그것이 크든 작든.

주님은 우리가 친구를 청하고, 친척을 청해서 대접하는 일을 금하신 것은 결코 아니다. 서로 인정하고 생각하는 것은 얼마나 좋은 일인가. 대접을 했는데도 상대가 대접을 하지 않으면 손해 보는 것 같고, 감사하다는 말을 듣지 않으면 섭섭한 것은 인지상정이다. 그래서 주님은 가난한 자를 청하라 하신다. 그리스도인의 섬김은 손해 봤다, 섭섭하다는 그 마음까지 지워야 한다. 그래야 깨끗한 섬김이 될 수 있다.

42. 단절이 아프다면

정년퇴임을 한 지 몇 주가 되지 않았는데 이따금 퇴임을 실감한다. 사람을 만나면 "전 몇 주 전 정년퇴임했습니다." 묻지도 않는데 불쑥 내가 먼저 그 말을 꺼낸다. 그 말을 해서 무슨 도움이 된다고, 그게 무슨 자랑이라고.

퇴임을 하면 무엇보다 단절을 실감한다. 늘 나가던 학교도 가지 않게 되고 늘 만나던 교수나 학생들도 못 보게 되니 철장에 갇힌 기분이다. 오라 하지도 않는데 불쑥 나타나는 것도 그렇지. 그래도 교수는 다른 사람보다 나은 것 같다. 명예교수라는 타이틀을 주고 강의하고 싶으면 나오라 하니까.

연변과기대에 오게 되었다고 하자 그곳 김병진 교수가 웃으며 한마디 한다. "교수님, 백수를 면하셨으니 축하합니다." 보니 그러네. 순간 일한다는 것이 얼마나 귀하고 감사한가를 실감한다. 그래서 훗날 연구실에서 커피를 타 주는 그를 향해 말했다. "김 교수님, 학교에서 일을 맡기면 감사하며 하세요. 일은 아무 때나 오는 것 아닙니다."

퇴임 전에도 그렇고, 퇴임 후에도 그렇고 퇴임은 남의 일이라 생각했다. 그런데 갑자기 정년이라는 공이 나에게 날아든 느낌이다. 그 공을 받아들고 그 공을 어디로 던질까 전전긍긍하는 것이 내 모습이리라.

연변과기대 교수로 있는 고등학교 동창 김성준 교수에게 물었다. "자네 어때?" "암 좋지. 늘 감사하며 살아." 그의 말에는 늘 힘이 있다. 쓰러지지 않는다. 조금 움츠러드는 내 마음을 펴 준 사람이 바로 그다. 그래서 친구가 좋다.

함께 있는 또 다른 동창 장윤삼 교수 부부도 가끔 나를 식사에 초대하며 말한다. "늘 같이 먹자고 말하고 싶은데 말이야." 그때 난 조금 크게 말한다. "내 야성을 죽이지 마. 너희들이 잘해 주면 내 야성이 죽어." 야성 안 죽이려는 나를 보며 속으로 생각한다. "그럼 그래야지. 그대로 쭉 가는 거야." 갑자기 청년이 된 기분이다.

나의 아내는 지금 뇌졸중으로 쓰러진 장모님을 간호하느라 바쁘다. 그래서 연변과기대엔 함께 올 수 없었다. 그 와중에도 아내는 내 마음까지 다독인다. 며칠 전 아내에게서 이런 이메일이 왔다.

"생명의 삶에 실린 강준민 목사의 묵상에세이 한 구절 소개하렵니다. 제목은 '잊히는 고통', 우리 인생에서 가장 큰 고통 중에 하나는 잊히는 것입니다. 자신의 존재가 잊힌다는 것처럼 큰 고통은 없습니다. 과거에 화려한 경력을 가진 사람일수록 더욱 그렇습니다. 골짜기에 던져짐을 두려워하는 이유는 잊힘에 대한 두려움 때문일 것입니다. 잊힘으로 겪어야 하는 고독에 대한 두려움 때문일 것입니다. 그러나 하나님은 우리를 결코 잊지 않으십니다. '하나님이 나를 버리셨다.'라고 생각하는 그때 하나님은 나의 환난에 동참하고 계십니다. 사랑과 긍휼로 사랑하시며 당신이 힘들어 할 때 안고 가십니다. …… 전능하신 하나님을 신뢰하십시오. 마른 뼈들로 하여금 춤추게 하시는 하나님께 나아가십시오. 하나님을 믿으면 그분의 영광을 볼 수 있습니다."

그에 대한 나의 답은 간단했다. "감사합니다. 정말 맞는 말인 것 같습니다. 그러나 저는 세상엔 잊히기로 작정했습니다. 두렵지도 않고요. 그러나 주님 안에서는 잊히기를 원치 않습니다. 마치 레갑 자손처럼 주님 앞에 영원히 설 자로 남고 싶어요, 당신과 함께." 그래도 굳게 서려는 나를 본다.

이 모두 다 나이 먹어 가는 증거겠지. 노인 인구도 많아진다는데. 내가 이렇다면 다른 사람들은 어떨까. 이젠 나보다 나이 든 어르신들에게 더 잘해드려야겠다는 생각이 앞선다. "내 아들" 하며 오늘도 미국에서 전화하는 외로운 우리 어머님에게 더 친절해야겠다.

노인은 지금 단절을 경험한다. 노인이 아니더라도 우리 주변엔 단절을 경험하는 사람이 많다. 그 단절이 아프다. 병들면 그 아픔은 더 커지지 않겠는가. 그러나 그것은 주님이 우리에게 허락하신 축복의 기회이다. 그 아픔 속에서 더 주님을 가까이 만날 테니까.

43. 중독으로부터 자유하려면

상당수 사람들이 건강에 좋다는 건강보조식품을 먹다가 목을 비롯해 여러 신체 부위에 백반현상이 나타나 어려움을 겪고 있다는 보도를 보았다. 어떤 여인은 외출할 때 목까지 닿은 옷을 입어야 나갈 수 있다 했고, 어떤 이는 아예 외출을 꺼리고 사람들과 만나는 것마저 어렵게 되었다고 호소했다. 건강보조식품도 한 가지만 먹는 것이 아니었다. 좋다는 것은 이것저것 다 들다 보니 중독이 된 것이다.

보약이 된다 하면 가리지 않는 사람들도 많다. 대상을 가리지 않는다. 개, 개구리, 고양이, 지네, 구더기 등 그 수도 헤아리기 어렵다. 평소에 먹을 수 없다고 생각하던 것도 먹을 대상이 된다. 모두 오래 살기 위한 안간힘이다.

어떤 사람이 죽었다. 사람들은 더 오래 살 수 있었을 터인데 스스로 수명을 단축했다고 말했다. 그 사람은 평소 보약이 된다 하면 가리는 것이 없었다고 한다. 돈도 아주 많아 세상에 진귀한 보약은 다

들어 보았다. 그러다 아예 집 안에 한약방을 차렸다. 전문 의사까지 두어 약을 짓게 했다. 장사를 하기 위한 것이 아니라 자기도 다름 아닌 보약중독이었다. 건강전문가는 말한다. "무엇이든지 과하면 병이 됩니다."

요샌 중독도 다양하다. 약물중독, 알코올중독, 마약중독, 섹스중독, 인터넷 중독, 일중독, 다 과하면 붙이는 이름이다. 하도 수가 많다 보니 우리는 무엇인가에 중독되지 않은 사람이 없다 할 정도다.

왜 이렇게 중독되었을까? 그 원인은 무엇일까? 건강하고 싶은 욕심, 오래 살고 싶은 욕심, 즐기고 싶은 욕심, 성취하고 싶은 욕심, 다 욕심이 원죄다. 개인에 따라 그 가치가 클수록 그것을 빨리 채우고 싶어 한다. 더 빨리, 그리고 더 많이. 그러다 보니 자신도 모르게 그것에 몰두한다. 내일은 생각지 않는다.

중독자에게 필요한 것은 무엇일까? 그 모든 것들을 상대화하고 하나님께 나아가는 것이다. 우리를 향하신 하나님의 뜻을 바란다. 세상 것들이 답이 될 수 없기 때문이다. 나아가 하나님과 그 뜻을 알기 위해선 인내가 필요하다.

하나님 앞에서는 성급하지 말자. "하나님이 나를 기억하실까? 내 이름이라도 아실까?" 참 조급하다. 그런 염려는 묶어 두자. "별들의 수효를 세시고 그 이름들을 다 부르시는도다."(시147:4) 하지 않으시는가. 별의 수가 얼마나 많은가. 별의 수와 사람의 수는 비교가 안 된다.

기도한 후 그 답도 조급하게 판단하지 말자. 사람들은 대부분 자기 위주로 기도하고 판단한다. 그래서 하나님과의 관계도 매우 이기적이다. 예를 들어 자기가 성공했을 때는 하나님이 계신 것 같다고 말한다. 그러나 시험에서 떨어지고 사업에 실패했을 때는 안 계신 것 같다고 말한다. 국가가 풍성하면 하나님이 함께 계신 것으로, 나빠지면 안 계신 것으로 착각한다. 자기의 소원 리스트를 일방적으로 제시하고 그것을 보장하고, 찬동해 달라며 매달린다. 그것을 위해 금식기도도 불사한다. 매우 일방적이다. 이젠 조금 차분해질 때가 되었는데도 막무가내이다. 하나님이 그런 우리의 모습을 어떻게 생각하실까.

하나님이 침묵하실 때도 있다. 하나님의 때까지. 지금은 그 때가 아니라는 말씀이다. 그럴 때 우리가 할 수 있는 것은 기다리는 것이다. 하나님이 움직이실 때까지. 끝까지 참고 기다리면 하나님이 일하시는 것을 알 수 있다. 그땐 당신이 생각하는 것보다 아주 빨리, 아니 기대 이상의 결과를 얻을 수 있다. 다른 곳도 찾지 마라. 편법도 안 된다. 사람도 돈도 아니다. 우리가 찾을 것은 오직 하나님이다. 당신의 그 열심을 하나님께 드린다면 그분은 감동하실 것이다.

세상 것에 중독되었다면 이제 그것으로부터 자유하기 위해 하나님을 두려워하는 사람이 되라. 그 앞에 나아가라. 그러면 그분이 선히 인도하실 것이다. 이 세상에 하나님을 두려워하지 않는 사람은 두 종류의 사람이 있다. 하나는 죽은 사람이고, 다른 하나는 정신병자이다. 당신은 이 두 부류에 속하지 않는 사람이다. 당신은 하나님의 형상을 가진 자요 하나님의 자녀이다. 이것을 확신한다면 이제 그 중독으로부터 자유로울 필요가 있다. 그 보약들이 당신을 지켜 주지 않는다. 그 마약과 술이 당신에게 참기쁨을 가져다주지 않는다. 당신의 건강과 생명을 보호해 주시는 분, 당신에게 영원한 기쁨을 주시는 분은 오직 주님이시다. 그분을 향해 눈을 돌리라.

44. 우리 심령이 다시 소생하려면

느헤미야 8장은 학사 에스라가 성일에 본성에 거한 모든 백성을 수문 앞 광장에 모이게 하고 율법 책을 낭독하고, 백성들은 그 말씀을 헤아리며 깨닫게 되는 모든 과정을 자세히 설명하고 있다. 말씀을 듣고 깨달은 백성들은 울었다. 그들 속에 변화가 찾아온 것이다. 이 말씀을 통해 우리도 어떻게 하면 심령이 다시 소생할 수 있는가를 묵상하고자 한다.

우리의 심령이 변하려면 말씀을 들어야 하고, 깨달아야 한다. 그러나 그 말씀을 듣기 전에 우리 자세가 하나님 앞에 열려 있어야 한다. 먼저 그들이 얼마나 열려 있었는가를 보자.

수문 앞 광장 말씀 집회는 새벽부터 정오까지이다. 하나님의 말씀을 듣고자 새벽부터 모였다는 것은 말씀에 대한 사모가 얼마나 컸는가를 보여 준다. 심령의 부흥은 이러한 간절함에서 시작된다.

모인 사람들은 대부분 남자 여자 구분 없이 알아들을 만한 자이다. 여기서는 어린이들이 제외된 것이 아닌가 생각된다. 소란한 구석이 없이 온전히 말씀을 구하고자 하는 뜻이 담겨 있다. 알아들을 만한 사람들이 모였다는 것은 그만큼 청중의 수준이 다르다는 것을 보여 준다. 이미 마음의 준비가 되어 있는 자들이다.

에스라가 성경을 펼 때 모두 일어섰다. 이것은 말씀에 대한 그들의 경외심이 얼마나 컸는가를 보여 준다. 당시에는 지금처럼 누구나 성경을 가지고 읽을 수 있는 시절이 아니다. 몇 권밖에 없는 성경이다. 그 성경을 가져와 읽는 것이다. 그러니 얼마나 귀한가. 나무 강단에 놓인 성경만 보아도 감격이 일 것이다.

에스라는 성경을 읽기 전 하나님 여호와를 송축했다. 지금으로 말하면 찬송으로 시작한 것이다. 그가 송축하는 말을 할 때마다 백성들은 아멘으로 응답했다. 성경은 아멘! 아멘으로 응답했다고 했다. 아멘을 두 번이나 반복한 것은 그때의 감격이 어떠했는가를 보여 준다. 그뿐 아니다. 그들은 모두 몸을 굽혀 얼굴을 땅에 대고 하나님께 경배했다. 이런 모습을 무슬림에서 볼 수 있는데 이것의 시작은 바로 에스라 때가 아닌가 생각된다. 물론 그 이전에도 있을 수 있다. 그만큼 하나님 앞에 자신을 낮추고 오직 하나님만 경배하고자 한 것이다. "영광과 찬송을 받으실 분은 오직 하나님뿐이시다. 아멘." 그 경배가 우리 마음을 하나님께 향하게 한다.

그 다음 단계로, 우리가 해야 할 일은 말씀 앞에 우리 마음을 여는 것이다. 그들은 어떠했을까. 에스라가 말씀을 읽을 때 백성들은 귀를 기울여 그 말씀을 들었다. 심령이 새로워지려면 무엇보다 하나님의 말씀에 귀를 기울여야 한다. 말씀을 듣지 않고서는 우리 영이 새로워질 수 없다. 그 말씀이 영혼의 생수가 되기 때문이다.

심령이 새로워지기 위해서는 들은 말씀을 잘 깨달아야 한다. 깨닫는 역할은 여러 레위인들이 맡았다. 그들은 백성 중간 중간에 서서 읽은 말씀을 깨닫게 해 주었다. 레위인들이 영적 코치 역할을 한 것이다. 그들은 오랜 포로생활을 거치면서 아람어밖에 몰라 히브리어로 된 율법을 이해하기 어려웠을 것이다. 이 어려운 부분을 레위인들이 도왔다. 통독 성경의 총지휘자 에스라는 낭독과 해석을 통해 이해하지 못하는 사람이 없도록 했다. "하나님의 율법 책을 낭독하고 그 뜻을 해석하여 백성으로 그 낭독하는 것을 다 깨닫게 하매"(느8:8) 하나님의 말씀을 읽고 듣는 것도 중요하지만 무엇보다 중요한 것은 깨닫는 것이다. 깨달음이 없으면 변화하기 어렵다.

말씀을 깨달은 백성들은 심령에 큰 변화를 가져왔다. 그 반응은 크게 두 가지로 나타났다.

첫 번째 반응은 그 말씀을 듣고 운 것이다. 몇 사람만 운 것이 아니라 다 울었다고 했다.(9절) 말씀이 선포될 때 성령이 강하게 역사하신 것이다. 그 울음은 이 백성을 향한 하나님의 귀한 말씀에 감격한 울음이기도 하고, 그동안 그대로 살아오지 못한 것에 대한 후회도 있었을 것이다. 무엇보다 자신들이 포로생활을 하게 된 이유에 대해서도 잘 알게 되었을 것이다. 그러니 더 눈물이 난다. 눈물을 흘리는 백성들을 향해 에스라도 느헤미야도 울지 말라며 달랜다. 느헤미야는 이렇게 말한다. "이날은 주의 성일이니 근심하지 말라. 여호와를 기뻐하는 것이 너희의 힘이니라."(느8:10) 이 기쁜 성일에 울지 말라며 다독이는 느헤미야, 정말 총독답다.

두 번째 반응은 서로 나누는 삶을 살게 되었다는 것이다. 성일 모임이다. 모인 백성 가운데는 먹을 것을 준비해 온 사람도 있고 그렇지 못한 사람도 있다. 느헤미야는 예비치 못한 사람들에게도 나누어 주라 한다. 그날 백성들이 서로 나누어 먹으며 크게 기뻐했다. 느헤미야 8장은 이렇게 된 것은 기본적으로 그 읽어 들린 말을 밝히 앎인 탓이라 하였다.(느8:12) 말씀을 듣고 순종하는 삶을 산 것이다.

이것이 말씀의 위력이다.

지금 그들은 결코 기뻐해야 할 처지는 아니었다. 70년 포로생활에서 성전 재건과 성벽 중건을 위해 일부만 돌아왔고 다수는 아직 바벨론에 묶여 있다. 성벽 재건에 대한 방해공작도 심하다. 그런 가운데 귀환한 백성들 모두 하나님의 말씀을 들으며 기쁨으로 운 것이다. 하나님의 말씀은 위로가 되고 변화를 가져온다. 우리의 삶이 아무리 어렵더라도 하나님의 말씀은 우리를 일으킨다. 심령이 새로워지고 싶은가. 그렇다면 먼저 하나님 앞에 마음의 문을 열라. 그리고 그 말씀 앞에 더욱 가슴을 열라. 그러면 성령이 강하게 역사하실 것이다.

45. 아니 우리에게도 명당 병이

자연을 대하는 태도는 동서양에 큰 차이가 있다. 서양 사람들은 자연을 객관적인 연구 및 정복 대상으로 삼는다. 이에 반해 동양 사람들은 불가침의 위대한 존재로서 그저 터득하고 복종해야 할 대상에 속한다. 이런 동양적 생각에서 발생한 것이 팔자(八字)와 풍수(風水)이다. 전자가 시간을 뜻한다면 후자는 공간을 뜻한다. 비과학적인 것임에는 틀림없지만 아주 무시하기도 어려울 만큼 우리의 뇌리에 깊게 박혀 있다.

명당(明堂)이라고 하면 풍수상의 요지로 인식되어 있지만 본디 뜻은 글자 그대로 '밝게 비추는 마루', 즉 임금이 정치를 함으로써 천하를 밝히는 대청마루이다. 지금의 청와대 중에서도 대통령 집무실에 해당한다. 묘 터나 집터와는 거리가 멀다.

그런데 역대 천자들이 명당을 호화롭게 짓느라 민폐가 이루 말할 수 없었다. 그래서 중국 사람들은 명당이라면 도리어 고개를 설레설레 흔든다. 그러면서 "명당은 무슨 놈의 명당" 하며 냉소적이다.

과거 중국인이 명당을 찾았던 것이나 한국인이 명당을 찾은 이유는 거의 같다. 팔자도 고치고 자손만대 평안하게 살고 싶은 것이다. 그러니 모두 명당 병에 물들 만하다. 그러나 풍수지리를 통달하여 대대로 잘되었다는 집안은 별로 없다. 풍수를 무시하고도 부귀영화를 누린 사람도 많고 반대로 풍수를 믿고서도 가문이 풍비박산된 경우 역시 많다. 믿고 안 믿고는 마음 문제일 뿐이다.

기독교인 가운데서도 풍수를 따지는 사람이 있다. 택일을 하거나 묘 터를 잡을 때 길일과 풍수를 따진다. 좌청룡 우백호 하며. 오랜 세월 동안 그런 문화에서 살아 왔으니 쉽게 버리지 못한 탓이다.

신앙적으로 볼 때 사람이 잘살고 못살고는 결코 길일이나 풍수에 달려 있는 것이 아니다. 그리스도인은 좋은 자리를 찾아다니는 사람이 아니라 고난받기를 기뻐하고, 오히려 그 길을 찾아다니는 사람이다. 명당자리와는 전혀 상관없다. 오히려 남이 하지 않으려고 하는 일을 하고, 좋은 자리 좋은 것은 양보하며, 섬김을 받기보다 섬기려는 사람이다. 이런 사람에게 팔자니 풍수니 집터가 어떠니 하는 말은 통하지 않는다. 그런 것을 버린 지 오래다. 그런데 그리스도인의 생활 속에서 아직도 옛 방식의 삶을 버리지 못하는 우리의 모습을 발견하며 실망하기도 한다. 아니 우리에게도 명당 병이 있다는 말인가.

고난주간을 맞아 박기완 목사의 설교가 있었다. 연변과기대에 올 때는 주님을 생각하며 모든 것을 희생하겠다는 각오로 왔다. 하지만 이곳에 와서는 실제 희생하며 사는 사람은 거의 찾아볼 수 없다는 것이다. 그는 아픈 곳을 더 깊이 찔렀다. 나 먼저 좋은 연구실, 좋은 숙사를 배정받기 원한다. 조금만 불편하면 불평과 불만이 높다. 그 속에서도 더 올라가려고 남을 밟고 나쁜 말을 하며 사람들의 마음을 찢어 놓는다. 자기희생이 아니라 자기평안을 추구하는 것이다. 안타깝게도 남을 우선적으로 배려하는 마음을 보기 어렵다. 이 모두 명당을 찾는 것이나 무엇이 다를까. 선교지는 자기가 그곳에서 희생의 제물이 되겠다고 선언한 곳이다. 그곳이 관광지일 수는 없다.

그는 앞으로 "교수님, 저는 괜찮습니다. 먼저 좋은 연구실을 쓰십시오." "형제님, 저는 좋은 숙사 아니어도 좋습니다. 형제님이 식구도 많은데 큰 숙소를 쓰세요." "저는 이것 먹지 않아도 됩니다. 자매님 먼저 드세요." "그동안 수고하셨으니 이 일은 제가 하겠습니다." 이런 말들이 더 많이 들렸으면 좋겠다고 했다. 명당자리를 스스로 포기하고 내놓는 것이다. 예배에 참석한 과기대 식구들 모두 충격을 받은 듯했다. 앞으로 하나님께서 이 설교로 어떤 효과를 내실지 자못 궁금하다.

그 효과에 대한 기대는 금방 나타났다. 고난주간 여러 기도 모임에서 자신들의 가슴을 찢었다. 섬기려 왔는데 섬김을 받으려 했다며 회개했다. 연변과기대에서도 화합하지 못하는데 평양과기대를 어떻게 섬기겠느냐며 스스로를 자책했다. 평양과기대의 개교가 늦어지는 것도 과기대 교수님들이 영적으로 깨어나지 않으면 안 된다는 주님의 경고로 받아들였다. 혈과 육의 싸움이 아니라 앞으로 있게 될 처절한 영적 싸움에 대비하지 못한 죄를 고백하고, 십자가에 달리신 예수님을 바라보고 울며, 그 채찍으로 자신들을 쳤다.

내가 보기에 과기대 교수님들은 너무나 좋은데, 자신들은 언제나 주님 앞에서 더 낮아지기를 원했다. 나의 능력이 아니라 주님으로부터 받은 능력으로 살아가기를 원했다. 그 능력을 받기 위해 기다리라 하신 말씀대로 여기서 기다리고 기다린다. 고난주간 그들은 묵묵히 여리고 성을 돌고 또 돌았다. 마지막 날 그들은 함께 함성을 지를 것이다. 승리하신 주님을 바라보며. 그들의 얼굴에 기쁨이 넘칠 때 한국교회, 아니 세계교회도 함께 기뻐하게 될 것이다.

🍀 46. 욕위대자 당위인역

길을 걸으면서 가끔 좋은 글을 만난다. 그때마다 가던 길을 멈춘다. 그곳이 시장이든 지하철역이든 상관하지 않는다. 질이 나쁜 욕설과 보기에도 민망한 선전지들이 눈에 띄기도 하지만 그것조차도 교훈을 준다. 이곳저곳에 붙어 있는 벽보나 글씨, 간판 등은 삶의 교훈을 주는 중요한 사례 전시물들이다. 어느 곳을 가든 배울 것이 있다. 싫든 좋든 우리는 오늘도 거리의 교과서를 읽으며 산다.

어느 날 정동에 있는 배제대학교 학술지원센터에서 학회 발표가 있었다. 발표를 마치고 나오면서 근처 주차장 벽면에 쓰인 글이 내 시선을 끌었다. 나는 가던 길을 멈추고 가방에서 종이와 연필을 꺼내 그 내용을 옮겨 적었다. 벽에 쓰인 글이 마음에 들었기 때문이다.

욕위대자 당위인역(欲爲大者 當爲人役)

'크고자 하거든 남을 섬겨라'는 말이다. 큰 자는 섬김을 받는 자가 아니라 오히려 섬기는 자라는 예수님의 말씀이 생각난다. 섬기는 사람을 배출하려는 학교의 뜻이 엿보인다.

마태복음 20장 25절에서 28절은 섬김에 대한 예수님의 말씀이 잘 드러나 있다. "너희 중에 누구든지 크고자 하는 자는 너희를 섬기는 자가 되고 너희 중에 으뜸이 되고자 하는 자는 너희 종이 되어야 하리라. 인자가 온 것은 섬김을 받으려 함이 아니라 도리어 섬기려 하고 자기 목숨을 많은 사람의 대속물(ransom)로 주려 함이니라."

여기서 키워드는 섬김과 대속물이다. 섬김은 생명을 살리는 사역이다. 섬김은 우리의 영혼을 순화시키고, 혼돈의 세계에 질서를 가져온다. 서로 으뜸이 되고자 할 땐 우리 마음은 갈라지고 뒤틀린다. 그러나 섬김으로 하나 될 때 흐트러진 마음도 한곳으로 모이게 된다.

성부, 성자, 성령 삼위도 섬김으로 하나 되신다. 예수님은 자신을 대속물로 주려는 하나님의 명령에 순종하셨고, 하나님은 그 수행에 관심을 갖고 일관되게 일을 추진하셨다. 그리고 성령님은 이 일에 힘을 주시고 위로하고 격려하며 하나님 말씀을 생각나게 하신다. 삼위일체는 바로 서로 협력하고 서로 섬김으로 연합하는 신비 그 자체이다.

대속물은 헬라어로 '뤼트론'이다. 노예를 해방하거나 전쟁포로를 석방할 때 지불하는 몸값이다. 이 속전으로 노예나 포로를 해방하여 양민으로 만든다. 예수님이 우리의 대속물이 되지 않았다면 우리는 아직도 죄 가운데 있을 것이다. 주님의 섬김이 우리를 자유롭게 하신 것이다. 그만큼 섬김은 중요하다.

그 높으신 하나님이 육신의 몸을 입고 이 땅에 오셨다는 것은 낮은 자로서 섬김의 삶을 살고자 함이었다. 자신을 희생시켜서라도 하나님의 의를 이루고자 하는 마음, 그리고 기꺼이 그 사랑을 실천하고자 하는 결의가 우리를 감격하게 한다. 주님은 물론 우리 모두에 기쁨이 넘친다. 모두 높아지려 하고, 낮은 자 위에 군림하며 착취하고자 하는 세상과 얼마나 다른가. 그 속에는 평안과 기쁨이 없다.

베드로는 우리를 향해 왕 같은 제사장이라 했다.(벧전2:9) 왕이든 제사장이든 다 섬기는 자다. 세세토록 왕 노릇 할 자란 군림하는 사람이 아니라 영원히 섬김의 삶을 사는 것을 말한다. 예수님은 "내 나라는 이 세상에 속한 것이 아니라"(요18:36) 하셨다. 주님의 나라는 세상의 질서가 아니라 하나님 나라의 질서가 지배하는 곳이다. 그 나라는 섬김의 나라이다. 서로를 존중하고 배려하고 키우고 자라게 하는 나라이다. 그 나라 사람은 섬기기 위해 존재한다고 말한다. 따라서 우리도 섬길 각오를 단단히 해야 한다.

예수님은 미천한 우리를 섬기셨다. 우리의 발을 씻기셨다. 그리스

도의 제자인 우리가 해야 할 일은 이웃을 위해 섬기는 자가 되는 것
이다. 잠시 일회적으로 섬기는 것이 아니라 영원히, 끝까지 섬기는
것이다. 특정한 다른 시간, 다른 장소에 가서만 섬기는 것이 아니다.
우리가 서 있는 이곳, 이 시간이 바로 우리가 섬겨야 할 시간이요 장
소다. 섬기는 자리가 바로 당신이 왕 노릇 할 수 있는 곳이다. 사랑
은 오로지 남을 섬기고, 심지어 남을 위해 자신을 희생할 때 진정 위
대해질 수 있다. 욕위대자 당위인역. "크고자 하거든 남을 섬겨라."

47. 엘림하우스 이야기

『헨리 나우웬의 실천하는 영성』을 펴내자 협성대학교 신학부 이세
형 교수님으로부터 연락이 왔다. 서산 엘림하우스에서 헨리 나우웬
영성 세미나를 하는데 출간한 책을 소개해 주었으면 하는 것이었다.
흔쾌히 응한 다음 몇 주 뒤 서산을 찾았다.

그곳에서 저녁 식사도 하고 세미나도 했다. 그런데 그곳에서 들은
여러 이야기들은 나를 매우 감동시켰다. 엘림하우스는 인천 연수제일
감리교회(김종복 목사 담임)에서 운영하는 곳으로 장애인을 위한 시설
이라는 것이다. 이 교회는 원래 장애인을 위해 교회를 시작했다 한다.

지금은 교회가 커져 주일이면 교인들이 파킹할 장소가 없어 애를

먹고 있는 것을 안 인근 아파트 주민들이 이 교회 교인들을 생각해 오히려 자신들의 차를 빼 준다고 한다. 인정받는 교회는 역시 다르다는 생각이 들었다. 어느 대형교회 주차담당 교인이 동네사람으로부터 뺨을 맞았고, 주변 아파트 단지 사람들이 더 이상 참을 수 없다며 단체행동에 나서겠다는 것과는 너무 대조된다.

연수제일교회는 교회를 넓힐 수 있지만 이보다는 장애인 시설을 먼저 지어야겠다는 생각에 서산에 엘림하우스를 지어 그들의 편의를 도모하고 있었다. 이 교회는 독일의 장애인 단체와 교류도 하고 있었고, 헨리 나우웬 영성 세미나를 갖는 것도 장애인 사역을 한 나우웬을 통해 장애인을 더 잘 섬기기 위한 것이었다.

지금 한국교회는 사회로부터 비난받고 있다. 그러나 연수제일교회와 같은 교회가 있다는 것이 어찌나 감사했는지 모른다. 신실하신 하나님은 험난한 시대에도 살아 있는 교회를 남겨 두신다. 연수제일감리교회에 박수를.

최근 장애인에 대한 우리의 관심도 매우 나아졌다. 그러나 선진국 수준에 다다르려면 아직 멀었다는 생각이다. 미국의 경우 정부기관이니 직장에서 장애인을 고용하고 배려하는 수준은 아주 높다. 장애인이 있는 부서는 부장들부터 미리 교육을 받고, 그들이 들어와 업무를 수행하는 데 불편이 없도록 배려한다. 장애인이 들어오면 모두 친구처럼 대한다. 그래서 금방 한식구라는 생각을 갖게 만든다. 장애인 고용을 기피하고 그들이 들어오면 왕따를 시키는 것과는 차원이 다르다.

장애인 섬기기에 특별한 것은 없다. 그들에게는 친구가 필요하다. 따로 특별히 배려하지 않아도, 그저 친구처럼 대하고 말하고 들어

주면 좋아한다. 장애인이라는 사실을 굳이 부각시키지 않으면서 그
저 보통 사람 대하듯 친구가 되어 준다면 그들은 그 순간 하나가
된다. 그 하나 됨의 순간엔 장애인, 비장애인 구분이 없다. 어떤 장
애인은 말할 수 없는 친구가 없으면 벽을 향해 말한다고 한다. 그들
에게 필요한 것은 친구이다.

나의 절친한 친구 가운데 소아마비로 다리 한쪽이 불편한 친구가
있다. 고등학교 때부터 사귀어 온 친구이다. 몇몇이 어울리면서 장애
와 비장애를 넘어 서로 친구가 되었다. 친구가 되는 데 장애가 전혀
문제 되지 않았다. 모두가 자연스럽게 평생을 같이하는 친구가 되었
다. 지금 그는 미국에서 성공한 사업가로 활동한다. 국제라이온스 클
럽에서 소아마비 장애인을 돕는 사역에도 적극적이다. 장애인들이
비장애인과 함께 어울리고, 그 속에서 함께 성장하는 일은 매우 중
요하다.

예수님이 길을 가실 때, 날 때부터 소경이 된 사람을 보았다. 제
자들이 궁금해 물었다. "이 사람이 소경으로 난 것이 뉘 죄로 인함
이오니이까? 자기오니이까? 그 부모오니이까?"(요9:2) 장애인을 놓고
죄를 따지려 드는 제자들의 장애인 인식수준을 알 만하다. 그러자
주님은 말씀하셨다. "이 사람이나 그 부모가 죄를 범한 것이 아니라
그에게서 하나님의 하시는 일을 나타내고자 하심이니라."(요9:3) 하
나님의 하시는 일을 드러내는 자, 이 얼마나 귀한 말씀인가. 한 영
혼은 천하보다 귀하다. 거기에는 장애인, 비장애인 구분이 없다. 주
님은 땅에 침을 뱉어 진흙을 이겨 눈에 바른 다음 실로암 못가에
가서 씻으라 하셨다. 실로암은 보냄을 받았다는 뜻이다. 보냄을 받은

그 소경은 그 말씀대로 가서 씻고 밝은 눈으로 돌아왔다. 치유를 통해 예수님이 드러나는 순간이다. 순종할 때 고침을 받는다. 이 일로 소경은 하나님의 일을 나타냈다.

오늘도 많은 장애인들이 하나님의 일을 드러내고 있다. 어떤 이는 "나는 휠체어를 타고 있지만 내 안에 예수님이 있어 행복해요."라고 고백한다. 그 고백이 하나님의 영광을 드러낸다. 어떤 부모는 장애 아이 때문에 구원을 받게 된 경우도 있다. 그를 통해 하나님을 알고, 그 사랑을 알았다면 그 또한 하나님의 영광을 드러내는 일이다. 장애인은 오늘도 세계 각 곳에서 하나님의 영광을 드러내고 있다.

하나님은 시대에 따라 다양한 방법으로 하나님의 영광을 드러내신다. 그러나 주님은 강한 자보다 연약한 자를 택하여 하나님의 영광과 그 비밀을 드러내신다. 상한 갈대도 꺾지 아니하시는 하나님께서 소경의 눈을 밝히시며 주님의 능력을 맛보게 하시고 그 영광을 찬양하게 하신다. 하나님 눈으로 볼 때 장애인은 장애인이 아니다. 그 연약함을 통해 하나님의 능력을 강하게 드러내는 중요한 역할을 오늘도 충실하게 담당하고 있다. 그 모든 차별과 모멸을 극복하고 배역을 아름답고 숭고하게 해내는 장애인을 볼 때마다 우리는 숙연해진다. 오늘도 장애인을 통해 일하시는 주님의 깊은 뜻을 발견하라. 그리고 그들을 중요한 친구로 대하라. 그들은 당신과 함께 크게 웃을 것이다. 그리고 생각할 것이다. 이 세상은 정말 살 만한 가치가 충분하다고, 당신이 있기에.

48. 요나답은 이 시대를 향해 무엇이라 말할까

예레미야서는 주전 600여 년 전에 기록된 하나님의 말씀이다. 당시 유다는 영적으로 문제가 있었다. 한마디로 패역한 시대였다. 게다가 바벨론 군대가 쳐들어온다는 소문으로 파멸을 눈앞에 둔 지경이었다. 풍전등화라 할까. 나라는 혼란에 빠져 있었다.

예레미야 35장은 이 와중에 예레미야에게 임한 하나님의 말씀을 소개하고 있다. 특히 레갑 족속이 얼마나 그의 조상 요나답의 말을 잘 순종하고 있는가를 집중적으로 설명하면서, 그 선조의 말도 이같이 잘 순종하는데 왜 유다는 하나님의 말씀을 순종하지 않는지 답답해하는 하나님의 심정을 잘 보여 주고 있다.

하나님은 순종의 본보기로 레갑 족속을 듦으로써 이 족속은 하루 아침에 하나님이 인정하는 집안, 하나님이 부러워하는 집안이 되었다. 하지만 이들은 이스라엘이 인정하는 명문가문 출신이 아니다. 그러나 그것이 무슨 상관인가. 하나님이 인정하는, 믿음의 명문가문이 되면 최고 아닌가.

레갑 족속은 유목민의 자손으로 겐 족속과 연관이 있다. 그래서 모세의 장인 이드로의 후예일 것으로 보기도 한다.(삿1:16) 그들은 야금가, 대장장이의 집단으로 출애굽 때 이스라엘에 편입된 뒤 이스라엘 변방에 거주하였다. 이들은 방랑생활을 해온 씨족 공동체다. 그들은 선조 요나답의 명령에 따라 포도주를 마시는 일, 집을 짓는 일,

파종하는 일, 포도원을 경작하는 일을 하지 않았다. 그리고 평생 장막에 거하며 살았다.(렘35:6, 7) 그들은 결코 안정된 삶의 방식을 추구하지 않았다. 방랑생활을 한 것이다. 예레미야 당시 이들이 잠시 예루살렘에 들어와 있은 것은 바벨론 군대를 피하기 위함이었다.

요나답은 어떤 인물일까? 그는 이스라엘 왕 예후 당시 레갑 족속의 족장이었으며, 지혜가 있고 경건하여 아주 존경을 받았다.(왕하 10:15~16) 그는 바알 숭배를 말살하려던 예후의 계획에 동조하였다. 예후는 이미 아합의 아들 요람을 죽임으로써 말썽 많던 아합의 시대를 끊어 놓은 인물이다. 그는 예후를 도와 사마리아에 가서 바알 숭배자를 처단하는 거사에 참여함으로써 종교적 혁명의 주체세력이 되었다.(왕하10:23)[3] 그렇게 기고만장했던 아합과 이세벨이 죽고, 그토록 여호와를 향한 열심을 보여 주었던 예후마저 여로보암의 길에서 벗어나지 못한 것을 보고 요나답은 많은 것을 깨달았다. "이렇게 사는 것이 아니지. 세상 낙을 즐기며 평안하게 살면 무엇 하나. 하루를 살아도 하나님 앞에 바르게 살아야지."

그 후 요나답은 자기 자손들에게 유언처럼 말한다. "포도주를 마시지 말고, 거처할 집도 짓지 말고, 파종도 하지 말고, 포도원도 가꾸지 말고, 오직 장막에만 거하라." 안일한 삶을 반납하고 절제하며 오직 하나님께 순종하며 살라는 것이다. '장막에 거하라'는 말은 하나님의 명령이 떨어지면 언제든 말뚝을 뽑고 순종하며 나가라는 말이다. 레갑 자손들은 요나답의 말을 받들어 이 명령을 수백 년 동안

---

3) 열왕기하 10장 15절엔 요나답이 요호나답으로 소개되고 있다.

지켜 왔다.4) 하나님이 이들의 충성과 신실함을 보신 것이다.

하나님은 그들을 성전 한 방으로 불러 포도주를 마시는지 시험해 보도록 했다. 예레미야는 지시에 따라 사발과 잔에 포도주를 가득 담아 마시도록 했다. 그러나 그들은 선조 요나답의 명이라며 거부했다. 이 모습을 보며 하나님은 말씀하신다. "그들은 그 선조의 명령을 순종하여 오늘까지 마시지 아니하거늘 내가 너희에게 말하고 부지런히 말하여도 너희는 나를 듣지 아니하도다."(렘35:14) 레갑 자손은 요나답의 말을 이렇게 잘 듣는데 너희는 이스라엘의 아버지인 나의 말을 듣는 자가 없구나. 그 말씀 속엔 레갑 자손에 대한 부러움과 이스라엘을 향한 탄식이 있다. 포도주를 마시지 말라 한 그 명령은 이렇게 잘 실행되는데(부러움) 너희는 나의 말을 듣지 않는구나(탄식). 이 부러움과 탄식은 예레미야 35장 14절과 16절에서 반복된다. 얼마나 부러우셨으면 반복되었을까. 얼마나 탄식했으면 그리 하셨을까.

하나님은 레갑 자손을 축복하여 "레갑의 아들 요나답에게서 내 앞에 설 사람이 영영히 끊어지지 아니하리라."(렘35:19) 말씀하셨다. '내 앞에 설 사람', 얼마나 설레는 말인가. 히브리어로 '오메드 러퍼나이', 충성스럽게 주님 앞에 설 종들이 이 자손을 통해 계속되리라는 말씀이다. 이보다 귀한 축복이 어디 있을까.

요나답은 그의 자손들이 세상 즐거움, 평안, 그리고 안일에 마음을 빼앗기고 사는 것을 바라지 않았다. 그것은 바람이요 춘몽이다. 부질없는 것들이다. 레갑 자손은 집과 전답에 마음을 빼앗기지 않았다.

---

4) 예레미야서 35장의 레갑 자손과 요나답 사이에는 약 240년이란 간격이 있으며, 이 자손들은 요나답의 8대손일 것으로 추정된다.

세상 것 다 누릴 수 있었지만 그것을 고집하지 않았다. 그것에 미련을 두지 않고 떠났다. 얼마든지 누릴 수 있음에도 그것을 거부할 수 있는 힘, 그것은 어디서 나오는 것일까? 그것은 하나님이 원하시면 어디든, 언제든 떠나겠다는 영적인 기동력을 확보하기 위함이다. 세상을 위해 살기보다 하나님의 사람으로 영원히 남겠다는 다짐이다.

요나답은 자손을 경건과 절제와 성별로 하나님께 드렸다. 그리고 그 자손들은 하나님이 인정하는 모범적인 충성으로 오는 세대에 귀감이 되었다. 물질의 노예가 되어 버린 이 시대를 향해 요나답은 무엇이라 말할까? 당신이 이 시대의 요나답이 될 생각은 없는가? 당신과 당신의 가문을 믿음의 명문가정으로 다시 세우고 싶지 않는가?

49. 히스기야가 여호와의 전을 찾은 이유

앗수르가 유다를 침공했다. 히스기야가 왕에 오른 지 14년째의 일이다. 앗수르 왕 산헤립이 들어와 유다의 성들을 빼앗았다. 산헤립은 랍사게를 보내 예루살렘을 포위하고 외치게 했다.

"너희는 대왕 앗수르 왕의 말씀을 들으라. 너희는 히스기야에게 미혹되지 말라. 그가 능히 너희를 건지지 못할 것이니라. 히스기야가 너희로 여호와를 의뢰하게 하려는 것을 본받지 말라. 그가 말하기를 여호와께서 반드시 우리를 건지시리니 이 성이 앗수르 왕의 손에 붙임이 되지 아니하리라 할지라도 히스기야를 청종치 말라. 너희는 항복하고 내게 나아오라. …… 열국의 신들 중에 그 땅을 앗수르 왕의 손에서 건진 자가 있느냐."(사36:13~18)

이 말을 들은 궁내대신과 서기관과 사관이 옷을 찢고 왕에게 나아가 그 말을 고했다. 히스기야는 이 절망적인 상태에서 어떻게 대처했을까? 이것이 오늘 우리의 묵상 주제이다. 이사야 37장 1~4절은 왕과 대신들이 어떻게 대처했는가를 잘 보여 준다.

그의 첫 반응은 옷을 찢고 굵은 베를 입고 여호와의 전으로 간 것이다. 옷을 찢고 굵은 베를 입고 성전을 찾은 것은 이 모든 상황을 해결해 주실 분은 하나님 한 분밖에 없음을 드러낸다. 그는 어떤 작전을 세우지 않았다. 하나님을 찾았다. 전쟁은 자기에게 속한 것이 아니라 하나님께 속한 것이기 때문이다. 이것은 앗수르 왕의 생각과는 전혀 다르다.

그는 그저 찾지 않았다. 옷을 찢고 굵은 베를 입었다. 이것은 철저한 회개를 의미한다. 굵은 베는 일종의 조복이다. 자신과 유다를 철저히 낮추었다. "여호와 앞에 저를 내려놓습니다. 유다도 내려놓습니다. 불쌍히 여겨 주시옵소서." 이 극한상황에서 우리가 택할 길은 하나님밖에 없다. 그 앞에 나아가 부복하는 길 외엔 어떤 길도 없다.

두 번째 반응은 왕뿐 아니라 그의 측근들도 회개했다는 것이다. 궁내대신 엘리아김, 서기관 셉나, 제사장 중 어른들이 나아와 굵은 베를 입었다. 그들은 이미 랍사게의 말을 듣고 옷을 찢은 사람들이다. 그들도 왕과 같이 옷을 찢고 굵은 베를 입은 것이다.

그들은 랍사게처럼 히스기야를 비난하지 않았다. 그에게 손가락질도 하지 않았다. 왕을 비난할 것이 무엇인가. 하나님을 의뢰한 것밖에 없는데. 그것을 어떻게 정죄한단 말인가. 왕은 마땅히 해야 할 일을 했다. 적국의 왕도 이것을 인정하고 있지 않는가.

그들은 힘을 모았다. 동료의식이 얼마나 강했는가를 보여 준다. 어려울 때 함께 무릎 꿇고 기도할 수 있는 친구가 있다는 것은 얼마나 귀한가. 어떤 환난이 와도, 어떤 불황이 와도 함께 기도할 수 있다는 것만으로도 우리는 행복하다. 대신들의 이런 모습을 보며 히스기야는 얼마나 흐뭇했을까.

끝으로, 왕은 이 대신들을 선지자 이사야에게 보내 기도를 요청한 것이다. 대신들이 이사야에게 전한다.

"오늘은 환난과 책벌과 능욕의 날이라 아이를 낳으려 하나 해산할 힘이 없음 같도다. 당신의 하나님 여호와께서 랍사게의 말을 들으셨을 것이라. 그가 그 주 앗수르 왕의 보냄을 받고 사시는 하나님을 훼방하였은즉 당신의 하나님 여호와께서 혹시 그 말에 견책하실까 하노라. 그런즉 바라건대 당신은 이 남아 있는 자를 위하여 기도하라."(3~4절)

전한 말 가운데 '혹시'는 maybe가 아니다. 확실히(certainly)이다. 확실히 견책하시리라 믿는다는 것이다. 이 말은 그대로 이루어졌다. 여호와의 사자가 앗수르 진을 쳐 십팔만 오천을 죽였고 산헤립이 느니웨로 도망했지만 자기 신 묘 앞에서 경배할 때 아들의 칼을 맞아 죽었다.

하나님은 이사야를 통해 "두려워 말라. …… 그(산헤립)가 오던 길, 곧 그 길로 돌아가고 이 성에 이르지 못하리라. 대저 내가 나를 위하며 내 종 다윗을 위하여 이 성을 보호하며 구원하리라."(사37:6, 34, 35) 하셨다. 이 말씀은 그대로 이루어졌다. 전쟁은 하나님께 속한 것이요 구원도 하나님께 있다.

세계는 지금 경제적으로 어렵다. 싸움도 끊이지 않는다. 때론 우리 앞에 한계상황도 전개된다. 이 절망적인 상황에서 우리는 누구를 의지해야 하는가? 이 아침 조용히 주님 앞에 나간다, 굵은 베를 입고. "주님, 이 땅을 불쌍히 여겨 주옵소서." "한국교회를 불쌍히 여겨 주옵소서."

50. 요나와 요 나

어느 목사님의 설교 말씀이 아직도 잊히지 않는다. "요! 나를 보라." 요나서를 읽으며 요나의 모습이 때론 나의 모습이 아닌가 생각되기도 한다. 그래서 한마디 해 본다. "요 나, 요게 바로 나 아닌가." 그 나는 누구인가?

하나님은 요나에게 니느웨로 가서 회개를 하도록 외치라 명령하셨다. "하필이면 니느웨인가. 그 나라 망하도록 그대로 내버려 두시지." 요나는 내키지 않았다. 그는 결국 여호와의 낯을 피해 다시스로 가는 배를 탄다. 주님으로부터 도망하는 요나.

이쯤에서 한 번 나 자신을 본다. 지금 나는 여호와의 낯을 피해 도망하고 있지 않는가? 교회도 잘 다니고 성경도 읽고 묵상하며 어떻든 성결하게 살려고 노력하는데 도망이라는 두 글자와는 무관하겠지 생각해 본다. 그러나 그런 생각은 너무 안이한 것이다. 좀 더 깊이 나를 성찰해 본다. 그래 말씀대로 살았는가? 전도의 명령은 잘 수행하고 있는가? 가난한 이웃을 잘 돌보고 있는가? 들어갈수록 대답하기 어려워진다. 그것에서 여호와를 피하고, 심지어 도망하고 있는 나를 본다. "요 나. 참으로 한심한 나 아닌가."

배는 폭풍을 만났다. 그럼에도 불구하고 요나는 배 밑층에 누워 깊은 잠에 빠졌다. 세상에! 배는 지금 파선 직전이라 물건을 바다에 내던지고 야단이다. 밖은 지금 배가 파선될까 두려울 정도로 심각한데 깊은 잠이라니, 너무나 무관심한 요나, 너무나 무책임한 요나 아닌가.

그럼 지금 나는 어떤가. 세상은 시끄럽다. 미국의 서브프라임 모기지로부터 문제가 불거지더니 세계경제가 지금 흔들리고 있다. 일부 시민들이 집을 잃고 공원의 텐트로 자리를 옮겼다. 대공황 때 후버 담요가 생각난다. 당시 집을 은행에 다시 넘겨준 그들은 신문을 깔고 덮으며 살아야 했다. 그 신문이 후버 담요다. 후버 대통령 때 생긴 일이니까. 오바마 담요가 되지 않기를 기도한다. 정말 그래선 안 되지. 미국이고 영국이고 일자리를 잃은 사람 수가 계속 늘어 가고 있다. 보통 일이 아니다. 예멘 관광에 나섰던 우리 관광객 네 명이 알카에다 자살폭탄으로 희생을 당했다. 세상에 안전한 곳이 없다. 앞으로 북한과의 관계도 어찌 될지 가늠할 수 없다. 세계는 지금 심한 폭풍을 만나 깨지고 있다. 이런 판국에 나는 지금 무엇을 하고 있는가? 이런 극한상황에 내가 기여하고 있는 것은 무엇인가? 하나님께 열심히 기도하고 있는가? 배의 무게를 가볍게 하기 위해 세상에 대한 나의 욕심을 내려놓았는가? 그것이 나와 무슨 상관이냐고? 그렇게 묻는다면 나는 요나처럼 무관심, 무책임한 사람임이 확실하다. "요 나. 참으로 한심한 나 아닌가."

주변에서 일어나는 일이 나와는 무관하다고 생각하지 말자. 그 주변은 하나님이 나에게 맡겨 주신 환경이다. 내가 부딪쳐야 하고, 끌어안아야 할 처소이다. 하나님이 나를 그곳에 두셨을 때 이미 그곳에서 일해야 할 사명까지 주셨다. 그러니 무관심할 수 없다. 강도 만난 자의 비유에서 사마리아 사람은 피 흘려 죽어 가는 자를 불쌍히 여겼다. 레위인도, 제사장도 피해 도망갔다, 요나처럼. 그러나 그는 그를 자기 나귀에 태우고, 그를 위해 최선을 다했다. 주님의 관심은 우리로 하여금 불쌍히 여기는 그 마음을 실천할 때라고 하신다.

하나님은 요나를 그냥 잠자도록 두지 않으셨다. 배 안을 돌아보던 선장은 자고 있는 요나를 보고 놀라 깨운다. "어찜이뇨? 일어나서 네 하나님께 구하라." 깨어 기도하라는 것이다. 선장만도 못한 선지자 요나다. 스스로 기도할 일이지 선장한테서 기도하라는 소릴 듣다니. 일은 거기서 끝나지 않는다. 일이 심상치 않은 것을 보니 아무래도 이 배에 탄 사람 중에 문제가 있지 않을까. 그래서 문제인물을 색출하기 위해 제비를 뽑는다. 그 결과 요나가 딱 걸렸다. 하나님의 낮을 피해 도망간다고? 요나, 너 아무리 도망가 봐야 하나님 손 안이지 별 수 있나. "내가 주의 손을 떠나 어디로 가며 주의 앞에서 어디로 피하리이까. 내가 하늘에 올라갈지라도 거기 계시며 음부에 내 자리를 펼지라도 거기 계시나이다."(시139:7, 8) 그 순간 더 이상 피할 수 없다는 것을 깨닫는다. 이 사실을 깨닫는 것이 축복 아니고 무엇일까. 결국 그는 하나님께 항복한다. 백기를 든다.

요나는 이 모든 일이 자신 때문임을 고백하고, 자신을 들어 바다에 던지라 한다. "나를 들어 바다에 던지라. …… 너희가 이 큰 폭풍을 만난 것이 나의 연고인 줄을 내가 아노라."(욘1:12) 얼마나 중요한 결단인가.

여기에서 나를 돌아본다. 요나처럼 밀리고 밀려 할 수 없이 하나님을 고백하는 순간까지 올 것인가. 아니면 지금 하나님께 돌아가 내 자신의 잘못됨을 인정하고, 고백하며 새로운 삶으로 방향을 전환할 것인가. 끝까지 하던 대로 계속 밀고 가자고? "아직도 요것밖에 되지 않는가."

다시 나에게 묻는다. "나는 누구인가?" "하나님의 사람이다." "그럼 하나님의 사람으로 책임을 다하고 사는가?" "……" 요게 나라면 그 나를 고쳐야 할 차례이다. 하나님을 피해 멀리 도망하는 요나가 아니라 내 삶의 주변에서 하나님의 영광을 드러내는 요 나가 되어야 한다. 이를 위해 오늘 하나님은 우리로 하여금 요나서를 읽게 하신다.

51. 말라기의 '하고도'

두 주간 소선지서를 집중적으로 읽고 상고했다. 여러 말씀들이 가슴에 와 닿았다. 그중에 하나가 말라기에 나오는 '……하고도'라는 말씀이다. '하고도'는 그렇게 했음에도 불구하고 그렇게 하지 않았다고 말하는 너희들, 곧 닭 잡아먹고 오리발 내미는 너희들이라는 말씀이다. 인정할 것은 인정하고, 고쳐야 할 것은 고쳐야 한다는 것을 가르쳐 준다. 숨길 것이 따로 있지 하나님 앞에서 어찌 그럴 수 있겠는가. 그런데도 이스라엘 백성들은 그리했다. 말라기서는 이것을 적나라하게 지적한다. 우리라고 예외는 아니다.

말라기 전장에 걸쳐 '……하고도'가 세 번 나온다. 먼저 말라기 1장 7절을 보자. "너희가 더러운 떡을 나의 단에 드리고도 말하기를 우리가 어떻게 주를 더럽게 하였나이까 하는도다. 이는 너희가 주의 상은 경멸히 여길 것이라 말함을 인함이라." 하나님은 '눈 먼 희생'(말1:8)을 드렸다고 지적한다. 토색한 물건, 저는 것, 그리고 병든 것을 제물로 가져온 것이다.(말1:13) 하나님은 단도직입적으로 말씀하신다. "이제 그것을 너희 총독에게 드려 보라. 그가 너를 기뻐하겠느냐 너를 가납하겠느냐."(말1:8) 총독도 받지 못할 것을 하나님께 드릴 때 하나님께서 기뻐 받으시겠느냐는 말씀이다. 하나님은 우리의 이 모습을 보시며 우리 속에서 하나님을 공경하는 마음을 보지 못하겠다고 하신다. "아들은 그 아비를, 종은 그 주인을 공경하나니 내가 아비일진대 나를 두려워함이 어디 있느냐. 하나 너희는 이르기를 우리가 어떻게 주의 이름을 멸시하였나이까 하는도다."(말1:6) 이 말씀을 통해 우리가 진정 하나님을 공경하고 있는지 살펴볼 필요가 있다.

그 다음 살펴볼 말씀은 말라기 2장 7절이다. "너희가 말로 여호와를 괴로우시게 하고도 이르기를 우리가 어떻게 여호와를 괴로우시게 하였나 하는도다. 이는 너희가 말하기를 모든 행악하는 자는 여호와의 눈에 선히 보이며 그에게 기쁨이 된다 하며 또 말하기를 공의의 하나님이 어디 계시냐 함이니라." 하나님의 참다운 속성을 거부하고, 심지어 그를 대적하는 언사를 한다. "하나님은 선한 자보다 행악자를 받으신다. 하나님에게는 공의가 없다."고 말하는 것이다. 행악자를 멸하시고 공의를 행하시는 하나님을 전면 부인하는 말이다. 이 말을 들을 때 하나님은 어떤 마음이 드실까. 하나님은 너희가 말로 나를 괴롭게 하고 있다 하신다. 그럼에도 불구하고 우리는 말한다. "우리가 언제 하나님을 괴로우시게 했나요?" 철면피하다.

끝으로, 말라기 3장 13절의 말씀이다. "너희가 완악한 말로 나를 대적하고도 이르기를 우리가 무슨 말로 주를 대적하였나이까 하는도다." 이에 대해 하나님은 이렇게 말씀하신다. "너희가 말하기를 하나님을 섬기는 것이 헛되니 만군의 여호와 앞에 그 명령을 지키며 슬프게 행하는 것이 무엇이 유익하리요. 지금 우리는 교만한 자가 복되다 하며 악을 행하는 자가 창성하며 하나님을 시험하는 자가 화를 면한다 하노라 함이니라."(말3:14, 15) 이렇게 말한 것이 하나님을 대적한 것이 아니냐는 말씀이다.

'……하고도'는 우리의 악함과 거짓됨을 그대로 드러낸다. 이에 대해 하나님은 자신을 경외하지 않는 자들에 대한 엄한 심판을 말씀하신다. 극렬한 풀무 불같은 날, 여호와의 크고 두려운 날이 이르게 되리라는 것이다.

이런 가운데서도 하나님은 여호와를 경외하는 자와 그 이름을 존중히 생각하는 자를 구별하신다. 하나님 앞에 있는 기념 책에 기록하시고, 그들을 자신의 특별한 소유로 삼으시며, 아들을 아낌같이 그들을 아끼리라 하신다.(말3:16, 17) 그날에 의인과 악인, 하나님을 섬기는 자와 섬기지 않는 자가 분별된다. 하나님을 경외하는 자에게는 의로운 해가 떠올라 치료하는 광선을 발한다. 구원의 날이 되리라는 말씀이다. 그리고 그들은 마치 외양간에서 나온 송아지처럼 뛰리라 하신다.(말4:2) 기쁨이 충만하다.

말라기의 말씀은 우리가 이 땅에 살면서 하나님을 향해 어떤 자세를 가지고 살아야 하는가를 가르쳐 준다. 말로든 행동으로든 하나님을 대적하거나 하나님을 괴롭게 하는 일은 없는가? 하나님을 경외한다 하면서 하나님의 마음을 슬프게 한 적은 없는가? 다시 한 번 우리 자신을 성찰하며 돌아볼 일이다.

52. 세 시간 이상 기도하기

한양대 동료 교수 중 유머와 위트에서 둘째라면 서러울 교수님이 계신다. 기테크로 유명한 정기인 교수이다. 이젠 그분이나 나나 모두 정년퇴임하고 명예교수가 되었지만 아직도 젊게 생각하고 행동하며 매사에 긍정적인 인물이다. 아마 그분이 없었다면 교수생활도 밋밋했을지 모른다. 그만큼 우리를 웃게 해 주고, 재미있게 해 준 분이다.

최근 한국 CEO건강포럼을 만들어 경영자를 대상으로 건강을 보살피는 강좌를 연다. 멀리 있어 참석은 못 하지만 가끔 포럼에 대한 소식을 전해 준다. 오늘은 CEO의 근면성 회복하기라는 제목으로 상당히 의미 있는 강좌 내용을 다음과 같이 소개했다. 말하자면 그분의 어록이다.

"우스개로 무식한 사람이 부지런하면 나라가 망한다는 게 있다. 근면에도 수준이 있는 것은 분명하다. 오래전에 어느 목사님이 교회가 성장하지 못하는 것을 걱정했다. 나는 목사님께 하루에 기도를 얼마나 하는가 물었다. 그는 1시간씩 한다고 답했다.

나는 최소한 3시간 내지 5시간씩 기도를 하도록 권했다. 학생도, 교수도, 공직자도, 기업인도, 운동선수도 하루에 3시간 이상을 자기 본분에 몰두할 때 좋은 결과가 있게 되는 법이다. 목사님이 기도를 줄이고 신자들이나 많이 만나서 입품이나 팔아 봤자 엉뚱한 일에 근면한 것이 된다.

다행히 목사님은 3시간 이상을 기도한 결과 교회가 불같이 일어났다. 제 직분의 핵심을 알고 근면한 것이 리더십인 것이다. 지금의 불황은 실제 불황이 아니라 3시간 이상 노력하는 대신 머리만 굴려 보려는 데서 생긴 자업자득일 뿐이다."

그의 글을 읽으면서 생각나는 것이 있다. 노회에서 목사고시를 볼 때 면접을 하던 목사님도 목사는 매일 3시간 이상 기도를 해야 한다는 말씀을 하셨기 때문이다. 그만큼 주님과 대화하고, 그 말씀을 듣는 것이 중요하기 때문이리라. 한 번은 어느 분을 만나러 갔는데 입구에서 막아선다. 지금 기도 중이라는 것이었다. 그때 그분의 모습이 얼마나 귀해 보이던지.

모범적인 인물을 보면 역시 기도의 사람들이다. 찰스 시므온은 새벽 4시부터 8시까지 4시간을 하나님께 바쳤다. 웨슬리는 매일 2시간을 기도했다. 루터는 기도에 관해 몇 가지 명언을 남겼다. "매일 아침 두 시간 기도하지 못하면 그날은 마귀가 승리한다. 나는 일이 너무 많아 매일 세 시간씩 기도하지 않고서는 배겨 낼 수 없다." "기도를 잘한 사람은 연구도 잘한 것이다." 그는 바빠서 기도합니다의 주인공이기도 하다.

기도 하면 가나안 농군학교 김용기 장로를 빼놓을 수 없다. 그는 매일 산에서 구국의 기도제단을 쌓았다. 매일 새벽 4~6시, 그리고 오후 4~6시 하루 4시간 민족을 위해 기도했다. 그는 기도하고 내려오면서 말했다. "내가 기도하면 하나님이 우리나라를 보호하신다. 조국이여 안심하라."

나라를 위한 기도가 나왔으니 새벽기도에 대해 한마디 해야 할 것 같다. 청일전쟁, 러일전쟁에 이어 1905년 을사보호조약이 체결되었다. 조선은 위기에 처했다. 상동교회 교인들은 민족의 위기를 놓고 하나님께 기도하기 시작했다. 1907년 고종이 결국 퇴위하기에 이른다. 길선주 목사가 박 장로와 함께 나라를 위해 기도하기 시작하기 시작했다. "기도하고 싶은 교인은 새벽 4시 30분에 교회로 오십시오." 새벽기도회가 시작되고, 그곳에서 자신의 회개운동이 벌어졌다.

다리오 왕은 삼십 일 기한을 정해 누구든지 왕 외의 어떤 신에게 나 사람에게 무엇을 구하면 사자 굴에 던져 넣는다며 기도 금지령을 내렸다. 이 금지령에도 불구하고 다니엘은 전에 하던 대로 자기 집 윗방에 올라가 예루살렘을 향해 창문을 열고 하루 세 번씩 무릎을 꿇고 기도하며 하나님께 감사했다.(단6:10) 금령보다 주님을 뵙는 것이 자신에게는 더 중요했기 때문이다.

시편 116편 기자는 말한다. "여호와께서 내 음성과 내 간구를 들으시므로 내가 저를 사랑하는도다. 그 귀를 내게 기울이셨으므로 내가 평생에 기도하리로다."(1, 2절) 이 말씀을 보면 기도는 주님과 사랑의 관계임을 알 수 있다. 사랑하면 늘 보고 싶어 하지 않는가. 기도도 그런 것이다. 우리는 늘 주님을 사랑한다고 말한다. 그러면서도 기도는 게을리한다. 그만큼 주님과 멀어졌다는 말이 아닐까. 이젠 더 주님과 가까워져야겠다. 더 많이, 더 자주 기도해야겠다.

53. 주기도문 묵상

예수님이 제자들에게 가르쳐 주신 기도, 주기도문이다. 우리는 이 기도문을 금과옥조로 여기고, 그 기도대로 살고자 한다. 그러나 주님께서 정말 그렇게 살고 있느냐 물으신다면 과연 어떤 대답을 하게 될까. 오히려 그 주기도문에 먹칠하며 사는 내가 아닐까.

주님께 기도를 드릴 때 다음을 명심하라는 뜻으로 "너희는 이렇게 기도하지 마라."는 기도문도 있다. 이것을 읽으면 정말 찔리는 구석이 많다.

'하늘에 계신' 하지 마라, 세상일에만 빠져 있으면서.

'우리' 하지 마라, 너 혼자만 생각하며 살아가면서.

'아버지' 하지 마라, 아들딸로서 살지 않으면서.

'이름이 거룩히 여김을 받으시오며' 하지 마라, 자기 이름을 빛내기 위해서 안간힘을 쓰면서.

'나라이 임하옵시며' 하지 마라, 물질만능의 나라를 원하면서.

'뜻이 하늘에서와 같이 땅에서도 이루어지이다' 하지 마라, 내 뜻대로 되기를 기도하면서.

'우리에게 일용할 양식을 주옵시고' 하지 마라, 가난한 이들을 본체만체하면서.

'우리가 우리에게 죄 지은 자를 사하여 준 것같이 우리 죄를 사하여 주옵시고' 하지 마라, 누구에겐가 아직도 앙심을 품고 있으면서.

'우리를 시험에 들게 마옵시고' 하지 마라, 죄 지을 기회를 찾아다니면서.

'다만 악에서 구하옵소서.' 하지 마라, 악을 보고도 아무런 양심의 소리를 듣지 않으면서.

'아멘' 하지 마라, 주님의 기도를 진정 나의 기도로 바치지 않으면서.

이 기도문을 보면 우리가 얼마나 문제가 많은가를 알 수 있다. 우선 우리가 하나님을 우리 아버지라 부를 만큼 가깝게 느끼며 사는가? 기도는 이처럼 가깝지 않으면 보고가 되든지 형식적이 되기 쉽기 때문이다.

예수님은 하나님을 처음으로 아버지라 부르신 분이시다. 사랑하는 아버지를 찾는 것이 그분의 기도이다. 그리고 우리로 하여금 그 아버지께 가까이 가도록 하셨다. 이런 의미에서 예수님은 개인기도의 개척자이시자 새로운 기도를 탄생시킨 분이시다. 서로 사랑하는 두 인격 간의 대화가 기도임을 보여 주신 분이라는 점에서 주님은 우리의 기도에서 아주 중요한 역할을 하셨다. 주님이 보여 주신 기도생활의 모습이 오늘 우리 기도의 귀감이 되고 있다.

주기도문에서 출발점이자 가장 빠질 수 없는 부분이 하나님을 내가 어떻게 부르는가 하는 것이다. 기도가 아버지와 자녀의 대화라면 먼저 그 관계 속으로 들어가지 않으면 안 된다. 그렇지 않는다면 기도 자체가 성립되기 어렵다. 그러니 더 주님께 가까이 가라. 그리고 그분을 향해 아버지라 부르라. 그리하면 응답하신다.

그 다음 기도에 문제가 되는 것은 우리 자신이 가지고 있는 내면의 문제 아닐까. 주기도문 가운데 "우리를 시험에 들게 하지 마옵시고 다만 악에서 구하옵소서."(마6:13)가 있다. 기도가 안 되는 문제 가운데 하나가 바로 우리 안에 문제가 있기 때문임을 보여 준다. 시험에 들고, 악에 빠지면 자연 아버지와 거리가 생기기 마련이다. 하나님 아버지를 향해 이것들로부터 구해 달라고 기도할 정도면 이미 문제가 없다. 그런 자리까지 나아가지 못하기 때문에 더 문제가 생긴다.

시험이라. 시험은 우리 밖의 요인이 우리를 시험하기도 하지만 우리 안에 있는 우리 자신의 악의 욕망이 우리 스스로를 유혹하기도 한다. 시험에 들 때 우리는 "그만둬(Just stop do it)"라고 말한다. 그러나 그 말이 통할 리 없다. 목소리는 작아지고, 이미 몸은 그쪽으로 기울어 있다. 시험은 우리의 가장 약한 부분을 알고 있으며 계속 그쪽을 공격한다. 시험은 공정한 게임을 하지 않는다. 왜 그러냐 해도 막무가내이다.

나의 의지력으로 이길 수 있다고? 당신의 의지력은 과도하게 평가되어 있다. 자기 훈련으로도 죄를 이길 수 없다. 그렇다면 시험에 들지 않기 위해 우리는 어떻게 해야 할까?

우리가 해야 할 일은 우리에게 은혜를 주시는 하나님께 연결시키고 또 연결시키는 것이다. 한 번으로 안 되면 될 때까지 시도한다. 생명의 목적은 사는 것이다. 유혹의 궁극적인 목적은 우리를 하나님으로부터 단절시키고 하나님의 방식이 아니라 우리 방식대로 살도록 하는 데 있다. 우리의 영이 하나님의 방식으로부터 떨어져 있으면 그것은 이미 죽은 것이나 다름없다.

유혹으로부터 도피한다. 젊은 육욕을 자극하는 그 어떤 것으로부터 도피한다.(딤후2:22) 요셉도 도피했다. 유혹은 우리보다 더 강하다. 우리가 약할 때 하나님께 도망한다. 그러면 주님은 우리 손을 잡아 주신다. 우리가 주님을 향해 더 손을 내밀 때 당기는 힘은 더 강해진다. 우리의 영혼은 힘을 통해 빨리 회복될 수 있다.

시험이 올 때 너무 두려워하지 마라. 오히려 주님께 매달릴 수 있는 좋은 기회이고, 나의 약한 부분을 더 강하게 하는 기회라 생각하

라. 시험은 하나님이 우리를 고치고자 하는 곳이 무엇인가를 진단하는 것과 같다. 약한 부분이 발견되면 그것을 강하게 한다.

문제가 생기면 혼자서 해결하려고 하지 마라. 기도의 동역자를 찾으라. 그들은 주 안에서 서로 격려하며 유혹을 이기도록 도와줄 것이다. 당신만이 그 문제를 안고 있는 것이 아니다. 그들도 같은 문제를 가지고 있다. 서로 죄를 고백하고 서로를 위해 기도한다. 그러면 고침을 받을 수 있다.(약5:16)

그러나 사람들보다 더 가까운 친구가 있다는 것을 기억하라. 그분이 바로 주님이시다. 그 주님은 규칙적으로도 만날 수 있고, 규칙적이 아니어도 상관하지 않으신다. 길을 가다가 당신이 찾으면 즉시 만나 주신다. 밤중에도 만날 수 있다. 그 주님께 우리는 기도를 드린다.

기도는 자녀의 특권이다. 기도할 수 있다는 것만으로도 우리는 행복하다. 이 특권은 결코 포기할 수 없다. 이 특권을 어떻게 버릴 수 있겠는가.

54. 이사야의 구국기도

이사야 63장 15절에서 이사야 64장 12절까지는 이스라엘을 위한 이사야의 구국기도 내용을 담고 있다. 성소가 유린당하고 거룩한 전이 불타는 다급한 상황이니 다른 성읍은 어찌 되었을까는 물어보나 마나다. 기도가 아니 나올 수 없다. 피할 수 없는 하나님의 공의로운 심판, 이사야는 유다 백성들의 죄악상을 너무나 잘 알고 있다. 그럼에도 불구하고 그는 계속 간구의 기도를 드린다. "주여 하늘에서 굽어살피소서."로 시작되는 이 기도는 "여호와여 일이 이러하거늘 주께서 오히려 잠잠하시고 우리로 심한 괴로움을 받게 하시리이까." 하며 피를 토한다.

우리가 그의 기도에 주목하는 이유는 단지 나라를 위한 기도이기 때문이 아니다. 그 기도 속에는 하나님은 어떤 분이시며 우리는 또한 어떤 사람인가를 고백적으로 보여 준다는 것이다. 이 확실한 기도에 주님은 반응하신다. 먼저 주님을 어떤 분이라 고백하는가 보자.

첫째, 하늘에 계신 하나님이시다. "주여 하늘에서 굽어살피시며 주의 거룩하고 영화로운 처소에서 보옵소서."(사63:15) 이 말씀처럼 주님이 계신 하늘은 거룩하고 영화로운 처소이다. 이 주님은 하늘을 가르고 강림하신다.(사64:1)

둘째, 하나님은 전능하신 주이시다. "주의 열성과 주의 능하신 행동이 이제 어디 있나이까."(사63:15) "대적으로 주의 이름을 알게 하시며 열방으로 주의 앞에서 떨게 하옵소서."(사64:2) 주님이 강림하시면 우리 생각밖에 두려운 일을 행하시어 산들이 주 앞에서 진동한다.(사64:3)

셋째, 주는 자비와 긍휼의 하나님이시다. "주의 베푸시던 간곡한 자비와 긍휼이 내게 그쳤나이다."(사63:15) 자비와 긍휼을 구한다.

넷째, 주는 우리 아버지이시다. "주는 우리의 아버지시라."(사63:16)

“여호와여 주는 우리 아버지시니이다. 우리는 진흙이요 주는 토기장이시니 우리는 다 주의 손으로 지으신 것이라.”(사64:8) 우리는 주의 피조물이다. 진흙, 곧 먼지 같은 보잘것없는 존재이지만 주님이 우리를 지으심으로 고귀한 존재가 되었다.

끝으로, 주는 우리의 구원자이시다. “상고부터 주의 이름을 우리의 구속자라 하셨거늘”(사63:16) 그래서 그는 대적으로 신음하는 이스라엘을 기억하시고, 황무한 이 땅을 보시도록 한다. 그리고 심한 괴로움을 받고 있는 이 상황에 대해 잠잠하지 않도록 기도한다.(사64:12)

우리는 어떤 사람인가?

첫째, 우리는 주의 종, 주의 백성이다. “원컨대 주의 종들 곧 주의 산업인 지파들을 위하사 돌아오시옵소서.”(사63:17) “여호와여 과히 분노하지 마옵소서. 죄악을 영영히 기억하지 마옵소서. 구하오니 보시옵소서 보시옵소서. 우리는 다 주의 백성이니이다.”(사64:9) 주의 종, 주의 백성을 기억해 달라는 것이다.

둘째, 우리는 다 부정한 자이다. “우리는 다 부정한 자 같아서 우리의 의는 다 더러운 옷 같으며 우리는 다 쇠패함이 잎사귀 같으므로 우리의 죄악이 바람같이 우리를 몰아가나이다.”(사64:6) “주의 이름을 부르는 자가 없으며 스스로 분발하여 주를 붙잡는 자가 없사오니 이는 주께서 우리에게 얼굴을 숨기시며 우리의 죄악을 인하여 우리로 소멸되게 하셨음이니이다.”(사64:7) 죄를 지었으면 더 주의 이름을 부르고, 주를 붙잡는 자가 되어야 할 터인데 그렇지 못한 것을 회개한다.

끝으로, 우리는 주를 앙망하는 자이다. 앙망한다는 것은 ‘조용히 기다린다, 열망한다’는 뜻을 가지고 있다. 주의 백성은 주를 잘 안다. 그래서 오늘도 주를 앙망한다. “주 외에는 자기를 앙망하는 자를 위하여 이런 일을 행한 신을 예로부터 들은 자도 없고 귀로 깨달은 자도 없고 눈으로 본 자도 없었나이다.”(사64:4) 그런데 이제 이런 일을 당함으로써 주 없는 자같이 되었으니 “주여 기억하옵소서.”라 기도한다. 다음을 보자. “우리는 주의 다스림을 받지 못하는 자 같으며 주의 이름으로 칭함을 받지 못하는 자같이 되었나이다.”(사63:19) 이젠 주님의 다스림을 받는 자, 주의 이름으로 칭함을 받는 자가 되게 해 달라는 것이다.

이사야는 주님을 향해 주문한다. “여호와여 어찌하여 우리로 주의 길에서 떠나게 하시며 우리의 마음을 강퍅케 하사 주를 경외하지 않게 하시나이까.”(사63:17) 주의 길에서 떠나지 말게 해 달라는 기도다. 우리의 마음을 강퍅하게 하지 말고 부드럽게 하여 주님을 늘 경외하며 살게 해 달라는 것이다. ‘강퍅케 하사’는 히브리어로 ‘카솨’이다. ‘단단케 하다’는 뜻을 가지고 있다. 하나님에게서 떠나 고집을 피우고 도대체 말을 들으려 하지 않는 태도를 가리킨다. 이런 마음을 이젠 거두어 달라는 기도이다.

“이 나라를 불쌍히 여겨 주옵소서.”라고 외치는 기도도 중요하다. 그러나 더 중요한 것은 기도를 통해 하나님은 어떤 분이시며 우리는 누구인가를 확인하면서 우리의 죄를 고백하고 그의 자비를 구하는 것이다. 이 기도문을 읽으면서 나는 여러 곳에 줄을 그었다. “자기(주)를 앙망하는 자, 기쁘게 의를 행하는 자, 주의 길에서 주를 기억하는 자, 주의 이름을 부르는 자, 주를 붙잡는 자” 주를 기억한다는 것은 주님을 기억하고 감사하는 자를 뜻한다. 이런 자를 주님은 귀히 보시고 선대하신다.(사64:4, 5, 7)

하나님은 전능하시고 용서하시는 분이다. 그래서 우리에겐 구원의 소망이 있다. 만일 하나님이 용서하지 않으시면 구원의 가능성은 없다. 이스라엘의 황폐는 단지 성읍들의 황폐만이 아니다. 그의 기도를 보면 믿음조차 황폐했다. 이사야는 그 황폐한 믿음이 주 안에서 회복되기를 기도한다. "우리의 죄악을 영영히 기억하지 마옵소서." 그리스도의 피 공로 아니면 우리 죄를 영영히 기억치 않는 일은 일어나지 않는다. 이사야 63장 전반부에서 등장하는 피를 묻힌 한 용사는 바로 메시아이신 그리스도이다.(사63:1~6) 그가 바로 구원하기에 능한 자다. 우리는 그 피로 구속함을 받았다. 우리는 오늘도 그분을 의지하며 기도한다. "하나님, 이 나라를 굽어살피시옵소서. 우리로 주의 길에서 떠나지 않게 하소서."

55. 민족을 위한 다니엘의 회개기도

다리오 왕 원년에 다니엘이 한 책을 꺼내 들었다. 그 속엔 선지자 예레미야를 통해 이스라엘에 대해 여호와 하나님이 말씀하신 내용을 담고 있었다. 그 내용은 예루살렘의 황무함이 칠십 년 만에 마치리라는 것이었다.(단9:2) 예레미야 29장 10절에 이런 말씀이 있다. "나 여호와가 이같이 말하노라. 바벨론에서 칠십 년이 차면 내가 너희를 권고하고 나의 선한 말을 너희에게 실행하여 너희를 이곳으로 돌아오게 하리라." 성경에 나오는 70년 또는 70이레 등은 하나님의 완전한 회복과 구속을 상징한다.

다니엘은 이 말씀을 읽고 하나님께 엎드려 기도하게 된다. 그가 하나님 앞에 더 무릎을 꿇게 된 것은 그 다음의 말씀 때문이었으리라 생각한다. 예레미야서를 계속 보자.

> "나 여호와가 말하노라. 너희를 향한 나의 생각은 내가 아나니 재앙이 아니라 곧 평안이요 너희 장래에 소망을 주려는 생각이라. 너희는 내게 부르짖으며 와서 내게 기도하면 내가 너희를 들을 것이요 너희가 전심으로 나를 찾고 찾으면 나를 만나리라. 나 여호와가 말하노라. 내가 너희에게 만나지겠고 너희를 포로 된 중에서 다시 돌아오게 하되 내가 쫓아 보내었던 열방과 모든 곳에서 모아 사로잡혀 떠나게 하던 본곳으로 돌아오게 하리라. 여호와의 말이라 하셨느니라."(렘 29:11~14)

"칠십 년 만에 마치리라." "내게 부르짖으며 기도하면 내가 들으리라." 이 말씀이 다니엘의 마음을 크게 움직였을 것이다.

다니엘은 기도의 사람이다. 그는 이 큰 깨달음을 통해 하나님께 엎드린다. 금식하고 베옷을 입고 재를 무릅쓰며 하나님께 간구한다.(단9:3) 베옷을 입는 것은 히브리 민족이 슬픔을 나타내는 방식이다.

그는 무엇보다 민족의 죄를 회개했다. "우리는 이미 범죄하여 패역하며 행악하며 반역하여 주의 법도와 규례를 떠났사오며"(단9:5) 그는 자기 민족을 범죄한 집단으로 규정했다. 그는 영적인 시각에서 민족의 문제를 보았다. '하나님 앞에 우리 민족이 얼마나 범죄했는가'를 보았다. 이것은 그가 얼마나 영적으로 예민했는가를 보여 준다.

과거 이스라엘은 하나님의 인도하심을 구했다. 그러나 이 땅에 정착해 살면서 하나님보다 물질에 더 관심을 두었다. 부를 축적하는 데 그치지 않고 세상문화에 동화하고 영적으로 부패한 길을 걸었다. 주의 말씀에는 관심을 두지 않았다. 이스라엘 민족의 부패를 놓고 다니엘은 통곡한다.

그의 기도는 다니엘서 9장 4절에서 19절까지 자세히 소개되어 있다.

- "우리가 하나님 여호와의 목소리를 청종치 아니하였나이다."(10, 14절)
- "주의 진리를 깨닫도록 우리 하나님 여호와의 은총을 간구치 아니하였나이다."(13절)
- "주의 얼굴빛을 주의 황폐한 성소에 비취시옵소서."(17절)
- "우리의 의를 의지하는 것이 아니요 주의 큰 긍휼을 의지하나이다."(18절)
- "주여 용서하소서 지체치 마옵소서 나의 하나님이여 주 자신을 위하여 하시옵소서."(19절)

그는 이 기도를 통해 이스라엘의 죄를 자신의 죄로 인식하며 철저히 회개했다. 도덕적으로 흠이 없는 그지만 민족의 죄가 곧 자기의 죄라며 통회했다. 민족의 죄를 나의 죄로 인식하는 데 인색한 우리와는 차원이 다르다. "남이 아니라 바로 저입니다. 저뿐 아니라 우리 모두가 주님 앞에 범죄하였나이다." 죄에 대해서도 이런 공동체 고백이 필요하다.

다니엘은 '공의는 주께로 돌아가고 수욕은 우리 얼굴로 돌아옴'에 대해 고백했다. 이스라엘이 지금 각국에 흩어져 수욕을 당하게 된 데는 하나님께 죄를 범했기(단9:9) 때문임을 확실히 했다. 그는 결코 하나님에 대해 섭섭함을 드러내지 않았다. 오직 범죄한 사실을 인정하고 하나님의 자비와 용서를 구했다. 그리고 이젠 진리를 바로 깨달아 알게 하시고, 은총의 길로 인도해 달라 기도했다.

하나님은 이 기도를 들으시고, 그에게 지혜와 총명을 주기로(22절) 결정하셨다. 하나님은 가브리엘 천사를 보내 그에게 칠십 이레(490년)에 대한 환상, 곧 앞으로 일어날 일에 대해 말씀하셨다. 놀라운 것은 가브리엘의 말이다. "네가 기도를 시작할 즈음에 명령이 내렸으므로 이제 네게 고하러 왔느니라."(단9:23) 다니엘이 기도를 시작할 때 이미 하나님은 그 기도를 기뻐 받으시고 응답하신 것이다. 기도도 다 마치기 전에 응답하시는 주님이시다. 가브리엘도 기뻐 빨리 날아왔다고 했다.(단9:21)

회개의 기도를 기뻐 받으시는 주님, 주의 종들의 기도에 빠르게 응답하시는 주님, 그 기도를 기뻐하는 천사들, 이 얼마나 아름다운 모습인가. 하나님은 지금도 우리에게 회개의 영을 부어 주시고, 주님과 가까이하기를 기뻐하신다. "주여, 이 민족의 죄를 고백하오니 불쌍히 여겨 주옵소서." 우리 제단에 회개의 기도가 더 넘쳐야 하겠다.

56. 예루살렘의 평안을 구하라

시편 122편은 성전에 올라가는 노래이다. 이스라엘 백성들이 축제를 맞아 예루살렘으로 올라갈 때 사용한 다윗의 시이다. 여기서 예루살렘이 강조되고 있는 것은 그곳이 하나님의 도성이기 때문이다. 예루살렘은 신앙의 중심지인 동시에 하나님의 축복을 받는 곳이기도 하다.

"사람이 내게 말하기를 여호와의 집에 올라가자 할 때에 내가 기뻐하였도다."(1절) 성전에 올라가자 할 때 마음의 기뻐함, 아니 짜릿함이 느껴진다. 얼마나 순수하고 자연스러운 표현인가. 그 속에는 성전에 대한 간절한 사모함이 담겨 있다.

"예루살렘아 우리 발이 네 성문 안에 섰도다."(2절) 과거에는 하나님의 성소가 거할 곳이 없어 이리저리 옮겨 다녀야 했다. 하지만 지금은 성소가 예루살렘에 자리를 잡고 있기 때문에 기쁨으로 예루살렘을 방문할 수 있게 되었다. "우리 발이 네 성문 안에 섰도다." 이 표현 속에는 감격이 담겨 있다. 주의 성소가 있는 예루살렘, 그곳에 지금 우리가 있다. 우리 발이 그곳에 있다. 감격이 아니 나올 수 없다.

그 다음 도시 예루살렘에 관한 느낌이 서술된다. "예루살렘아 너는 조밀한 성읍과 같이 건설되었도다."(3절) 단적인 묘사다. 조밀한 성읍이란 예루살렘이라는 시가 좁지만 함께 꽉 찬(closely compacted together) 느낌을 준다는 것이다. 그 안에 성소도 있고 궁도 있다. 그래서 더 알찬 도시가 되었다.

"지파들 곧 여호와의 지파들이 여호와의 이름에 감사하려고 이스라엘의 전례대로 그리로 올라가는도다."(4절) 이스라엘 열두 지파 모두 하나님을 기억하고, 그분에게 감사하기 위해 전례대로, 곧 말씀과 율례(statute)에 따라 성전으로 올라간다. 하나님의 지시함에 따라 순종하며 나아간다. 얼마나 아름다운 모습인가.

예루살렘, 그리고 성전, 그것은 이스라엘의 과거와 현재, 그리고 미래가 한데 집약된 곳이다. 그곳은 시간적으로나 공간적으로, 역사적으로 의미가 있는 곳이다. 그곳에 올라간다. 올라갈 때 감사가 아니 나올 수 없다. 임마누엘의 하나님, 우리를 보호하시고 인도하시는 하나님께 감사한다. 과거에 대한 감사다. 지금도 우리를 이끄신다. 현재에 대한 감사다. 그리고 장차 이뤄질 소망이 있다. 이것을 기다리며 기뻐한다. 미래에 대한 감사다.

"거기 판단의 보좌를 두셨으니 곧 다윗 집의 보좌로다."(5절) 판단의 보좌란 판단을 잘하기 위한 보좌(thrones for judgment)이다. 이 판단은 정치를 잘 다스리기 위한 판단이 될 수도 있고, 하나님을 잘 섬기기 위한 판단이 될 수도 있다. 하나님으로부터 지혜를 받아 말씀대로 징치해 나간다. 다윗의 보좌는 바로 그런 것임을 확실히 하고 있다.

"예루살렘을 위하여 평안을 구하라. 예루살렘을 사랑하는 자는 형통하리로다."(6절) 예루살렘이 평안하도록 기도해 달라고 한다. 하나님을 향해 기도하라는 것이다. 온 백성으로 하여금 하나님의 자비를 구하도록 하는 모습이 얼마나 좋은가. 예루살렘만의 평안이 아니다. 이것은 온 이스라엘의 평화와 연결된다. 따라서 그는 말한다. "예루살렘을 사랑하는 자는 형통하리로다." 이 말은 "예루살렘을 사랑하는 자에게 안전을 지켜 주옵소서(May those who love you be secure)."
라는 또 다른 기도다. 백성들은 예루살렘을 위해 기도하고, 왕은 기
도하는 백성을 위해 기도한다. 기도의 쌍방향성이다. 국민과 지도자
사이를 잇는 이 기도의 고리가 튼튼해야 나라가 바로 선다.

"네 성안에는 평강이 있고 네 궁중에는 형통이 있을지어다."(7절)
이 대목도 기도의 연속이다. "성안의 모든 것에도 주의 평안이 깃들
고, 궁정 안의 안전도 지켜 주옵소서."라는 기도이다. 이 기도는 미
래의 복될 일, 장차 일어날 일, 그리고 번영과 평강을 이루실 것을
기대하며 기도한다. 그러므로 성전에 올라가는 이 노래 속에는 기도
와 간구가 담겨 있음을 알 수 있다.

8절과 9절은 이 시를 매듭지으면서 서로 평안을 기원한다. 8절을
보자. "내가 내 형제와 붕우를 위하여 이제 말하리니 네 가운데 평
강이 있을지어다." 나의 형제들과 친지들을 향해서 외친다. "샬롬!"
"너희 가운데 하나님이 주시는 평강이 있기를 원하노라." 9절은 하
나님의 집, 곧 성전을 향해서도 기원한다. "내가 네 복을 구하리로
다."(9절) "주여, 이 전이 날로 번성하게 하옵소서. 주의 영광을 마음
껏 드러내는 곳이 되게 하옵소서." 사람들에게도 주의 평안이, 이 성
전에도 주의 복이 임하게 해 달라는 이 기도, 주님은 기쁘게 받으시
고 응답하시리라.

57. 문명한 오늘날

"의를 위하여 핍박을 받은 자는 복이 있나니 천국이 저희 것임이요 나를 인하여 너희를 욕하고 핍박하고 거짓으로 너희를 거슬러 악한 말을 할 때에는 너희에게 복이 있나니 기뻐하고 즐거워하라. 하늘에서 너희의 상이 큼이라. 너희 전에 있던 선지자들을 이같이 핍박하였느니라."(마5:101~12)

일본이 조선을 강압적으로 합병할 때 그들은 신교자유(信教自由), 곧 종교의 자유를 약속하였다. 그러나 그것은 말뿐이었다. 그들은 지속적으로 교회를 탄압했다. 일을 조작하여 옥사를 시키기도 하고, 목회자를 비롯해 수많은 교인들을 얽어 고문하고 죽였다. 종교계통의 과목과 수업을 감시하고, 포교규칙을 만들어 전도, 집회 등 각종 활동을 억제하였다.

3월 1일 서울에서 독립선언이 있었고, 각 곳에서 궐기하여 만세사건을 일으켰다. 여기에 기독교뿐 아니라 각 종교의 지도자가 많은 것은 그만큼 종교에 대한 일본의 핍박이 극에 달했기 때문이다. 일본은 이것을 한국기독교 말살의 기회로 삼고 헌병과 경찰을 동원하여 거리낌 없이 학살을 감행했다. 사상자가 10만을 넘고, 투옥된 사람이 30만을 넘었다. 그들에겐 혹독한 고문이 가해졌다. 로마의 네로가 따로 없다. 각국 신문은 이를 보도했다. 하지만 일본은 이를 허위보도라며 부인했다.

일본의 만행이 자행되는 데도 허위라고 말하는 모습을 보며 분개한 한국 예수교 대표 손정도, 김병조 등이 중국 예수교회에 글을 보냈다. 이 글을 보면 일본이 얼마만큼 한국기독교를 탄압했는가를 알 수 있다.

"문명한 오늘날 이처럼 잔혹한 행위가 자행되다니 참으로 통탄을 금할 수 없다. 각국 신문들이 보도하고 있지만 그 진상의 만분의 일도 싣지 못하고 있다. 그래도 일본인들은 이를 허위보도라 지적하고 있다. 이제 여기에 몇 가지 실례를 기록해 보겠다.

4월 10일, 헌병 중위가 1대의 병사를 이끌고 수원군 제암리에 이르렀다. 그는 훈시가 있다 하고 사람들을 교회당 안에 모아 놓고 밖에서 문을 잠근 뒤 부하들을 시켜 포위하고 발포하여 한 명도 살아남은 이가 없었다. 그리고는 마을에 불을 질러서 폐허를 만들었다. 가옥 소실이 천여 호, 사상자가 3백~4백 명, 그리고 집을 잃고 방황하는 사람들이 5천~66천 명이나 되었다. 부녀자와 어린이들을 칼로 찔러 죽여 그 참상을 필설로 이루 다 형용할 수 없다. 고아와 과부들은 산골짜기로 도망하여 풍찬노숙(風餐露宿)으로 방황하며 울음소리가 하늘에 사무치니 기한(飢寒)에 죽지 않는 이가 드물 것이다.

4월 17일, 일본 헌병이 수원군 수천리에 이르렀다. 교회당에 방화하고 부근 민가에도 불을 질러서 수백 호가 타 버렸다. 사람들이 불길 속에서 도망하려 하면 즉시 발포하여 죽였다. 이리하여 무고한 백성이 불길 속에서 죽어 갔으며 요행이 살아남은 사람도 가진 것이라고는 아무것도 없으니 장차 어떻게 살 것인가. 그리고 또 농사철이 되어 경작할 토지와 기구는 있지만 저 무도한 일경이 백 리 안팎의 통행을 금지하여 사람이 접근할 수 없으니 이를 어떻게 한단 말인가.

정주군에서 시위운동이 벌어지는 날에 일병이 갑자기 내습하여 함부로 발포하여 5백~6백 명의 사상자를 냈다. 교회, 학교가 모두 불탔으며 가옥 수십 채를 파괴하여 늙은이와 어린이들의 살 곳을 잃게 했다. 어느 의사는 중상하여 죽게 된 사람을 구제하였다가 병원이 파괴당했다. 오산학교가 일병의 방화로 불타고, 그 부근의 교회당도 소실되었다. 선천, 평양, 의주, 증산, 강서, 부산, 맹산, 삭주, 곡산, 전주, 익산, 함흥, 안동, 원산, 청주, 진주, 밀양, 남원 등 각 군에서도 교회당, 학교를 불태우고 인민총살, 부녀겁탈, 재산 강탈 등 갖가지 만행이 한결같았다. 그 밖에 전국의 궁벽한 시골에까지도 이러한 참화를 당하지 않은 곳이 없으니 그 실정을 일일이 기록하려 들자면 무한량이다."

당시 일본은 사람만 죽인 것이 아니라 기독교를 거짓 종교라 선전했다. 그들은 왜 그토록 기독교를 핍박했을까. 그것은 교회가 합방을 반대하고 조선의 자주독립에 앞장섰기 때문이다. 그들은 기독교인만 없으면 문제가 해결될 것으로 생각했다. 한국의 교인을 다 없앤다 해도 하나님까지 없앨 순 없다. 사람이 소리치지 않으면 이 땅의 돌들이 소리칠 것이다.

최근 제암리 교회 학살사건에 대해 이목이 집중되고 있다. 이 사건은 한국교회사의 슬픈 역사이다. 나도 여러 번 그 교회를 방문했다. 그리고 그 영혼을 위해 기도했다. 지금은 많은 일본기독교인들도 참회 방문을 한다. 정말 다시는 이런 일이 일어나지 않았으면 좋겠다.

58. 의를 세우는 기도, 야성이 강한 기도

누가복음 18장에는 예수님이 가르치시는 기도 방법이 소개된다. 첫째는 항상 기도하라는 것이고, 둘째는 낙망하지 말아야 한다는 것이다. 그리고 셋째는 겸손한 자세로 기도하는 것이다. 앞의 두 가지는 한 과부와 불의한 재판관에 대한 비유를 통해, 그리고 마지막 한 가지는 바리새인의 기도 법과 세리의 기도 법을 들어 설명하고 있다. 오늘의 묵상에서 주목할 부분은 첫 두 부분이다.

항상 기도하라는 말씀은 바울 서신에서도 언급되기 때문에 처음 듣는 말이 아니다. 그런데 이 가르침을 예수님으로부터 듣는다는 것은 생소할 수 있다. 그러나 18장 1절은 분명하게 언급하고 있다. "항상 기도하고" 아울러 기도가 응답되지 않는다고 낙심하지 말라는 것이다. 계속 기도해야 할 필요가 있다는 것이다. 주님은 왜 이 두 가지가 필요하다 하시는가?

이 두 기도 방법에 대한 비유에서 한 과부와 불의한 재판관이 등장한다. 공정해야 할 재판관을 왜 불의하다 하실까? 왜 하필이면 나쁜 쪽의 사례를 드셨을까? 질문은 계속된다.

당시 재판은 주로 율법학자들이 담당하고 있었다. 그런데 그 가운데 상당수는 재판을 유리하게 해 준다는 명목으로 과부를 비롯해 사회의 힘없는 약자로부터 뇌물을 받으며 상당히 수입을 올리고 있었다고 한다. 공정하게 재판해야 할 재판관이 오히려 불의를 범하고 있는 것이다.

비유에 등장하는 한 재판관은 스스로 말한다. "내가 하나님을 두려워 아니하고 사람을 무시하나"(4절) 하나님의 눈으로 볼 때 이것만으로도 충분히 불의하다. 주님이 그를 가리켜 불의한 재판관이라 한 것은 그 시대 재판관의 행태뿐 아니라 하나님 앞에 불의한 것 등이 모두 포함될 수 있다. 그도 자신의 불의함을 족히 알고 있다.

이에 반해 한 과부는 원한을 가진 인물이다. 당시 과부는 보호받아야 할 사회적 약자이다. 그런 그가 아직도 풀지 못한 억울한 문제를 가지고 있다. 성경은 '내 원수에 대한 나의 원한', 곧 깊은 한이라 했다. 그 원한의 내용은 알 수 없다. 하지만 남편이 억울하게 죽임을 당했거나 과부인 자신의 재물을 탐한 자가 있어 빼앗겼거나 모멸과 수치를 당했거나 그 밖에 여러 정황을 올려놓고 생각해 볼 수 있다. 문제는 자신의 한 맺힌 원한을 풀어 줄 재판관, 곧 정의(justice)를 바로 세워 줄 재판관이 필요한데 이 가난한 과부의 케이스에 관심을 가진 재판관은 아무도 없다는 것이다. 이것이 당시의 사회상이다. 불의한 재판관과 가난한 과부는 사회적 상징들이다. 한쪽은 부패한 권력이고, 다른 한쪽은 가난하면서도 철저하게 외면당하는 약자이다.

그 약자가 자신의 한을 풀기 위해서는 재판관을 끈질기게 찾아가는 수밖에 없다. 법원 앞에서 일인 시위도 불사한다. 어떤 방법으로든 괴롭게 해서 재판관으로서의 책무를 다하라고 간청하고 또 간청한다. 한 번으로 안 되면 두 번, 두 번으로 안 되면 세 번, 아니 백 번이라도 찾아가 바르지 못한 것을 바로 세워 놓아야 한다. 이 과부의 한 풀기 작전을 누가 막으랴. 이 과부는 권력자의 위세 앞에 결코 주눅 들지 않는다. 그가 뭐라고 하면 할수록 재판관의 의무를 일깨울 것이다. 그녀는 지금 자신의 권리를 당당히 요구하고 있다. 얼마나 야성이 강한가. 이 야성은 단지 찾아가는 끈질김만을 의미하지 않는다. 지금까지 외면당해 온 정의를 바로 세우고자 하는 끈질김이다.

결국 그 재판관은 손을 들고 만다. "이 과부가 나를 번거롭게 하니 내가 그 원한을 풀어 주리라."(5절) 번거롭게 한다는 것은 과부가 결코 포기하지 않았다는 것을 보여 준다. 지금까지는 돈을 받고 그 편을 들어주었지만 이 경우 재판관 노릇 똑바로 해야겠다는 그의 각오도 담겨 있다. 그 과부의 끈질김이 한 재판관을 바로 세우는 데 성공한 것이다.

예수님은 이 불의한 재판관의 말을 빌려 이렇게 말씀하신다.

"불의한 재판관의 말한 것을 들으라. 하물며 하나님께서 그 밤낮 부르짖는 택하신 자들의 원한을 풀어 주지 아니하시겠느냐. 저희에게 오래 참으시겠느냐. …… 속히 그 원한을 풀어 주시리라. 그러나 인자가 올 때에 세상에서 믿음을 보겠느냐."(6~8절)

불의한 재판관은 그 과부의 끈질긴 요청에 최소한 자신의 책무가 무엇인지 한번쯤 생각하게 되었고, 그래서 이 과부의 원한만큼은 풀어 줘야겠다는 결심을 하기에 이른다. 불의한 재판관도 그런데 하물며 밤낮 부르짖는 택한 백성들의 기도를 주님이 외면하실 리 없다고 하신다. 여기서 '부르짖는'이라는 단어는 헬라어로 '보아오'다. 이것은 억압을 당하는 이들이 하나님께 울부짖을 때 사용되는 단어이다.

의를 바로 세워 달라는 이 기도를 외면하실 주님이 결코 아니시다.

우리는 지금까지 불의한 재판관에 대한 예수님의 비유를 그저 우리 자신의 이기적인 영역에 한정시키는 우를 범했다. 우리 자신의 이기적인 욕구, 우리 교회의 양적 성장을 위해 끈질기게 매달리면 하나님은 이 기도를 들어주실 것이라는 기복적 기도에 이 비유를 종종 사용해 왔다. 원한, 곧 외면당한 의에 대해서는 관심이 없었다.

이제 우리는 이 땅에서 그 의가 세워지도록 더 기도하고, 더 기도해야 한다. 그리스도인은 불의한 세상에 대해 침묵하지 않는 자가 되어야 한다. 하나님의 궁극적 심판을 확신하고 하나님의 의를 세우는 기도를 해야 한다. 우리의 강렬한 야성에 불의한 자가 항복하고, 의의 역사에 동참하는 일이 불같이 일어나야 한다. 그래야 이 땅에 그 나라와 그 의가 세워진다. 우리에게 필요한 것은 바로 기도의 야성을 회복하는 일이요 이 기도를 생활화하는 것이다. 주님은 말씀하신다. "그러나 인자가 올 때에 세상에서 믿음을 보겠느냐." 이 야성은 주님이 오실 때까지 끊임없이 지속되어야 한다. 하나님과의 아름다운 동행, 그 거룩한 동행은 중단 없이 계속되어야 한다.

59. 그리하면 네 치료가 급속할 것이며

한양대 상담센터에서 한 통의 이메일이 날아왔다. 정년을 하고 중국에 왔지만 명예교수이기 때문에 정기적으로 이메일을 보낸다. 고마운 일이고, 받을 때마다 정말 한식구라는 생각이 든다. 이번 메일은 새 학기를 맞아 학생들을 보다 잘 보살피려는 마음에서 교수들에게 보낸 것이다. 그 편지에서 나의 주목을 끈 것은 이런 학생들에 대해 관심을 가져 달라는 다음과 같은 내용이었다.

성적이 갑자기 하락한 학생
대학생의 경우 성적은 전반적인 적응의 지표로 볼 수 있습니다. 학업기능의 하락이라기보다는 어떤 심적 고통이 수반된 경우가 많기 때문에 조기해소가 필요합니다.

수업에 잘 출석하지 않고 잘 나오지 않는 학생
학교에 잘 나오지 않는 학생들은 행동수준의 저하를 보이는 경우가 많고 보통 우울증을 동반하는 경우가 많습니다.

주로 혼자 다니고 대인관계를 회피하며 학과적응이 어려운 학생
대인관계 기능은 대학생들에게 미치는 영향이 매우 크고 중요합니다. 외로움이나 소외감 등의 정서가 개인의 정서건강을 해치는 경우가 많습니다.

심한 불안과 강박증적 증상을 보이는 학생
행동이나 사고에서 심한 불안을 보이고 안절부절못한다거나 많은 걱정에 사로잡혀 과업수행에 지장을 받는 학생, 시험불안이 심한 학

생 등도 정신건강의 안정이 필요합니다.

　이 글을 읽으면서 교수회의 때 행방불명이 된 학생들이 있다는 보고에 적지 아니 놀란 적이 있다. 학비도 내고 수강신청도 했는데 도무지 학교에 나오지 않는 경우이다. 친구들조차 소재파악을 못 한다. "도대체 어디에 숨어서 나타나지도 않는 걸까." 지도교수의 마음이 무겁다. 어떤 학생은 밤새 PC 방에서 게임으로 시간을 보내다 정작 수업시간에는 잔다. 잠이 모자라 수업 빼먹기는 예사다.

　수업을 마치고 나오는데 한 교수님이 교실 밖에서 나를 기다린다. 지도하는 학생이 수업에 잘 참석하는지 알기 위해서이다. 그동안 쭉 결석을 했는데 지난주 두 번 출석을 했다. 하지만 오늘 수업엔 나타나지 않았다. 지도교수는 물론 그의 부모와 그렇게 다짐을 했다는데…… 이래저래 모두 괴롭다.

　학사경고 몇 차례 받으면 가차 없이 자르는 대학도 있다. 영국의 경우 10~20%가 잘려 나간다. 학교에 적응하지 못하는 학생들로 하여금 시간을 허비하지 않고 빨리 진로를 찾도록 하기 위함이다. 하지만 이곳 연변과기대 교수들은 포기하지 않고 마지막 순간까지 그들의 문제를 끌어안고 기도한다. 그리스도의 사랑이 아니면 할 수 없는 일이다.

　이것이 어디 학교에만 있는 일이겠는가. 가정에서 자녀의 문제, 기업에서 직원의 문제, 교회에서 성도의 문제 등 오늘도 가슴 아픈 사람들이 방황을 하고 있다. 이들을 단단히 얽어매고 있는 줄들을 풀어 줄 방법은 없을까. 상담도 한계가 있어 보인다. 강제성이 없기 때문이다.

이사야 58장에 보면 "나의 기뻐하는 금식은 흉악의 결박을 풀어 주며 멍에의 줄을 끌러 주며 압제당하는 자를 자유케 하며 모든 멍에를 꺾는 것이 아니겠느냐."(6절) "괴로워하는 자의 마음을 만족케 하면"(10절)이라는 말씀이 있다. 전체적으로는 금식에 관한 말씀이다. 하지만 이 금식기도가 아픈 자의 마음을 이해하고 그 멍에 줄을 끌러 주는 일이 된다는 것이다. 그들의 문제를 안고 하나님께 엎드리는 교수, 부모, 그리고 문제 중심에 있는 당사자라면 하나님께서 불쌍히 여기시고 길을 열어 주실 것이다.

8절과 9절에 하나님의 답이 적혀 있다. "그리하면 네 빛이 아침같이 비췰 것이며 네 치료가 급속할 것이며 네 의가 네 앞에 행하고 여호와의 영광이 네 뒤에 호위하리니 네가 부를 때에는 나 여호와가 응답하겠고 네가 부르짖을 때에는 말하기를 내가 여기 있다 하리라." 여기서 주목받는 단어는 '그리하면'이다. 그리하면 답을 주시겠다는 것이다. 결국 답은 주님께 있다. 우리를 지으신 이도 하나님이시요 우리를 고치시는 이도 하나님 아니신가.

60. 미가와 쉐마

미가의 이름은 미가야이다. '누가 하나님과 같은가' '주와 같으신이 누구랴'라는 뜻을 가지고 있다. 세상에 하나님과 비교할 수 있는 대상은 없다. 아무도 하나님을 대적할 수 없다. "누가 하나님을 대적하리요." 그런데 이런 하나님을 배반한 민족이 있다. 미가가 나설 만한 충분한 이유가 있다.

미가서의 중심 메시지는 하나님의 심판이 임박했다는 것이다. 그 이유는 죄 때문이다. 그것도 우상숭배의 죄이다. 그것도 오직 하나님만 가까이해야 할 이스라엘이 우상을 숭배하는 죄를 범했다. 그들이 하나님을 전적으로 배척한 것은 물론 아니다. 하나님을 섬기면서 함께 우상을 섬긴 것이다. 복을 하나님뿐 아니라 우상으로부터, 즉 더블로 받고 싶었던 탓일까? 그러나 그것은 하나님의 분노를 자초하는 일이 되었다. 하나님은 순수성을 유지하지 못하고 하나님과 우상을 섞는 혼합종교를 싫어하셨다. 섞을 것을 섞어야지 어떻게 하나님과 우상을 같은 자리에 놓을 수 있는가.

이스라엘이 그렇게 된 데는 정치적 배경이 깔려 있다. 북 왕국 이스라엘 왕 여로보암은 이스라엘 백성들의 마음이 예루살렘 성전에 가 있는 것이 싫었다. 그래서 단과 벧엘에 금송아지를 만들어 놓고 이것이 너희를 인도한 하나님이라 속였다. 그렇게 한다고 속아 주는 백성들도 그렇지. 이스라엘은 한 발 더 나아가 자신의 풍요를 위해 바알도 섬겼다. 그래서 성경은 이런 행동을 가리켜 "여로보암의 길로 행했다."라고 말한다. 우상을 섬기는 백성으로 전락한 것이다. 스스로 하나님의 심판을 자초한 꼴이다.

미가는 외친다. "백성들아 너희는 다 들을지어다."(미1:2) '들어라'는 '쉐마'이다. 쉐마는 절대적 명령이다. 들되 자세히 귀를 기울여 들으라 한다. "주 여호와께서 너희에 대해 증거하시되 곧 주께서 성전에서 그리하실 것이니라." '증거하시되'는 하나님이 너희를 고발하시겠다는 것이다. 그것도 성전에서 그리하신다. 이 성전은 하늘 성전을 가리킨다. 엄한 고발조치이다.

그뿐 아니다. 하나님이 그 처소에서 나오셔서 땅의 높은 곳을 밟으신다.(미1:3) 땅의 높은 곳은 우상을 섬기던 망대와 산당을 가리킨다. 거인이 산을 밟듯 우상의 거처를 밟으신다. 산들이 녹고 골짜기들이 갈라진다. 하나님의 심판이다.

그 이유는 야곱의 허물과 이스라엘의 죄 때문이다. 야곱은 이스라엘 민족 전체를 상징한다. 그들은 하나님 앞에서 우상을 섬겼다. "사마리아가 무엇이냐. 유다에 산당이 무엇이냐. 내가 사마리아를 돌무더기(폐허)로 만들 것이다. 우상을 파쇄하고 목상을 다 훼파할 것이다."(5~7절) 사마리아를 심판하시겠다는 것이다. 사마리아는 상아의 성으로 아름답고 풍요하다. 옛날엔 포도 동산이 있어 포도 동산이라 했는데 이젠 돌무더기로 만들어 완전히 없애겠다 하신다. 하나님의 분노가 얼마나 컸는가를 보여 준다.

이것이 어찌 이스라엘만의 문제겠는가. 우리에겐 우상이 없는가? 우상숭배란 하나님 외에 다른 것을 의지하는 것을 말한다. 궁합을 보는 것, 사주로 택일을 하는 것, 사업 운을 점치는 것, 길일을 택하는 것, 부적을 사용하는 것, 하나님 이름을 빌어 예언을 파는 것, 돈과 명예로 스스로 높아지고자 하는 것, 근거 없는 인간중심의 각종 세계관 등등이다. 우리 주변에 우상은 헤아릴 수 없이 많다. 우리는 하나님의 피조물이다. 하나님은 하나님이시고, 피조물은 피조물이다.

인간은 결코 하나님일 수 없다. 우상이 하나님을 대신할 수도 없다. 주와 같으신 이 누군가.

미가는 슬픔에 잠긴다. 이스라엘뿐 아니라 그 심판이 유다에도 미치기 때문이다. "내가 애통하며 애곡하고 벌거벗은 몸으로 행하며 들개같이 애곡하고 타조같이 애통하리니 이는 그 상처는 고칠 수 없고 그것이 유다까지도 이르고 내 백성의 성문 곧 예루살렘에도 미쳤음이라."(미1:8∼9) 다가올 심판을 보며 들개처럼 타조처럼 슬프게 우는 미가. 앗수르의 산헤립은 애굽을 치고 유다를 공격해 히스기야를 새장의 새처럼 가둬 뒀으며 12성읍을 무너뜨렸다.

미가는 너무 슬퍼 예루살렘을 비롯한 유다 열두 도시를 두고 노래 부른다.(9∼15절) 애가다.

- "가드에 고하지 말며 도무지 호곡하지 말지어다."(10절) 가드는 예루살렘을 시기해 왔다.
  예루살렘이 무너지면 좋아할 것이니 그러니 그곳에 알리지 말고 호곡도 하지 말라는 것이다.
- "베들레아브라에서 티끌에 굴지어다."(10절) 베들레아브라는 '티끌의 집'이라는 뜻을 가지고 있다. 이곳이 티끌에 굴게 되리라는 말씀이다.
- "사빌 거민아 너는 벗은 몸에 수치를 무릅쓰고 나갈지어다."(11절) 사빌은 아름다운 성읍이다. 그런데 벗은 몸으로 포로로 끌려가게 된다.
- "사아난 거민은 나오지 못하고"(11절) 사아난은 진군이라는 뜻을 가지고 있다. 그런데 진군은커녕 한 발자국도 나오지 못한다.

- "벧에셀이 애곡하여 너희로 의지할 곳이 없게 하리라."(11절) 벧에셀은 정류하는 집, 곧 피난처라는 뜻이다. 그런데 더 이상 피난처가 되지 못한다. 그곳도 가혹하게 멸망당한다.

- "마롯 거민이 근심 중에 복을 주나니 이는 재앙이 여호와께로 말미암아 예루살렘 성문에 임함이니라."(12절) 마롯은 '쓰다, 괴롭다'는 뜻을 가지고 있다. 근심 중에 복을 바란다. 재앙이 임하기 때문이다.

- "라기스 거민아 너는 준마에 병거를 메울지어다. 라기스는 딸 시온의 죄의 근본이니 이는 이스라엘의 허물이 네게서 보였음이니라."(13절) 라기스는 '준마, 말의 떼'라는 뜻을 가지고 있다. 준마의 병거를 몰고 나올지라도 멸망을 면치 못한다.

- "너는 가드모레셋에 작별하는 예물을 줄지어다."(14절) 가드모레셋은 '가드의 소유물'이라는 뜻을 가지고 있다. 그런데 가드의 소유물이 아니라 원수의 소유물이 된다. 작별하는 예물은 결혼 선물이다. 예루살렘은 가드모레셋에게 딸이 시집갈 때 아버지가 선물을 주듯 항복해 버린다.

- "악십의 집들이 이스라엘 열 왕을 속이리라."(14절) 악십은 '거짓말로 속이다'는 뜻을 가지고 있다. 악십 거민들이 유다 왕들을 속일 것이라는 말이다.

- "마레사 거민아 내가 장차 너를 얻을 자로 네게 임하게 하리니"(15절) 마레사는 '상속하다, 소유하다'는 의미를 가지고 있다. 그런데 상속자가 더 이상 상속자가 되지 못하고 다른 사람이 상속자로 임하게 된다.

- "이스라엘의 영광이 아둘람까지 이를 것이라."(15절) 아둘람은 '영원'을 뜻한다. 이곳은 사울이 피한 곳이다. 빛났던 유다의 영광이 아둘람까지 피신하게 된다. 이곳까지 막판에 이른다는 것이다. 이렇게 멸망하니 어떻게 하랴.

16절은 더 처절하다. "너는 네 기뻐하는 자식으로 인하여 네 머리털을 깎아 대머리 같게 할지어다. 네 머리로 크게 무여지게 하기를 독수리 같게 할지어다. 이는 그들이 사로잡혀 너를 떠났음이니라." 머리를 깎으라는 것은 애통하라는 말이다. 머지않아 포로로 붙들려 가는 신세로 전락하기 때문이다. 머리는 생명과 권위의 상징이다. 머리를 깎아 그 권위와 생명은 보잘것없게 되었다, 마치 털 없는 독수리(vulture)처럼.

미가는 들으라, 들으라 하였다. 쉐마다. 모두 듣되 자세히 들으라 하였다. 이것은 오늘도 우리가 명심하여 들어야 할 쉐마다. 우리도 얼마든지 그렇게 될 수 있기 때문이다. 그 쉐마를 듣고 순종할 때 우리에게 구원이 임할 것이다.

61. 망할 것들 같으니라고

미가 2장 1절 "침상에서 악을 꾀하며 간사를 경영하고 날이 밝으면 그 손에 힘이 있으므로 그것을 행하는 자는 화 있을진저." 개역성경이다. 그러나 공동번역에 가면 아주 세다. "망할 것들! 권력이나 쥐었다고 자리에 들면 못된 일만 꾸몄다가 아침 밝기가 무섭게 해치우고 마는 이 악당들아." '화 있을진저'가 '망할 것들'로 바뀐다. 히브리어 '호이'를 옮겨 놓은 것이다. 미가는 왜 이 말을 사용했을까? 인간의 탐욕에 대한 하나님의 심판, 특히 하나님의 분노를 이렇듯 직설적으로 표현하고 있다. 한마디로 이런 악당들은 망해야 한다는 것이다.

이스라엘 사회가 왜 이렇게 되었을까? 그 이유는 하나님이 무시되고 있기 때문이다. 그러기에 악이 판을 치고 있는 것이 아닌가. 하나님이 있다고 생각한다면, 하나님이 지금 보신다고 생각한다면 어찌 이런 일이 일어날 수 있으랴.

그들의 관심은 하나님에 있는 것이 아니다. 세상에 있다. 땅과 재물과 권력, 그것들은 얼마나 누리기 좋고 내 한없는 욕망을 채워 주는가. 그것만 있으면 천하를 얻는 것 같다. 그래서 그들은 탐하고 탐한다. "밭들을 탐하여 빼앗고 집들을 탐하여 취하니 그들이 사람과 그 집 사람과 그 산업을 학대하는도다."(미2:2) 이스라엘에게 있어서 땅은 원래 하나님의 것이다. 개인의 욕망 대상이 아니다. 담보로 잡았다 해도 기한이 되면 돌려줘야 한다. 그런데 지금 이것이 치부의 수단으로 전락하고, 탐욕의 대상이 되었다. 이 문제가 하도 퍼져 한 사람의 문제로 끝나지 않고 국가 전체의 문제가 되었다. 하나님께서 이것을 문제 삼을 만큼 심각한 경지에 와 있다. "내가 이 족속에게 재앙 내리기를 계획하나니 너희 목이 이에서 벗어나지 못할 것이요 또한 교만히 다니지 못할 것이라. 이는 재앙의 때임이라."(미2:3)

그들은 지금의 우리와 무엇이 다른가? 우리도 이런 삶을 살고 있지 않는가. 지금 경제가 세계적으로 어려운 것도 다 이유가 있다. 하나님이 우리를 깨닫게 하려고 시련을 주시는 것이다.

미가는 그들이 포로 신세로 전락될 것을 말한다. "우리가 온전히 망하게 되었도다. 그가 내 백성의 산업을 옮겨 내게서 떠나게 하시며 우리 밭을 나누어 패역자에게 주시는도다 하리니"(미2:4) 반드시 멸망할 것이며 그 멸망이 클 것을 선언한다.(미2:10)

그럼에도 불구하고 미가 예언에 대한 그들의 반응은 부정적이었다. 처음에는 당황하는 모습을 보였지만 이내 그런 예언은 하지 말라고 다그친다. 정치나 경제 문제에 간여하지 말라는 것이다. 예언의 말씀을 들을 때 양심이 찔려 하나님의 말씀이 듣기 싫은 것이다. 그러나 미가는 이것이 하나님의 공의와 관계되는 문제이므로 멈출 수 없었다.

이에 반항이나 하듯 거짓선지자들이 나타나 그런 재난은 오지 않을 것이라 예언한다. 오히려 포도주도 만들고 편안히 추수도 할 것이라 한다. 이것이 바로 이 민족을 향한 하나님의 약속이라 한다. 탐욕자들의 입에 맞는 말만 골라 하면서 물질적 복을 하나님의 복으로 착각하게 만들었다. 그런 말을 듣고 싶어 하는 사람도 상당히 많았다. 하나님의 뜻과는 반대되는 것이다. 이것은 사회가 얼마나 부패했는가를 보여 준다. 그들 편을 드는 거짓선지자까지 나오다니. 미가는 말한다. "이것이 너희의 쉴 곳이 아니니 일어나 떠날지어다. 이는 그것이 이미 더러워졌음이라."(미2:10) 멸망할 것이 뻔하다는 것이다.

그렇다고 미가는 이스라엘을 소망 없는 민족으로 보지 않았다. 언약의 백성이 아니던가. 형벌의 때가 지나면 건지실 것을 말한다. "야

곱아 내가 정녕히 너희 무리를 다 모으며 내가 정녕히 이스라엘의
남은 자를 모으고 그들을 한 처소에 두기를 보스라 양 떼 같게 하
며 초장의 양 떼 같게 하리니 그들의 인수가 많으므로 소리가 크게
들릴 것이며 길을 여는 자가 그들의 앞서 올라가고 …… 그들의 왕
이 앞서 행하며 여호와께서 선두로 행하시리라."(미2:12, 13) 때릴
때가 있으면 싸맬 때가 있다. 흩을 때가 있으면 모을 때가 있다. 고
난의 때가 있으면 소망의 때가 있다. 하나님은 그 때를 주신다.

지금 우리는 무엇으로 사는가? 우리의 생각은 무엇에 집중되어 있
는가? 당신은 지금 무엇에 이끌리고 있는가? 그 대답이 세상적인 것
이라면 우리에게는 소망이 없다. 그것은 우리를 무한한 탐욕으로 이
끌고 가려 하기 때문이다. 그러나 현재든 미래든 나의 주인은 하나
님이심을 고백한다면 그 미래는 소망이 있다. 이 땅에 사는 한 물질
을 피할 수 없다. 그러나 우리가 탐욕의 노예로 전락하고, 우리 사
회가 지속적으로 더러워진다면 하나님의 진노를 피할 수 없다. 우리
는 하나님의 백성이다. 그렇다면 우리는 '하나님 앞에서' 더 정직해
야 할 것이다.

62. 내가 무엇을 가지고 그 앞에 나아갈까

미가서 6장 6절을 보면 이런 질문이 나온다. "내가 무엇을 가지고

여호와 앞에 나아가며 높으신 하나님께 경배할까. 내가 번제물 일 년 된 송아지를 가지고 그 앞에 나아갈까." 우선 하나님 앞에 나아가고자 하는 마음이 있어 좋다. 일마다 때마다 주님을 생각하는 것, 그 앞에 무릎 꿇고 경배하는 것은 얼마나 귀한가. 하나님은 그 마음을 기뻐 받으실 것이다.

그 다음 관심은 무엇을 가지고 주님 앞에 나아갈까 하는 것에 초점이 맞춰져 있다. 일 년 된 송아지를 가지고 갈까. 7절은 그것을 더 확대해 나가고 있다. "여호와께서 천천의 수양이나 만만의 강수 같은 기름을 기뻐하실까. 내 허물을 위하여 내 맏아들을, 내 영혼의 죄를 인하여 내 몸의 열매를 드릴까." 이것만 보면 여호와를 향한 그의 열심이 얼마나 큰가를 보여 준다. 그러나 하나씩 따져 보면 문제가 있다.

- 천천의 수양과 만만의 강수 같은 기름은 모세 율법이 규정하는 수를 넘어선다. 순전히 물량적으로 접근하려는 것이다.
- 허물 많은 자신을 위해 내 맏아들을 드릴까 하는 것은 어린아이를 바치는 이교도의 제사까지도 기꺼이 따르겠다는 것을 보여 준다. 하나님은 이 같은 행위를 금지하셨기 때문에 언급조차 되어서는 안 되는 부분이다.

이러한 제사관은 단지 제물에만 신경을 쓰는 이스라엘의 모습, 곧 외형적으로만 접근하려는 것임을 보여 준다. 하나님은 과연 이것을 받으실까? 8절은 전혀 그렇지 않다는 것을 보여 준다. "사람아 주께서 선한 것이 무엇임을 네게 보이셨나니 여호와께서 네게 구하시는 것이 오직 공의를 행하며 인자를 사랑하며 겸손히 네 하나님과 함께 행하는 것이 아니냐." 하나님이 기뻐하시는 것은 외식적인 것이 아니라 공의와 인자와 겸손이다. 이것은 윤리적인 차원의 선포가 아니다. 하나님 앞에서 거듭난 자가 가져야 할 덕목이다. 단순한 덕목이 아니라 행함이 있는 덕목이다.

- 공의를 행하는 것은 정의를 행동에 옮기는 것(do justice)이다. 선한 것을 보여 주고, 공정하고(fair) 바르게 행동한다. 불의한 재물을 쌓고, 부정한 저울을 사용하는 것 등은 정의와는 거리가 있다.
- 인자를 사랑하는 것에서 인자는 친절함(kindness)과 자비(mercy)를 가리킨다. 이것을 사랑하고 행동으로 보여 주는 것이다. 강포와 거짓을 일삼는 것은 인자를 사랑하는 것이 아니다.
- 겸손히 하나님과 함께 행하는 것은 겸손한 마음을 가지고(humbly) 하나님과 동행하는(walk with God) 것이다. 하나님과 동행하는 것은 여호와의 말씀을 듣고, 순종하며, 그것으로 기쁨을 삼는 것을 말한다.

이따금 우리는 무엇으로 하나님을 기쁘시게 할까를 생각한다. 교회 공식 예배에 빠짐없이 출석하고, 연보를 많이 하고. 우선 외형적인 것을 꼽는다. 그것이 중요하지 않은 것은 아니다. 얼마나 귀한가. 하지만 하나님이 우리에게 요구하는 것은 따로 있다. 행함이 있는 믿음인 것이다. 삶에서 하나님의 의를 드러내고, 사랑하며, 순간순간 겸손히 하나님과 동행하는 것이 중요하다. 오늘 내가 무엇을 가지고 그 앞에 나아갈까? 무엇으로 하나님께 영광을 드릴까? 오늘 나의 삶 하나하나, 행동 하나하나가 그만큼 중요하다.

63. 후발효과

애굽에서 나온 이스라엘은 광야 길에 들어서자 불평하고 불만하기에 이른다. 애굽이 좋았다는 둥 부추가 먹고 싶다는 둥. 광야가 주는 괴로움과 고난을 누군들 견디랴. 사실 그들을 나무랄 수 없다. 우리는 그들보다 더했을 것이다. 그러나 그들은 그 와중에서도 하나님의 놀라운 기적을 맛보았다. 바위에서 생수가 터지는 역사를 눈으로 보고, 그 물을 마셨다. 만나고 먹고, 메추라기도 먹었다. 그러나 그들의 불평과 불만은 그치지 않았다. 오죽하면 모세가 혈기를 부렸을까. 아니 오죽하면 그들이 애굽에서 나온 사람들 중 갈렙과 여호수아, 그리고 광야에서 새롭게 태어난 사람들만 가나안으로 들어갈 수 있었을까. 우리가 광야의 길을 가면서 조심해야 할 것은 바로 불평과 불만이다. 조금만 어려워도 불만이 가득하기 때문이다.

그뿐 아니다. 이스라엘은 가나안에서 우상을 섬기는 우를 범했다. 식구들이 잘 살고 풍요를 기원하는 마음이야 누군들 없으랴. 그러나 하나님만 의지해야 할 이스라엘이 바알을 섬기고, 각종 우상 앞에 절한다면 주님의 마음이 얼마나 아팠을까. 주님은 선지자를 보내고, 또 보냈지만 그들은 듣지 않았다. 결국 하나님은 그들을 포로가 되게 하셨다. 70년을 남의 나라에서 방황하게 만들었다. 그때서야 깨달았다. 하나님의 뜻이 어디에 있는가를.

우리는 역사를 배운다. 과거의 역사에서 좋은 것은 취하되 그렇지 않은 것은 단호하게 버리기 위함이다. 그러나 역사를 아무리 열심히 공부했다 해도 다시금 그것을 반복한다면 그것은 보는 이로 하여금 허탈하게 만들 것이다.

후진국이 선진국을 따름에 있어 압축된 과정을 밟는다는 도어(R. Dore)의 후발효과(late development effect)가 있다. 선진국의 경우 현재의 성공은 그저 주어진 것이 아니다. 수많은 시행착오를 거치며 얻은 열매이다. 후발국은 그것을 거울삼아 익히고 배운다. 다시는 선진국이 저질렀던 실수를 하지 않으리라 다짐하며. 그러나 뒤돌아보면 후발국도 닮지 말아야 할 그 사례를 그대로 답습한다. 오히려 더 처절하게 따라 한다. 그래서 발전은 뒤처지고, 때로는 시대를 과거로 한참 되돌려 놓는 일마저 발생하게 된다. 한이 많을수록 더 질이 떨어진다. 한국도 예외가 아니다.

지도자는 시대를 뒤돌리는 일을 해서는 안 된다. 다른 나라에 비해 크게 앞서지는 못할망정 뒤처지는 일이 없도록 해야 한다. 초경쟁시대(hyper competition)에 지도자는 잠을 잘 수 없다. 늘 깨어 있어야 하고, 다른 사람을 깨우는 작업을 게을리해서는 안 된다.

그리스도인도 정치적 영성이 높아야 한다. 지도자를 위해 기도하고, 이 민족의 장래가 하나님 보시기에 좋도록 해야 한다. 우리는 때때로 교회서든 사회서든 우리 손으로 지도자를 뽑는다. 이것도 하나님이 우리에게 허락하신 기회이다. 이런 때일수록 나의 기준이 아니라 하나님의 기준에 가장 맞는 사람이 누구인지 하늘의 지혜를 구하는 것이 순리이다. 그러면 결코 후회하지 않을 것이다.

이 일이 어디 지도자에게만 해당되는 일인가. 그것은 곧 나의 일이요 우리 모두의 일이다. 하나님은 우리로 하여금 과거의 잘못을 되풀이하지 않기 위해 여러 모로 권고하신다. 그럴 때마다 우리는 하나님께 감사한다. 다시는 이스라엘의 전철을 밟지 않으리라. 그들의 역사가 나의 걸음에 거울이 되리라. 이를 위해 다음의 말씀이 우리 가슴에 깊이 새겨지고, 역사하기를 기도한다.

- "내 아들아 그들과 함께 길에 다니지 말라. 네 발을 금하여 그 길을 밟지 말라."(잠1:15)
- "사악한 자의 길에 들어가지 말며 악인의 길로 다니지 말지어다."(잠4:14)
- "내가 주의 말씀을 지키려고 발을 금하여 모든 악한 길로 가지 아니하였사오며"(시119:101)
- "거기에 대로가 있어 그 길을 거룩한 길이라 일컫는 바 되리니 깨끗하지 못한 자는 지나가지 못하겠고 오직 구속함을 입은 자들을 위하여 있게 될 것이라 우매한 행인은 그 길로 다니지 못할 것이며"(사35:8)
- "너는 백성의 둘레에 경계선을 정해 주어, 백성이 그 경계선을 넘어오지 않도록 하여라.

백성에게 산으로 올라가지도 말고, 산기슭을 밟지도 말라고 일러라. 누구든지 산기슭을 밟는 사람은 죽을 것이다."(출19:12)

64. 오늘도 우리 안에 탄생하시는 주님

영국 세필드 대학 물리학 교수 데이비드 휴(D. Hugh)는 베들레헴의 별과 예수 탄생에 관한 연구를 했다. 그 결과 예수 탄생이 B.C. 7년 10월인 것으로 추정했다. 별의 징조는 당시 어좌(魚座)의 금성과 토성의 세 번에 걸친 결합으로 이해한다. 120년마다 이런 혹성의 결합이 일어나 약 6개월간 지속된다. 두 혹성이 겹쳐져 평소보다 3배의 크기로 보이는데 이는 당시 천문학자들에 의해 육안으로 확인되어 왔다는 것이다.

그는 이 밖에 몇 가지를 더 주장한다. 예수님 탄생 당시의 헤롯왕은 B.C. 4년에 사망했으며 예수님 탄생 이전 12월 25일은 이교도들의 축제일로 지켜져 왔다. 12월 25일이 이교도의 축제일이었다는 것은 잘 알려져 있다. 그리고 기원전 8년경 아우구스투스 로마황제가 세금 징수에 관한 포고령을 내려 요셉과 마리아가 당시 나사렛을 떠나 고향인 베들레헴으로 여행한 것으로 보았다.

휴 외에도 예수 탄생에 관한 연구가 많다. 어느 것을 정설로 받아들여야 할지는 더 연구가 진행되어야 할 것이고, 신학적인 판단도 내려져야 할 것이다. 연구들이 많다는 것은 그만큼 주님을 사랑하기 때문이리라. 그러나 더 중요한 것은 주님이 왜, 그리고 그때 오셨는가 하는 것 아니겠는가.

이에 대한 한 대답으로 역사적인 접근이 필요하다. 역사적으로 보면 팔레스타인이 로마제국에 귀속된 것은 주전 63년이다. 당시 로마는 분권제도, 병력분산, 원활한 커뮤니케이션을 위한 도로건설, 그리고 해적 없는 항로개척에 주력하던 때였다. 로마 황제 율리우스 시저는 유대교를 공인하고, 주전 37년에 이드마야 태생이지만 유대교적을 가진 헤롯을 왕으로 봉하였다. 당시 유대인은 로마 전역에 흩어져 살고 있었고, 팔레스타인에는 사실 소수에 지나지 않았다. 유대인의 이산은 주전 586년 예루살렘 함락 이래 알렉산더 대왕 및 안디옥의 왕들(셀류쿠스 왕조)의 식민정책에 의해 광범하게 추진되어 왔다.

당시 유대인은 상업도시에 몰려 있었다. 하지만 그들은 매우 종교적이어서 가장(家長) 열 명만 있어도 회당을 세웠다. 물론 다른 사람들도 유대교를 수용하면 회당 예배에 참석할 수 있었다. 유대인들은 그곳에서 성경을 낭독하고, 탈무드에 기록된 대로 그들의 관습을 실천에 옮겼으며, 할례를 행했다.

그러나 당시 영적인 상황은 매우 곤핍했다. 도덕적으로는 퇴폐가 심하고, 비관적 사고방식이 횡행하였다. 그래서 더욱 영적으로 목말라 했다. 영적인 갈급은 민족을 뛰어넘었고, 많은 사람들이 유대경전에 대한 관심이 높았다. 그때 구주가 탄생했다.

누가는 예수 탄생 때 천군 천사들이 나타나 찬송한 내용을 적고 있다. "지극히 높은 곳에서는 하나님께 영광이요 땅에서는 기뻐하심을 입은 사람들 중에 평화로다."(눅2:14) 하늘엔 영광, 땅엔 평화, 이 얼마나 기다렸던 찬송인가. 이것은 하나님을 믿는 이 땅의 모든 백성들의 간구와 소망이 담겨 있다.

예수님의 탄생은 인류에게 새로운 생명을, 새로운 문명을 가져다 주었다. 종교적으로는 하나님의 은혜와 자비의 증거이다. 죄 사함과 하나님과의 화해 기반인 속죄를 이룰 수 있기 때문이다. 그러니 우리 입에서 찬양이 아니 나올 수 없다. "하늘엔 영광, 땅엔 평화."

예수님의 오심을 생각하는 것은 단지 크리스마스 절기에 국한된 것이 아니다. 육적으로 오신 것만 오신 것이 아니다. 주님은 영적으로 곤핍한 시대, 그래서 더 주님을 사모하는 심령에 늘 충만히 임하셨다. 땅에 평화가 임하듯 주님은 오늘도 우리 안에 풍성히 임하신다. 우리가 주님을 사랑하면 사랑할수록 그 임함은 더 우리에게 의미 있게 다가온다.

사람들은 이 시대를 살면 살수록 어렵다고 말한다. 그럼에도 불구하고 우리 시대의 참소망은 주님에게 있다. 주님은 언제나 우리를 받아 주시고, 우리가 기댈 수 있도록 자신의 모든 것을 내어 주신다. 그래서 우리는 오늘도 그 언덕에 기대어 쉰다. 그분의 말씀을 듣는다. 오늘도 우리 안에 주님이 새롭게 탄생하신다. 그 말씀이 우리를 변화시킨다.

65. 어리석은 부자

롯데호텔 총주방장이 주방에서 일하는 분들과 노량진 수산시장을 방문하는 장면이 TV에 소개되었다. 새로 나온 생선을 관심 있게 살펴보기도 하고, 원하는 생선의 신선도를 점검하기도 하며, 가격도 따져 보았다. 그러던 중 펄떡이는 물고기를 보며 이렇게 말하는 것이었다.

"저 물고기, 얼마 후면 회감이 되는 줄도 모르고 펄떡이고 있네. 물고기가 내일의 일을 어찌 알까. 우리도 저 물고기와 똑같지 뭐."

그렇다. 지금 우리도 내일을 모르는 채 펄떡이고 있다. 마치 지금이 영원한 현재처럼 생각하며. 그렇다면 이제 남은 생애를 어떻게 살아야 할까? 이것이 문제이다.

누가복음 12장 13절에서 21절까지 예수님의 어리석은 부자에 대한 비유의 말씀이 소개되어 있다. 어리석은 부자라 한 것은 이기적이고 그 마음의 중심에 하나님이 없기 때문이다. 말씀 중에 자기중심을 나타내는 단어인 '내가'라는 말이 여러 번 반복된다. 이것은 그가 얼마나 자기만족만 추구하는 인물인가를 보여 준다. 특히 재산을 모으는 데만 집중했다. 문제는 그의 중심에는 하나님이 없었다는 것이다. "어리석은 자는 그 마음에 이르기를 하나님이 없다 하도다. 저희는 부패하고 소행이 가증하여 선을 행하는 자가 없도다."(시14:1) 그 마음에 하나님은 없고 재물과 명예만 추구하는 것으로 영원한 만족을 얻을 수 있을까?

그는 심중히 생각한다. "심중에 생각하여"(17절)의 '생각'은 희랍어로 '디아로기조마이'다. '골똘하게 생각하고 따지는 것(think over)'을 의미한다. 얼마나 이 생각에 몰입했는가를 보여 준다. 주님은 우리 내면의 숨은 생각도 세밀하게 간파하신다.

"내가 이렇게 하리라. 곳간을 헐고 더 크게 짓고 …… 먹고 마시고 즐거워하자."(18, 19절) 부자는 재물을 쌓고 즐기는 데만 신경을 썼다. 더 중요하고 선한 목적, 더 가치 있는 일에 주목하지 않았다. 사람들은 오늘도 "쌓아 두자." "먹고 마시고 즐기자."고 말한다. 재산을 늘리고, 먹고 마시고 즐기는 재미도 있을 것이다. 돈이 많다고 해서, 많이 즐겼다고 해서 진정 행복할까.

"여러 해 쓸 물건을 많이 쌓아 두었으니 평안히 쉬고"(19절) 부자는 여러 해 쓸 물건을 쌓아 두었다. 많이 쌓아 두었으니 마음이 든든하지 않을 수 없다. 하지만 그는 인생의 한계, 곧 죽음을 생각하지 않았다. 인간은 아무도 생명의 주인일 수 없다. 돈 있고 건강하면 오래 살 수 있다? 그것은 우리 생각이지 하나님의 생각은 아니다.

C. S. 루이스는 "교만한 사람은 하늘을 보지 않는다. 그의 눈은 오직 아래에 있다."고 말한다. 생명의 주인은 하나님이라는 사실을 애써 외면한 채 세상재물에 집중한다. 돈이나 재물은 우리 마음을 하나님으로부터 빼앗아 간다. 그것을 쌓으면 쌓을수록 중독된다. 바울은 디모데에게 부자교인들을 이렇게 가르치라고 한다.

"네가 이 세대에 부한 자들을 명하여 마음을 높이지 말고 정함이 없는 재물에 소망을 두지 말고 오직 우리에게 모든 것을 후히 주사 누리게 하시는 하나님께 두며 선한 일을 행하고 선한 사업에 부하고 나눠주기를 좋아하며 동정하는 자가 되게 하라 이것이 장래에 자기를 위하여 좋은 터를 쌓아 참된 생명을 취하는 것이니라."(딤전6:17~19) 돈 있다고 교만하지 마라. 정함이 없는 재물에 소망을 두지 마라. 오히려 선한 일을 하라. 이것이 그의 가르침이다.

어떤 사람이 빌 게이츠에게 이렇게 충고했다. "당신이 돈을 크게 벌었을 때 자기만을 위해 돈을 은행에 쌓아 두는 것은 당신을 가장 불행하게 만드는 것입니다." 그는 자기와 부인의 명의로 된 재단을 만들고, 자기 재산의 60%를 사회를 위해 내놓았다. 그리고 지금도 계속 기부를 하고 있다.

주님은 비유에 나오는 이 부자를 가리켜 어리석다고 하셨다. 왜 어리석을까? 첫째, 그는 재산의 주인은 자기가 아니라 하나님이라는 사실을 간과했다. 자기가 주인이라고 착각했다. 자기는 오직 관리자에 지나지 않는다. 둘째, 쌓아 놓은 재물이 자기 생명을 연장시키지 못한다는 것을 알지 못했다. 그는 그 밤에 죽었다. 셋째, 재물을 쌓고 즐기는 데만 신경을 썼다. 더 중요하고 선한 목적, 더 가치 있는 일에 주목하지 않았다. 끝으로, 우리 모두 하나님 앞에 빈손 들고 선다는 것을 몰랐다. 어리석은 부자는 오직 '자기'를 위해 부를 쌓아 놓으려 했다는 데 문제가 있었다. 그는 돈의 노예가 되어 있었다. 가난한 자에 대한 배려가 전혀 없다. 이것은 어찌 그뿐이겠는가.

주님은 말씀하신다. "자기를 위하여 재물을 쌓아 두고 하나님께 대하여 부요치 못한 자가 이와 같으니라."(21절) 이 말씀은 우리로 하여금 전혀 부자가 되어서는 안 된다는 말씀이 아니다. 부자가 되되 자기 자신만을 위해 부요한 사람이 될 것이 아니라 하나님을 위해 부요한 자(rich toward God)가 되라는 것이다.

주님은 이 비유를 통해 우리로 하여금 지금 선택하도록 하신다. "자신만을 위해 부자가 될 것인가? 아니면 하나님을 위해 부자가 될 것인가?" "나만을 위해 재물을 쌓을 것인가? 아니면 하나님과 이웃을 위해서 그 재물을 사용할 것인가?"

천국에 가면 세 가지 사실 때문에 놀란다고 한다. 첫째는 천국의 아름다움에 놀란다. 평소 아름답다는 말을 많이 들었지만 막상 접하고 나면 너무 아름다워 놀란다는 것이다. 둘째는 세상에 살면서 저 사람은 천국에 갈 자격이 없다고 생각했는데 막상 그 사람을 천국에서 만나고 놀란다는 것이다. 셋째는 누구는 천국에 꼭 오리라고 생각했는데 막상 천국에 와 보니 그 사람이 없어 놀란다는 것이다. 그 사람이 과연 누구일까?

66. 삶의 우선순위

누가복음 16장에 두 가지 비유가 소개된다. 하나는 불의한 청지기 비유이고, 다른 하나는 부자와 나사로에 대한 비유이다. 이 비유는 서로 다른 비유지만 부와 그 재물의 사용과 연관된다는 점에서 공통된다. 그리고 이 비유는 하나님과 재물에 있어서 무엇에 우선순위를 두고 살아야 하는가, 이 땅에서 그 재물을 어떻게 사용해야 하는가를 가르쳐 준다.

불의한 청지기 비유에서 그 청지기는 부자의 소유를 잘 관리해야 할 책임이 있음에도 불구하고 허비하는 우를 범했다. 불의한 청지기라 불리기에 족한 인물이다. 화가 난 주인은 그를 불러 그만두게 하려는 의도를 확실히 했다. 그러자 그는 꾀를 냈다. 청지기직을 그만

두어도 살 궁리를 한 것이다. 주인에게 기름 백 말 빚진 자에게는 오십이라 쓰게 하고, 밀 백 석 빚진 자에게는 팔십이라 쓰게 했다. 주인의 허락도 없이 탕감해 준 것이다. 그러면 그들이 자기에게 보답을 하리라 기대했다.

여기까지 이해하는 데는 별 문제가 없다. 문제는 그 다음이다.

첫째, 예수님은 이 비유의 말씀을 하신 다음 "주인이 이 옳지 않은 청지기의 일을 지혜 있게 하였으므로 칭찬하였으니 이 세대의 아들들이 자기 시대에 있어서는 빛의 아들들보다 더 지혜로움이라."(8절) 하셨다. 의문은 주인이 어떻게 이 청지기의 행실을 놓고 칭찬했는가 하는 것이다. 자기 소유도 허비하고, 이제 채무자를 불러 허가도 없이 탕감을 해 주었는데 칭찬이라니, 이해하기 어려울 것이다.

그러나 주인(주님)이 칭찬한 것은 그 행동을 칭찬한 것이 아니다. 그 행동은 마땅히 비판받아야 한다. 주님이 기특하게 본 것은 그의 선견지명과 목적을 이루기 위해 전심하는 그의 태도이다. 이른바 그리스도의 제자로서 가져야 할 지혜로움(프로니모스)이다. 세상의 아들이 교활하게(clever) 부정직을 이용해 해고가 되어도 자신을 돌봐줄 사람을 만들었다. 교묘한 술수(cheating)로 우정을 산 것이다. 이런 방법으로 하나님 나라에 들어갈 수 있는가? 그럴 수는 없다. 중요한 것은 불의한 자들도 자기 목적을 위해서는 이렇게 지혜로운데 너희들도 그들 이상으로 지혜롭게 살지 않으면 안 된다는 것이다.

둘째, "불의한 재물로 친구를 사귀라. 그리하면 없어질 때에 저희가 영원한 처소로 너희를 영접하리라."(9절)는 말씀이다. 이 구절은 난해 구절이다. 여기에는 크게 두 가지 해석 방법이 있다.

하나는 불의한 재물이란 거짓 부(deceitful riches), 돈, 재산 등을 말한다. 그것으로 친구를 사귀라는 말은 그것이 망할 때 그것이 너희를 받아 줄 것이라는 말이다. 그러니 그것과 사귀지 말라는 것이다. 오히려 참다운 부(true riches)를 신뢰하라는 것이다. 참다운 부를 신뢰하면 결코 실패하지 않을 것이다.

다른 하나는 불의한 재물을 부정한 방법으로 벌어들인 재물로 보기보다 그저 세상의 재물을 가리킨다는 주장이다. "(불의한) 재물로 친구를 사귀라."는 말씀은 이 세상 재물일지라도 하나님을 위해 쓰라, 즉 빛의 아들도 세상 것(재물)을 현명하게 사용해야 한다는 말씀이다.

이 두 해석이 가능하다면 거짓된 부는 그리스도인이 추구해선 안 될 대상이다. 하지만 이 세상 재물도 얼마든지 하나님의 일에 선히 사용될 수 있다.

예수님은 계속 강조하신다. "지극히 작은 것에 충성된 자는 큰 것에도 충성되고 지극히 작은 것에 불의한 자는 큰 것에도 불의하니라. 너희가 만일 불의한 재물에 충성치 아니하면 누가 참된 것으로 너희에게 맡기겠느냐."(10, 11절) 재물, 그 작은 것 한 가지에도 하나님의 뜻에 합당하게 행사하지 못하면서 어떻게 하나님의 일, 곧 큰일을 맡을 수 있을까.

결론적으로 예수님은 그 우선순위를 확실히 하신다. "집 하인이 두 주인을 섬길 수 없나니 혹 이를 미워하고 저를 사랑하거나 혹 이를 중히 여기고 저를 경히 여길 것임이니라. 너희가 하나님과 재물을 겸하여 섬길 수 없느니라."(13절) 우리 삶에 재물은 중요하다. 그러나 하나님을 주인으로 섬기는 그리스도인은 재물을 주인으로 함게 모실 수 없다. 하나님을 섬기는 자에게 있어서 하나님은 최우선이요 물질은 부차적이다. 하나님을 주인으로 섬기면 재물은 선하게 쓰일 수 있다. 그러나 돈을 주인으로 섬길 때는 그 우선순위가 잘못되었다. 그것은 하나님의 명령을 무시하는 것이다. 그러므로 우선순위를 확실하게 하라.

이에 대해 바리새인의 반응은 매우 냉소적이었다. "바리새인들은 돈을 좋아하는 자라 이 모든 것을 듣고 비웃거늘"(14절) 우리도 그 말씀을 애써 외면하지 않는가.

주님은 그들의 냉소적인 반응에 한마디 더 하신다. "너희는 사람 앞에서 스스로 옳다 하는 자이나 너희 마음을 하나님께서 아시나니 사람 중에 높임을 받는 그것은 하나님 앞에 미움을 받는 것이니라."(15절) 하나님은 우리 마음을 아신다. 하나님을 섬긴다 하면서도 사람 중에 높임을 받고자 하는 사람이 있다. 이것은 하나님을 주인으로 섬긴다 하면서 재물을 주인으로 섬기는 것과 무엇이 다른가. 그것은 하나님이 싫어하시는 것이다. 하나님으로부터 인정을 받고자 하는가? 그렇다면 우선순위를 바르게 하라.

불의한 청지기 비유 다음에 예수님은 부자와 나사로 비유를 드셨다. 이 비유에서 부자는 재물을 주인으로 섬기고, 하나님은 안중에 없던 자이다. 부자이긴 하지만 자기 재물을 누릴 줄만 알았지 가난한 나사로의 아픔에 대해서도 관심이 없었다. 하나님이 기뻐하신 뜻대로 사용하지 않은 것이다. 음부에 떨어진 이 부자는 아브라함의 품에 안긴 나사로를 보며 후회한다. 그러나 이미 늦었다.

재물의 바른 사용은 그리스도인에게 매우 중요한 이슈다. 재물을 숭배하는 태도나 자신만을 위해 재물을 독점하는 것은 하나님 보시기에 좋지 않다. 늦기 전에 하나님을 주인으로 모시라. 재물의 노예가 되지 마라. 지금 당신의 주인은 누구인가? 당신에게 재물이 있다면, 영향력을 가지고 있다면 그것을 선히 사용하라. 그것으로 주님의 마음을 기쁘게 하라.

67. 정말 소중하고 정녕 중요한 것

목회자 사모를 중심으로 모이는 사모횃불회가 있다. 그 회에서 어려운 교회사모를 돕기 위해 바자회를 열었다. 여러 조에서 물건을 가지고 왔지만 막상 사는 사람은 적었다. 해마다 하는 일이어서 관심이 줄어든 탓도 있지만 자기에게 필요한 물건은 별로 없었으리라. 이렇게 해선 어떤 성과가 나기 어렵다고 생각한 김 아무개 사모님이 일어나 주변의 사모님들에게 이렇게 말했다.

"이 사모님, 하나 사."

"필요한 것이 없는데요."

"누가 꼭 필요해서 사나? 몇 개씩 사서 필요한 사람들에게 나눠 주고 그래."

자신부터 몇 개씩 샀다. 주변의 사모님들이 그의 말에 감동해 물건

을 사기 시작했다. 그는 평소 물건을 사서 필요한 사람들에게 나눠
주는 습관이 있었다. 그렇다. 꼭 필요해서 사나? 지금 내가 필요하지
않다 해도 사서 필요한 사람 보면 나눠 줘. 그게 사람 사는 것이지.
　워싱턴에 사는 동생 국주가 가끔 좋은 글이 있으면 이메일로 보
낸다. 오늘도 좋은 글이라며 아래 글을 보냈다. 제목은 '우리에게 정
말 소중한 것 정녕 중요한 것은' 지은이는 알 수 없다.

　　　우리에게 정말 소중한 것, 정녕 중요한 것은
　　　당신이 어떤 차를 모느냐가 아니라
　　　얼마나 많은 사람들을 태워 주느냐는 것이다.

　　　우리에게 정말 소중한 것, 정녕 중요한 것은
　　　당신이 사는 집의 크기가 아니라 얼마나 많은
　　　사람들을 집으로 초대하느냐는 것이다.

　　　우리에게 정말 소중한 것, 정녕 중요한 것은
　　　당신의 사회적 지위가 아니라 당신의 삶을 어떤
　　　계층의 사람들과 더불어 살아가느냐는 것이다.
　　　우리에게 정말 소중한 것, 정녕 중요한 것은
　　　당신이 무엇을 가졌는가가 아니라 남에게
　　　무엇을 베푸느냐는 것이다.

　　　우리에게 정말 소중한 것, 정녕 중요한 것은
　　　얼마나 많은 친구를 가졌는가가 아니라 얼마나
　　　많은 사람이 당신을 친구로 생각하느냐는 것이다.

우리에게 정말 소중한 것, 정녕 중요한 것은
얼마나 많은 일을 했느냐가 아니라
당신의 가족과 사랑하는 이들을 위하여
보낸 시간이 얼마나 되느냐는 것이다.

우리에게 정말 소중한 것, 정녕 중요한 것은
당신이 좋은 동네에 사느냐가 아니라 당신이
이웃사람들을 어떻게 대하느냐는 것이다.

이 시의 마지막은 당부로 끝난다. "오늘하루도 우리들에게 무엇이 소중하고 중요한 것인지 하나님이 주시는 지혜로 잘 감찰하셔서 소중한 하루가 되시기를. 샬롬." 중요한데 정작 잊고 있었던 것을 일깨워 주는 시이다. 주님은 계층을 초월하셨고, 자기의 모든 것을 내어 주지 않으셨던가.

이 글을 읽으니 새삼 예수님의 말씀이 생각난다. "새 계명을 너희에게 주노니 서로 사랑하라. 내가 너희를 사랑한 것같이 너희도 서로 사랑하라."(요13:34) "삼가 이 소자 중에 하나도 업신여기지 말라. 너희에게 말하노니 저희 천사들이 하늘에서 하늘에 계신 내 아버지의 얼굴을 항상 뵈옵느니라."(마18:10) 바울도 말한다. "형제자매를 사랑하는 것에 대해서는 쓸 말이 없습니다. 왜냐하면 하나님께서 이미 여러분에게 서로 사랑하라고 가르쳐 주셨으며"(살전4:9, 쉬운성경) 이제 우리에게 남은 것은 실천이다. 오늘 하루 한 가지씩이라도 조금씩.

68. 봉사를 더 의미 있게 하려면

이웃에 대한 관심이 높아지면서 우리 사회에 자원봉사에 관한 인식과 활동이 크게 달라지고 있다. 기업에서는 사원들로 하여금 자원봉사에 참여하도록 권장하고 있고, 일부기업에서는 아예 신세대신입사원교육 때 사회봉사의 현장에 투입하기도 한다. 미국인들은 다양하게 참여하고 봉사활동이 생활화되어 있다. 청년들은 아메리코(Americorps) 등 여러 단체 활동에 참여한다.

각국에서 여러 모양으로 이웃을 찾아 나선 모습들이 아름답다. 이들을 보면서 세상은 그래도 살 만한 가치가 있다고 여겨진다. 예수님은 세상에 가난한 자를 두겠다고 하셨는데, 이젠 그 이유를 알 것 같다. 모두가 서로 사랑하고 사랑받는 존재가 되기 위함이 아니겠는가.

봉사자가 늘어 가면서 여러 문제점도 드러난다. 현장을 들여다보면 종종 태도와 마음가짐에서 문제가 생기는 것을 볼 수 있다. 상당 부분은 봉사자의 우월적인 태도와 시혜적인 마음가짐이다. 가난할수록, 도움을 받을수록 비교의식이 크고 자존심이 강하다는 사실을 잊는다. 그래서 더 문제가 된다.

자원봉사에서 중요한 것은 차별하지 않는 마음이다. 내가 잘나서 돕는 식의 교만한 자세가 아니라 비록 나의 적은 것일지라도 있는 것을 사랑으로 함께 나누는 것이다. 교회는 기본적으로 차별이 없는 믿음의 집단이다. 교회 안에 차별이 있다면 그곳은 이미 교회가 아니다. 목사라고 장로와 다르지 않고 장로라 해서 평신도와 다르지 않다. 장애자든 비장애자든 하나님 앞에서는 모두 같다. 마찬가지로 우리도 우리의 이웃들에 대해서 평등한 사랑을 나누어 주어야 한다.

선한 사마리아인 비유에서 초점은 강도 만난 자를 불쌍히 여긴 데 있다. 불쌍히 여김은 영어로 컴패션(compassion)이다. 컴패션은 '함께'를 의미하는 com과 열정, 고난을 의미하는 passion을 합한 말이다. 고난을 함께 나누는 것이다. 컴패션은 사랑실천의 전제조건이다.

이 단어를 우리말로 옮길 때 약간 뉘앙스가 다른 것이 문제이다. 우리말로는 측은히 여김, 또는 불쌍히 여김이라고 말하는데 우리말 속에는 상대보다 우월한 입장에서 불쌍히 여기는 느낌을 담고 있다. 봉사자가 빠지는 가장 큰 위험은 나와 당신은 다르다는 차별의식과 우월의식이다.

컴패션은 상대보다 우월한 입장에 서는 것이 아니라 인격 대 인격으로 서로 대하는 것을 의미한다. 내가 그의 입장이 되는 것이다. 나는 강도 만난 사람이 아니다가 아니라 내가 지금 강도 만난 당사자라 생각하고 자원해서 강도 만난 사람의 처지로 들어가 그가 지금 필요로 하는 것이 무엇인가를 생각하고 그 필요를 채우는 것이다.

봉사자는 상대보다 결코 우월적 지위에 있지 않다. 나는 지금 그 사람이 서 있는 위치에 있고, 거기서부터 그가 필요한 것을 하나씩 하나씩 조심스럽게 행동으로 옮긴다. 우월의식을 벗어나야 진정한 봉사자가 될 수 있다. 사마리아인의 비유를 말씀하신 주님은 끝에 "너희도 이와 같이 하라."고 하셨다. 이런 컴패션을 가지고, 그것을 실천하라는 말씀이다.

흔히 봉사자를 섬김이라 부른다. 섬긴다는 것은 상대를 주인으로, 자신은 종의 입장에 서겠다는 것인데 그렇다면 섬김이나 봉사자는 언제나 낮은 자세로 일에 임해야 하지 않을까 싶다. 그렇다고 봉사를 받는 쪽이 봉사자를 마구 부리려는 것도 잘못된 것이다. 서로 존경하고 존중받는 자세가 유지되어야 한다.

봉사자는 흔히 봉사 결과에 신경을 쓴다. 감사할 줄 모른다며 기분 나빠 하고, 결과가 나쁘면 실망하기도 한다. 하지만 봉사자가 가져야 할 태도는 그저 주는 것이다. 오스카 와일드는 자신의 책 『제2의 예수』를 썼다. 주님이 다시 오셔서 제2의 인생을 사실 때 어떤 생각을 하실까라는 내용이다. 예를 들어 과거 눈먼 장님이었다가 주님의 권능으로 눈을 뜨게 된 장님이 지금 와서 보니 조폭의 삶을 살고 있었다는 것이다. 창녀는 다시 창녀로 돌아가 있었다.

우리 같으면 장님을 눈 뜨게 해 문제인물이 되었고, 창녀는 다시 창녀로 더 악해졌으니 괜히 그러셨다고 지레 말하려 할 것이다. 우리가 남을 도우면서 다음에 어떻게 될까 묻지 말자. 오직 하나님의 영광만 생각하며 돕자. 죽었던 베다니 나사로를 살려 낸 주님, 그 주님이 십자가에서 모진 고통을 당했을 때 그는 뭘 하고 있었는가? 왜 그 현장에 나오지 않았는가? 욕하지 말자. 그저 하나님의 영광만 생각하자.

미국의 최초 고등학교인 필립스 아카데미의 교훈은 '논 시비(non sibi)', 곧 '나 자신을 위해 살지 않는다(not for self)'는 것이다. 이 학교는 위대한 지도자, 부자, 권력자들을 많이 배출했다. 그 학교는 이런 사람이 되라고 가르치지 않는다. 오히려 지역과 국가, 그리고 세계를 위해 헌신하기 위해 공부하고 일하여 하나님의 나라를 이 땅에 임하도록 가르친다. 논 시비의 정신을 배운 학생들은 커서 그처럼 위대한 사람들이 된 것이다.

하나님이 나를 봉사자로 부르신 것에 감사하자. 우리가 섬김의 삶을 사는 것은 주님이 우리를 부르시고 새로운 소명을 부여하신 것이다. 부름받는 시간은 삶의 방식이 완전히 달라진다. 지금까지는 우리는 받기에만 익숙하지 않았던가. 그런 내가 주 안에서 변화된 것이다. 주님은 지금도 주님의 일에 동참할 일꾼을 부르신다. 화평을 이루는 일꾼을 부르신다.

내가 봉사자가 되었다는 것은 영혼의 깊은 잠에서 깨어났음을 의미한다. 사망의 잠에서 깨어나 생명의 삶으로 나가는 것이다. 사치·쾌락·증오·미움·거짓·불의·방종에서 벗어나 빛의 세계로 들어가 있음을 기뻐하라.

봉사자라고 완전하지 않다. 주님은 바람직한 봉사자가 되는 그 순간까지 우리를 계속 다듬으실 것이다. 봉사의 과정에서 잘못을 회개하게 되고, 항로를 수정해 주님께로 나아가게 될 것이다. 그러므로 내가 하나님이 원하시는 자리에 서 있는지, 하나님이 기뻐하시는 방법으로 일을 하는지 돌아보자. 바르다면 하나님은 그 일을 반드시 이루실 것이다.

오늘도 내 주변에서 주님이 하시고자 하는 일이 무엇인지 살피고, 주님을 따라가자. 그것이 큰일이 아니고 작은 일이어도 좋다. 주님은 큰일만 기뻐하시는 것이 아니다. 오히려 소자에게 한 일을 기억하신다. 아니 일할 마음만 가져도 감동하신다. 많이 달라졌네. 주님의 얼굴에서 미소를 잃지 않게 하자.

69. 티와 들보

예수님의 산상수훈에 티와 들보에 관한 말씀이 나온다. 티는 speck 으로 작은 반점, 얼룩, 흠, 오점, 작은 조각, 미량을 나타낼 때 사용한다. 들보는 plank로 널빤지, 두꺼운 판자를 일컫는다. 토목에서는 두께가 8㎝ 미만이고 폭이 두께의 3배 이상인 널빤지를 들보라 한다. 건물을 지을 때 천정이나 바닥에 대는 지지대(joist)를 우리는 들보라 한다. 티와 들보의 차이는 마치 작은 조각과 대들보니 비교가 되지 않는다.

이것은 비판에 대한 주님의 말씀으로부터 시작된다. "비판을 받지 아니하려거든 비판하지 말라."(마7:1) 이 말씀은 남을 심판하지(judge) 말라는 것이다. 마치 자신이 재판관이 된 것처럼 남을 재단하려 드는 것에 대해 제동을 건 것이다. 그렇다고 주님이 건전한 비판(criticize) 행위에 대해서까지 막은 것은 아닐 것이다. 예는 예고, 아닌 것은 아니라 말하는 것이 건전한 비판에 해당되기 때문이다. 우리말 성경은 그저 "비판하지 말라."는 말로 소개되어 있어서 해석에 관한 한 조심스런 접근이 필요하다.

예수님은 "너희의 비판하는 그 비판으로 너희가 비판을 받을 것이요 너희의 헤아리는 그 헤아림으로 너희가 헤아림을 받을 것이니라."(마7:2) 하셨다. 그 비판이 다시 부메랑이 되어 돌아올 것이란 말씀이다. 사람이 완전하지 못하기 때문에 언제든 실수할 수 있다. 실수하면 그도 결국 도마 위에 오르게 되어 있다. 그때 너도 똑같이 비판을 받게 된다.

마태복음 7장 3절에서 5절에 티와 들보가 등장한다. "어찌하여 형제의 눈 속에 있는 티는 보고 네 눈 속에 있는 들보는 깨닫지 못하느냐."(3절) "보라 네 눈 속에 들보가 있는데 어찌하여 형제에게 말하기를 나로 네 눈 속에 있는 티를 빼게 하라 하겠느냐."(4절)

이 말씀 속에 두 사람이 등장한다. 눈 속에 티가 있는 사람과 들보가 있는 사람이다. 문제는 눈 속에 들보가 있는 사람이다. 자기 속에 영적으로 문제가 아주 많은 사람이 문제가 아주 적은 사람을 향해 문제를 삼은 것이다. 들보가 있는 사람은 자기 안에 어떤 문제가 있는지 알지 못한다. 아예 자기는 아무 문제가 없는 것처럼 행동한다. 그래서 아주 작은 문제를 가진 사람을 향해 그 눈 속의 티를 빼 주겠다고 말한다. 모든 것을 아시는 하나님 보시기에 얼마나 가소로운 일일까. 그럼에도 우리는 자주 그런 행동을 한다. 아주 스스럼없이.

"나로 네 눈의 티를 빼게 하라." 말하는 사람은 자기 눈 속의 들보를 보지 못하고 남의 티만 보는 사람이다. 이 말씀에 비추어 보면 네 종류의 상황을 설정할 수 있다.

첫째 상황은 자기 눈 속에 문제가 있다는 것을 자기도 알지 못하고 상대도 알지 못하는 것이다. 이 상황은 둘 다 영적으로 봉사이기 때문에 문제가 크다.

둘째 상황은 자기는 알지만 남은 모르는 상황이다. 이런 경우 남이 알까 봐 전전긍긍하며 자신의 문제점을 감추기에 바쁠 수 있다.

셋째 상황은 남은 알지만 자기는 모르는 상황이다. 자기 눈 속에 들보를 가진 자가 오히려 남을 향해 "나로 네 눈의 티를 빼게 하라."는 경우는 이 상황에 매우 가깝다. 자기 자신을 알지 못하고 행동하는 것은 어리석은 짓이리라.

넷째 상황은 문제점에 대해 나도 알고 남도 아는 상황이다. 이런 경우 서로 남을 비판하기 어렵다. 자신도 그런 문제를 가지고 있다는 사실을 너무도 잘 알고 있기 때문이다. 서로 비판하기보다 이 문제를 현명하게 풀어 갈 방도를 놓고 고민할 것이다.

예수님이 설정한 상황은 우리에게 의미를 주기에 아주 적절하다. 나아가 이 말씀은 외식하는 바리새인들을 겨냥한 것으로 보인다. 5절의 말씀이 그것을 입증한다. "외식하는 자여 먼저 네 눈 속에서 들보를 빼어라. 그 후에야 밝히 보고 형제의 눈 속에서 티를 빼리라." 자신은 아무 문제가 없다고 생각하며 남을 질타하는 그들, 그들이 바로 우리다.

형제를 판단할 만큼 자격이 있는 사람은 아무도 없다. 자격이 있는 분은 오직 주님뿐이다. 그분만이 모든 진실을 아시기 때문이다. 진실을 다 알지 못하는 우리가 이러쿵저러쿵 판단하는 것은 얼마나 가소로운 일인가. 주님은 남을 판단하기보다 오히려 자신의 허물 많음을 깨닫고 서로 이해하고 돌아보라 하신다. 남을 욕하기에 앞서 이해하고 배려하면, 오히려 자신을 쳐 복종하면 그 속에서 천국을 이룰 수 있다. 산상수훈의 초점은 '어떻게 하면 이 땅에서 하나님 나라를 이룰 수 있겠는가'에 있다. 당신은 오늘도 그 나라의 삶을 사는가?

70. 예수님의 인권선언

　마가복음 2장 23절에서 28절에 예수님이 밀밭 사이를 지나갈 때 제자들이 길을 트며 밀 이삭을 자른 사건이 소개된다. 이 사건을 본 바리새인들이 예수님께 항의하는 말투로 입을 열었다. "보시오 저희가 어찌하여 안식일에 하지 못할 일을 하나이까?" 그때 예수님은 다윗이 자기 사람들과 함께 사울을 피해 도망 다닐 때 이야기를 꺼내셨다. 제사장은 그들에게 제사장 외에는 먹지 못하는 진설병을 주었고, 다윗은 그것을 자기 사람들과 함께 나누어 먹었다. 이 대답으로 미루어 제자들이 시장하여 밀 이삭을 먹었던 것으로 보인다. 마가복음에는 그것을 먹었다는 말씀은 없지만 마태복음과 누가복음에는 비벼 먹은 것으로 기록되어 있다.(마12:1; 눅6:1)

　바리새인들은 안식일에 그 같은 일을 한 것에 대해 규례를 어겼다고 지적했고, 주님은 진설병 이야기를 꺼내 너희들이 존경해 마지않는 다윗도 규례에 어긋나는 일을 하지 않았느냐 말씀하셨다. 경우에 따라서는 안식일 법을 위반하는 것도 허용된다는 말씀이다. 안식일을 만드신 분도 주님이신데 그 주님을 향해 사람이 무엇을 따지겠는가. 주님의 입장에서 보면 바리새인의 질문이 너무 당돌하다.

　예수님은 이어 아주 중요한 말씀을 하셨다. "안식일은 사람을 위하여 있는 것이요 사람이 안식일을 위하여 있는 것이 아니니." 이 말씀은 예수님의 중요한 인권선언이다. 사람에게 해를 입히면서까지 안식일 법을 적용하는 것은 하나님의 뜻에 어긋난다. 안식일은 사람을 위해 있는 것이지 사람이 안식일을 위해 있는 것이 아니다. 어떤 법이든 체제든 사람을 위해 있다. 그 법이나 체제가 사람의 사람됨을 막아서는 안 된다. 인권을 유린하는 법은 인간을 위한 것이 아니다.

예수님의 인권선언은 누가복음 15장에서 보다 실제화된다. 한 마리 잃어버린 양에 대한 주님의 지극한 관심이다. 잃은 양 한 마리쯤이야 어떻게 되든 상관하지 않는다면 목자가 아니다. 목자는 잃은 양을 찾아 나섰고, 그 양을 찾은 기쁨을 친구들과 함께한다. 죄인 한 사람에 대한 주님의 관심이 얼마나 크신가를 보여 주는 비유다.

이 비유의 말씀은 소외된 한 마리의 양쯤이야 하는 우리의 일반적인 인식을 깨뜨린다. 신학교에 다닐 때 교수님들은 교회에서 가장 말썽 피우는 교인들을 선생으로 모시라고 가르친다. 그러나 목회현장에서 그렇게 하는 목회자를 찾아보기 어렵다. 오히려 목회자가 그들을 피하거나 따돌려 스스로 나가게 하는 쪽이 많다. 잃은 양을 찾는 것이 아니라 적극적으로 기피 내지 포기하는 것이다. 목회를 쉽게 하려는 인간적 욕망이 작용한 것이다. 하지만 그렇게 목회하라고 주님은 가르치시지 않았다. 인권적 측면에서 볼 때 개인을 포기하거나 유린하는 것은 스스로 하나님 앞에 죄를 범하는 것이다.

예수님의 목회는 누림이 아니라 섬김이다. 예수님의 공생애를 한 마디로 표현한다면 그것은 죄인과 세리의 친구 되신 예수이시다. 그는 인권을 유린당한 자의 편에 서셨고, 인간을 정죄하는 자와 대결하셨다. 병과 죄로 공민권을 상실한 사람을 도왔다. 유린당하는 자와 더불어 살고 식탁을 같이했다. 인간적으로 볼 때 남이 관심을 주지 않는 사람, 사랑할 수 없는 사람을 사랑했다. 주님은 그들 사이에 나와 너라는 간격을 두지 않았다. 구속하는 체제와 구조에 맞섰고, 그 세력을 질타했다. 그리고 주리고 목마른 자, 갇힌 자, 병든 자, 헐벗은 자와 일치하는 삶을 사셨다. 아이를 귀한 존재로 보게 하고, 여성을 보호하도록 하셨다. 그의 섬김은 인권 섬김이다.

2천 년 전의 인권상황은 지금보다 훨씬 나빴다. 그렇다고 지금의 인권상황에 문제가 없는 것은 아니다. 오히려 더 교묘해지고 악랄해졌다. 노예가 없는 시대에 노예문서가 있고, 그 때문에 스스로 생명을 끊는 비극도 일어난다. 사람답게 살지 못하게 만든 세상을 비관하며 이 땅을 떠난 사람들에게 누가 돌을 던질 것인가. 이젠 서로가 서로를 용서하고 존중하는 사회, 아픈 자의 가슴을 먼저 이해하고 위로하는 사회, 그 아픔이 남의 것이 아니라 나의 아픔이 되는 사회, 그래서 하늘에 기쁨이 쌓이고 주님이 진정 기뻐하시는 사회, 이런 사회를 만들어 가야 한다.

71. 율법의 해방자, 예수 그리스도

율법 자체로는 죄의 힘으로부터 해방시킬 수 없다. 율법은 의로운 것을 요구한다. "그 법이 거룩하며 의로우며 선하도다."(롬7:12) 율법

은 우리가 그것을 달성할 힘을 마련해 주지 못한다. 오직 하나님만
이 하신다. "율법이 육신으로 말미암아 연약하여 할 수 없는 그것을
하나님은 하시나니"(롬8:3)

율법은 인간을 구원하는 것이 아니라 인간으로 하여금 죄를 깨닫
게 한다. "율법의 행위로 그 앞에 의롭다 하심을 얻을 육체가 없나
니 율법으로는 죄를 깨달음이라."(롬3:20) "율법이 말하는 바는 율법
아래 있는 자들에게 말하는 것이니 이는 모든 입을 막고 온 세상으
로 하나님의 심판 아래 있게 하려 함이니라."(롬3:19) 인간의 자만을
꺾고 주 앞에 복종케 한다. 율법은 완전한 순종을 요구한다.

"누구든지 온 율법을 지키다가 그 하나에 거치면 모두 범한 자가
되나니"(약2:10) 하나님의 완전한 의에 비해 인간의 의는 헌 누더기
와 같다. 이 법을 지키기에 인간은 너무나 무능하다. 조문 하나 범
함으로써 그 순간 죄인이 되어 저주 아래 있게 되면 이를 통한 영
혼 구제는 불가능하다. "무릇 율법 행위에 속한 자들은 저주 아래
있나니 기록된바 누구든지 율법 책에 기록된 대로 온갖 일을 항상
행하지 아니하는 자는 저주 아래 있는 자라."(갈3:10) 율법 행위에
대해 인간은 한계가 있을 수밖에 없다. 그래서 베드로는 예루살렘
총회에서 말한다. "너희가 어찌하여 하나님을 시험하여 우리 조상과
우리도 능히 메지 못하던 멍에를 제자들의 목에 두려느냐."(행15:10)
그리스도 제자들은 율법에 의해 다시 속박받지 않고 성령으로 인도
된 새로운 자유를 구가하는 사람들이다.

율법은 우리를 그리스도에게 이끄는 몽학선생이다. "율법이 우리
를 그리스도에게로 인도하는 몽학선생이 되어 우리로 하여금 믿음으

로 말미암아 의롭다 함을 얻게 하려 함이라."(갈3:24) 율법은 하나님
께로 가는 길은 아니나 우리의 구원을 위해 다른 길, 곧 그리스도를
찾아보도록 만들어 준다. 율법의 유효기간은 그리스도 오시기까지이
다. 그 율법은 약속하신 자손, 곧 그리스도의 오시기까지만(갈3:19)
유효한 임시규약과 같다.

율법은 그림자지 참형상이 아니다. "율법은 장차 오는 좋은 일의
그림자요 참형상이 아니므로 해마다 늘 드리는 바 같은 제사로는 나
아오는 자들을 언제든지 온전케 할 수 없느니라."(히10:1) 소나 염소
의 피가 죄를 없이 하지 못하므로 해마다 제사를 드렸다. 그러나 그
리스도의 피는 다르다. "오직 그리스도는 죄를 위하여 한 영원한 제
사를 드리시고"(히10:12) "저가 한 제물로 거룩하게 된 자들을 영원
히 온전케 하셨느니라."(히10:14)

그러나 주님은 율법을 폐하러 온 것이 아니라 완전케 하려 함이
다. "천지가 없어지기 전에는 율법의 일점일획이라도 반드시 없어지
지 아니하고 다 이루리라. 이 계명 중 지극히 작은 것 하나라도 버
리고 가르치는 자는 천국에서 작은 자요 이를 행하며 가르치는 자는
천국에서 큰 자라. 너희 의가 서기관과 바리새인보다 더 낫지 아니
하면 결단코 천국에 들어가지 못하리라."(마5:17 이하) 주님의 말씀
이다. 율법은 하나님이 만드신 것이기 때문이다.

야고보도 말한다. "자유하게 하는 온전한 율법을 들여다보고 있는
자는 듣고 잊어버리는 자가 아니요 실행하는 자니 이 사람이 그 행
하는 일에 복을 받으리라."(약1:25) "너희는 자유의 율법대로 심판받
을 자처럼 말도 하고 행하라."(약2:12)

주님은 우리를 율법으로부터 해방시키셨다. 그렇다고 그 율법이 무효화된 것은 아니다. 하나님이 말씀하시고 정하신 것은 지켜야 할 책임이 있기 때문이다. 늘 우리 자신을 다스려 나가야 할 이유가 여기에 있다.

72. 그 사람

예언도 시대별로 다를까? 답은 '예'이기도 하고 '아니오'이기도 하다. '예'인 것은 시대별로 특색이 있기 때문이고, '아니오'인 것은 예언의 초점이 기본적으로 한 인물에 집중되어 있기 때문이다. 그 사람이 바로 우리의 메시야, 예수 그리스도이시다. 시대는 다르지만 예수의 오심을 줄기차게 예언해 왔다는 점에서 우리를 향한 하나님의 사랑이 얼마나 긴 역사를 가지고 있는가를 알 수 있다.

예언자의 측면에서 볼 때 이스라엘은 선견자 시대, 하나님의 사람 시대, 선지자 시대, 그리고 사도시대로 구분된다. 모세는 예언자의 조상으로 신구약 전체의 서론을 장식한다.

선견자 시대의 대표적인 인물은 사무엘이다. 룻에서 다윗까지를 거치며 그는 만왕의 왕이 다윗의 계통을 이으리라는 하나님의 말씀에 충실해 그 계통을 확고하게 세운 인물이다.

당시엔 예언의 초기 형태들도 나타났다. 예를 들어 점을 쳐 잃은 나귀를 찾게 하는 것이나 길을 가다가 선지자 무리를 만날 것이고 그들이 떡을 줄 것이라는 사사로운 예언에서부터 죽은 사무엘을 엔돌의 여인이 접신술로 나타나게 하는 것까지 자세히 살펴보면 상당히 샤머니즘적 구석이 보인다.

제사장도 예외가 아니다. 이스라엘 열두 지파를 상징하는 보석을 굴리고, 사람이 하나님의 뜻을 물으러 오면 판결 흉패를 앞뒤로 굴리며 '이다', '아니다'를 판단해 주었다. 현대적인 관점에서 볼 때 이런 모습은 샤머니즘이 아닐까 의아해할 수 있다. 그러나 성경은 초기 예언의 여러 모습들을 그대로 드러내면서 다윗의 위를 통해 메시야가 올 것을 가르쳐 주고 있다. 여러 예언의 모습들이 있지만 가장 중심이 되는 것은 그리스도가 그 위를 통해 오시리라는 말씀이다. 이 예언이 뼈대를 이루고 있다는 점에서 말씀의 중심은 언제나 흐트러지지 않는다는 것을 알 수 있다.

하나님의 사람 시대는 솔로몬 시대로부터 엘리야와 엘리사까지 포함한다. 이들은 이적을 통하여 하나님이 이스라엘의 하나님 되심을 보여 주며 기우는 조국의 운명을 지탱해 주었다. 당시에도 물론 점이 있었다.(왕하1:4, 4:16, 6:12) 하지만 이보다는 이적을 통해 하나님의 살아 계심과 그 능력을 드러내 보이셨다. 왕들이 나라를 다스리고 있기는 하지만 영원한 통치자는 하나님이심을 능력으로 보여 주신 것이다. 혼란한 역사적 과정에서도 다윗의 위는 강하게 이어지고, 남은 자를 통해 역사는 계속되었다.

선지자 시대는 이사야로부터 말라기까지의 시대이다. 무엇보다 오실 메시야에 대한 기록이 많다. 물론 당시에도 사사로운 예언과 이적이 있었다. 그러나 예언은 점차 말씀으로 정돈되고, 이적과 예언도 그 말씀 안에서 이뤄진다. 예언도 말씀에 근거해야 한다는 것을 보여 준 것이다. 오실 메시야도 말씀에 근거한다.

사도시대는 구약 예언의 초점인 '그 사람'이 바로 예수님이심을 증명하였다. 이런 의미에서 신약은 구약의 완성이다. 스데반은 공회에서 당당히 외친다. "너희 조상들은 선지자 중에 누구를 핍박치 아니하였느냐. 의인이 오시리라 예고한 자들을 저희가 죽였고 이제 너희는 그 의인을 잡아 준 자요 살인자가 되나니."(행7:52) 저들이 죽인 그 의인이 바로 구약에서 선지자들이 그토록 오시리라 한 메시야이시다. 우리를 위해 십자가에 죽으신 그 사람이 바로 예수 그리스도라는 것이다. 죽음 앞에서도 당당한 이 스데반의 믿음이 주님을 서게 만들었다.(행7:55, 56) 주님이 감동하신 것이다.

하나님께서 아브라함을 자기 고향 땅에서 불러 가나안으로 인도하신 것은 죄로 부패해진 우리를 구속하시기 위한 시작이었다. 하나님은 자신의 때에 그를 부르시며 그 자손들이 창공의 별처럼, 바다의 모래처럼 많게 하겠다 하셨다. 하나님은 여러 선지자들을 통해 구속자 그 사람을 보낼 것을 약속하셨고, 그 약속을 전하게 하셨다. 그 사람은 다름 아닌 하나님 자신이시다. 그분이 우리를 위해 십자가에 달리신 것이다.

이 아버지는 탕자를 둔 아버지이다. 탕자는 다른 사람이 아니라 곧 우리다. 그 사랑을 피해 달아났기 때문이다. 아니 자기 몫만 챙겨 달아났던 우리다. 하지만 오늘도 이 아버지는 돌아온 탕자를 깊은 사랑으로 안으신다. 십자가의 피로 모든 것을 용서하시고, 자신의 품 안으로 감싸 안으신다.

신구약의 모든 예언은 이 주님의 사랑을 전하고 있다. 그분은 우리를 결코 버리지 않으신다. 세상에 아무리 믿을 사람이 없다 해도 우리가 마지막으로 믿어야 할 그 사람, 그 사람이 바로 예수 그리스도이시다. 그분이 바로 우리 하나님 아버지이시다.

73. 당신이 달라지면 세상이 감격한다

주말을 이용해 서울 근교에 있는 청계산에 올라갔을 때의 일이다. 참 오랜만에 산에 올랐다. 가기 전엔 많이 망설였다. 갈까 말까? 그래도 계절을 느끼고 싶어 잠시 짬을 냈다.

산에 오르다 꼬부랑 할머니를 만났다. 그분은 허리를 펴지 못할 정도로 구부정해서 산을 올랐다. 할머니와 동행한 것은 그분의 애완견이었다. 키는 아주 작았지만 나이는 꽤 들어 보이는 엄마 개였다. 그래도 계단은 잘도 뛰어올랐다. 늙은 소와 할아버지의 관계를 잘 비교해 놓은 워낭소리가 인기인데, 그 할머니와 그 개 사이도 무슨 관계가 있음직하다.

정상을 정복한 뒤 내려오다 쉼터에서 다시 그 할머니와 개를 만났다. 놀란 것은 나였다. 그 구부정하던 할머니가 꼿꼿한 자세로 홀

라후프를 멋지게 돌리고 있는 것이 아닌가. 두 손을 허리에 짚고, '너희들 나를 보라'는 듯. 정말 놀랐다. 개도 '왜 놀래?' 하는 듯 할머니 주변에서 기분 좋게 놀고 있었다.

그때 깨달았다. 나이 드신 할머니라고, 구부정한 할머니라고 그저 내 생각으로 판단해서는 안 된다는 것을. 나는 지금도 할머니의 당당한 모습을 보며 세상을 거꾸로 볼 필요가 있다는 것을 깨달았다. 세상에는 신기한 것이 많다.

이 조그마한 사건은 나로 하여금 많은 생각을 하게 했다. 그리고 우리의 신앙생활에서도 남이 놀랄 만큼 영적으로 달라진 모습의 삶을 보여 주는 것도 매우 의미 있어 보였다. 세상도 놀라고, 하나님도 놀랄 모습, 생각만 해도 짜릿하다.

흑인 노예 가운데 아주 못된 사람이 있었다. 그는 결국 노예시장에 팔려 나왔다. 당시 노예 값에는 건강, 미모뿐 아니라 주인에게 얼마나 순종하는가가 값을 매기는 기준이 되었다. 시장에서 그의 행패가 심해지자 사람들이 그를 해치려 했다. 한 목사가 손으로 막아 그를 살려 주었다. 목사의 손에는 피가 흐르고 있었다.

그러자 이 흑인이 엎드려 간구했다. 그리고 노예생활을 할 바에 이왕이면 목사님 집에서 하겠노라고 했다. 다시는 고집을 피우거나 말썽을 피우지 않겠노라 약속했다. 하지만 목사의 집에 와서도 이따금 고집을 부리고 말썽을 피우곤 했다. 그때마다 목사는 아무 말도 하지 않고 다친 손을 그에게 보여 주었다. 그 손을 볼 때마다 흑인은 곧장 다소곳해졌다. 놀라운 변화다. 신앙생활을 한다지만 우리도 종종 말썽을 부리곤 한다. 주님, 그땐 당신의 손을 보여 주세요.

성경에서 놀랍게 변화한 인물이 누구일까? 맨 먼저 바울을 꼽을 것이다. 그렇다면 바울은 누구를 꼽을까. 아마도 오네시모 아닐까. 그는 주인인 빌레몬의 집에서 도망쳐 나온 인물이다. 당시 종은 집안의 재산과 같다. 생사권과 소유권을 주인이 갖는다. 도망쳐 나온 자가 잡힐 경우 그 결과가 어떻게 될 것인가는 명확하다. 최악의 경우 죽임을 당할 수 있다.

그러나 오네시모는 바울을 만나 변화했다. 복음을 듣고 그리스도를 영접했다. 그리고 주의 종이 되기로 결심했다. 나이 많은 바울, 옥중에 있는 바울을 위해 충성 봉사했다. 완전히 달라진 것이다.

바울은 그가 빌레몬의 종이었음을 알고 그에게 간절한 편지를 써 그를 용서해 주라 했다. 그것이 빌레몬서이다. 바울이 감격하지 않았으면 그런 편지를 썼을 리 없다. 바울은 편지에서 말한다.

"갇힌 중에서 낳은 아들 오네시모를 위하여 네게 간구하노라. 저가 전에는 네게 무익하였으나 이제는 나와 네게 유익하므로 네게 저를 돌려보내노니 저는 내 심복이라. 저를 내게 머물러 두어 내 복음을 위하여 갇힌 중에서 네 대신 나를 섬기게 하고자 하나 다만 네 승낙이 없이는 내가 아무것도 하기를 원치 아니하노니 이는 너의 선한 일이 억지같이 되지 아니하고 자의로 되게 하려 함이로라."(몬 1:10~14) 바울이 그를 다시 쓰고 싶으니 허락해 달라는 말이다.

오네시모라는 이름은 원래 '쓸모 있는, 유용한'이란 뜻을 가지고 있다. 그런데 그런 그가 도망자가 됨으로써 무익한 자가 되었다. 하지만 이젠 그리스도 안에서 새사람이 되었고, 복음을 위해 바울뿐 아니라 빌레몬에게도 유익한 자로 변했다.

바울은 편지에서 말한다. "오 형제여! 나로 주 안에서 너를 인하여 기쁨을 얻게 하고 내 마음이 그리스도 안에서 평안하게 하라." (몬1:20) 오네시모를 얼마나 필요로 했으면 이 말을 했을까. 오네시모가 바울을 놀라게 했다면 빌레몬도 놀라지 않았을까. 영적으로 달라진 당신의 모습을 보여 주라. 그러면 세상이 놀랄 것이다. 우리 모두가 감격할 것이다.

74. 나이아가라의 새

총신대 김정우 교수에 따르면 나이아가라에는 쏟아져 내리는 폭포수를 뚫고 둥지를 틀며 사는 새가 있다 한다. 사람도 접근하기 어려운 폭포수를 유유히 오가는 이 새. 그러나 이 새에게도 위험이 있다. 날씨가 추워지면 날개에 끼어 있는 얼음을 떼어 내고 도전해야 하는데 그냥 시도할 경우 그만 날개가 얼음으로 뭉쳐 폭포수를 뚫지 못하고 떨어져 죽게 된다.

우리의 신앙생활도 마찬가지이다. 나의 힘으로 그 삶의 무게를 이기지 못하지만 우리가 그리스도 안에 있을 때 폭포수를 뚫을 수 있다. 그러나 우리도 늘 조심해야 한다. 내 안에 나를 날지 못하게 하는 얼음조각이 있는지 살펴보고 날마다 순간마다 그것을 제거해야 한다. 그리스도인은 주님과 온전히 연합해야 살 수 있다.

무엇이 지금 나에게 있는 얼음조각일까? 그것은 주님이 아니라 세상을 향하려는 나의 마음이 아닐까? 그것들이 내 날개 구석구석에 조각조각으로 남아 있기 때문이다. 그래서 대부분의 종교는 인간의 탐심을 경계한다. 고승열전 가운데 일연은 이런 말을 한다.

"세상에 가장 고약한 도둑은 자기 몸 안에 있는 6가지 도둑이다. 눈 도둑은 보이는 것마다 가지려 성화를 낸다. 귀 도둑은 그저 듣기 좋은 소리만 들으려 한다. 콧구멍 도둑은 좋은 냄새만 맡으려 한다. 혓바닥 도둑은 온갖 거짓말에다 맛난 것만 먹으려 한다. 몸뚱이 도둑은 훔치고 못된 짓만 골라 하는 제일 큰 도둑이다. 생각 도둑은 '이 놈은 싫다' '저 놈은 없애야 한다' 혼자 화내며 떠들며 난리를 친다. 복을 받기 바란다면 우선 이 6가지 도둑부터 잡아야 한다."

하나님의 말씀은 아주 단호하다. "삼가 모든 탐심을 물리치라."(눅 12:15) "탐욕은 그 이름이라도 부르지 말라."(엡5:3) 왜 탐심, 탐욕을 거부하실까? 그것은 그것들에 대한 비중이 커지면 커질수록 내 안에 하나님이 차지하는 비중이 낮아지기 때문이다. 이것이 바로 탐심에 대해 기독교의 가르침이 다른 종교와 다른 점이다.

세상 것에 대해 우리 시선이 자꾸 쏠리는 이유가 있다. 달고 매력적이기 때문이다. 매력이 큰 만큼 그것을 가지지 못하면 불평을 하게 만든다. 탐욕은 감사를 마비시킨다. 탐욕은 감사하지 못하게 하고 자꾸만 욕심을 내게 한다. 루빈의 만화에서 노아의 방주에서 나오는 코끼리는 이렇게 말한다. "젠장 계속 비만 내렸어. 이번 여행은 형편없는 여행이야." 이것은 탐욕에서 나온 불만이다. 방주가 구원여행이었음을 알았다면, 그를 향한 하나님 아버지의 사랑을 알았다면 불평하지 않았을 것이다.

탕자의 비유에서 탕자는 아버지를 향해 그저 유산을 달라고 한다. 맡겨 놓은 것도 아닌데. 그의 눈에 아버지는 보이지 않는다. 오직 아버지가 가지고 있는 재산만 들어온다. 지금 자기에게 필요한 것은 아버지가 아니라 그 재물이기 때문이다. 아버지가 있어 마음대로 할 수 없고, 아버지의 눈이 있어 어찌할 수 없다. 그 재물만 있으면 아버지로부터 벗어나 자유를 누릴 수 있을 것 같은 착각에 빠진 것이다. 그러나 그는 결국 모든 것을 탕진하고 아버지에게 돌아온다. 그 아버지가 보고 싶어 돌아온다. 돌아온 아들에겐 더 이상 돈도 재물도 보이지 않는다. 오직 아버지가 좋다. 그래서 그 품에 안겨 한 없이 운다.

진짜 축복은 무엇인가? 그것은 재물이 아니라 아버지를 소유하는 것이다. 그런데 우리는 지금 탕자처럼 하나님의 손에 있는 축복에만 관심이 있지 않는가. 이제 우리는 연단될 필요가 있다. 세상욕심을 점점 줄이고 우리의 얼굴을 하나님을 향해 드는 것이다. 그래야 우리가 하나님을 닮아 거룩해질 수 있다.

무욕칙강(無欲則剛), 곧 욕심이 없으면 강하다는 말이 있다. 우리가 주님의 자녀로 강하게 자라기 위해서는 탐욕에 대한 자제력이 필요하다. 사자는 자기가 먹을 만큼만 사냥한다. 동물도 그만큼 자제력이 있다. 그런데 인간은 자제하지 못하고 '좀 더' 갖고자 한다. 좀 더 갖는 것이 나쁜 것은 아니지만 자제력을 잃고 그것에 몰두하는 것은 문제가 있다. 그래서 우리에게 제동장치가 필요하다. 적정선에서 자제할 줄 알아야 하는 것이다.

그리스도인이 자제할 수 있는 방법은 두 가지이다. 하나는 하나님의 말씀으로 자제하는 것이며, 다른 하나는 경건생활을 통해 자제하는 것이다. 십계명 중 10번째 계명은 우리의 탐심을 경고하고 있다. "네 이웃의 것을 탐내지 말라." 이것은 행동보다 우리의 잘못된 마음상태를 지적하고 있다. 행동으로 나아가기 전에 우리 마음을 다스려야 한다는 것이다. 우리는 거룩한 하나님의 사람들이다. 세상에 속한 사람들이 아니다. 그리스도인은 자기 배만 채우기 위해 돈을 쌓는 사람이 아니다.

나의 날개에 낀 얼음조각들을 털어 내기 위해 우리는 더 하나님 앞에 나가야 하고, 그 말씀으로 나를 일깨워야 한다. 세상의 말에 귀 기울이던 나로부터 벗어나야 한다. 이를 위해 필요한 것이 지속적인 연단(refine)이다.

하나님은 자기 자녀들을 연단하시기를 기뻐하신다. "그가 은을 연단하여 깨끗하게 하는 자 같이 앉아서 레위 자손을 깨끗하게 하되 금, 은같이 그들을 연단하리니 그들이 공의로운 제물을 나 여호와께 바칠 것이라."(말3:3) 바울도 디모데를 향해 연단할 것을 강조했다. "망령되고 허탄한 신화를 버리고 경건에 이르도록 네 자신을 연단하라."(딤전4:7)

연단은 불순물을 걸러 내고 더 순수한 금속을 만들어 내기 위한 방법이다. 연단과 관련된 원어로 세 가지가 있다. 히브리어 자카크(zaqaq)는 씻어 낸다는 뜻을, 헬라어 도키마조(dokimazo)는 금속 제련을, 헬라어 퓌로(pyroo)는 불을 통과한다는 뜻을 가지고 있다. 씻고 불을 통과하고 달구는 모든 과정을 통해 불순물이 빠지고 더 순

수해진다. 도가니는 은을, 풀무는 금을 연단하지만 하나님은 우리 마음을 연단하신다.(잠17:3)

연단의 과정은 결코 쉽지 않다. 처량해 보이기도 한다. 그러나 주님은 말씀하신다. "무릇 징계가 당시에는 즐거워 보이지 않고 슬퍼 보이나 후에 그로 말미암아 연단받은 자들은 의와 평강의 열매를 맺느니라."(히12:11) 바울도 강조한다. "인내는 연단된 인품을 낳고, 연단된 인품은 소망을 낳는 것을 알기 때문입니다."(롬5:4 쉬운성경) 연단의 과정을 거쳐야 진짜가 된다. 우리는 가짜를 원하지 않는다.

우리를 연단하실 때 오히려 기뻐하고 감사하자. 더 이상 가짜 인생을 살지 않기 위해서는 그 과정을 거쳐야 한다. 아무리 힘들어도 나의 모든 것 되시는 주님을 더 사랑하자. 더 이상 세상의 말에 귀 기울이지 않고 주님의 말씀을 기쁨으로 받고 전적으로 순종하는 자가 되자. 정금같이 연단되었을 때 우리는 다시 폭포수를 유유히 날 수 있으리라.

75. 생활 속의 경건과 우리의 펄떡임

롯데호텔 총주방장이 주방에서 일하는 분들과 노량진 수산시장을 방문하는 장면이 TV에 소개되었다. 새로 나온 생선을 관심 있게 살펴보기도 하고, 원하는 생선의 신선도를 점검하기도 하며, 가격도 따져 보았다. 그러던 중 펄떡이는 물고기를 보며 이렇게 말하는 것이었다.

"저 물고기, 얼마 후면 회감이 되는 줄도 모르고 펄떡이고 있네. 물고기가 내일의 일을 어찌 알까. 우리도 저 물고기와 똑같지 뭐."

그 순간 나는 이런 생각이 들었다. 그래 지금 우리도 내일을 모르는 채 펄떡이고 있다. 그러나 물고기로서는 필사의 펄떡임이 아닐까? 그렇지 않으면 죽으니까. 생과 사는 그렇게 짧은 간격 사이에 있다. 경각간에 무슨 일이 벌어질지 모른다. 그렇다면 그사이에서 어떻게 살아야 할까 묻지 않을 수 없다. 귀중한 시간이다.

답은 보다 경건한 삶을 살아야겠다는 것이다. 그것이 우리의 마지막 펄떡임이 되어야 한다. 그저 경건이 아니다. 참된 경건의 삶이다. 그것은 무엇일까? 사람을 기쁘게 하는 경건이 아니라 하나님을 기쁘게 하는 경건이다.

마태복음 6장을 보면 구제에 대해 언급하면서 은밀히 하라 하신다. 그중 1절과 5절에서는 '사람에게 보이려고', 2절에선 '사람에게 영광을 얻으려고' 하지 말라 하신다. 구제에도 경건이 필요하다. 그러나 그 경건의 초점은 사람에게 보이려고 하지 말라는 것이다. 그것은 경건한 자가 추구해서는 안 되는 일이다. 주님이 이것을 반복해서 강조하시는 것은 이 기본을 우리가 종종 도외시하기 때문이리라.

사람의 생각과 주님의 평가는 이처럼 다르다. 바리새인들은 자신들의 외식을 통해 사람들로부터 인정을 받고자 했다. 사울은 하나님보다 사람의 인기를 추구했다. "사울이 죽인 자는 천천이요 다윗이 죽인 자는 만만이다"라는 말을 들었을 때 사울의 마음은 다윗을 죽이고자 하는 분노로 가득 찼다. 그동안 사람들로부터 받았던 인기가 일시에 무너짐을 느꼈기 때문이다. 우리도 예외가 아니다.

그러나 바울은 달랐다. 빌립보 1장을 보면 바울이 갇힌 것을 보고 일부 사람들은 자기를 보이고 싶어 열심히 복음을 전하기 시작했다. 그 열심을 통해 자신을 드러내 인기를 얻을 수 있을 것으로 생각한 것이다. 전도가 어찌 인기의 도구가 될 수 있을까. 하지만 바울은 개의치 않았다. 어찌 되었든지 전파되는 것은 예수이니 기뻐한다고 했다.(18절) 인간의 인기에 연연하지 않겠다는 말이다.

하나님은 사람이 보지 못하는, 은밀한 것을 보신다. 외모가 아니라 내면을 보신다. 그리고 그것을 인정하신다. 따라서 우리도 내면의 세계를 잘 가꿔야 한다. 이를 위해 경건의 훈련이 필요하다. 브레이크가 고장 난 차는 겉으로 보기엔 잘 달린다. 하지만 곧 사고가 난다. 그리스도인이 세상을 살아갈 때도 마찬가지이다. 스스로 달리면 사고가 난다. 그리스도인은 세상이 아니라 하나님과 함께할 때 가장 안전하다. 이를 위해 필요한 것이 경건훈련이다.

경건은 훈련으로 끝나는 것이 아니다. 그 경건을 삶에서 드러내야 한다. 참된 경건은 현실의 삶과 깊은 관계가 있다. 경건은 결코 생활과 분리될 수 없다. 야고보서 1장을 보자. "누구든지 스스로 경건하다 생각하며 자기 혀를 재갈 먹이지 아니하고 자기 마음을 속이면 이 사람의 경건은 헛것이라 하나님 아버지 앞에서 정결하고 더러움이 없는 경건은 곧 고아와 과부를 그 환난 중에 돌아보고 또 자기를 지켜 세속에 물들지 아니하는 이것이니라."(26, 27절) 고아와 과부를 돌아보고 세속에 물들지 아니하는 이것은 곧 실천이다. 고아와 과부는 꼭 그들에게만 해당되는 말이 아니다. 곤경에 빠진 사람들에게 관심을 가지고 그들을 먼저 돌보라는 것이다. 그러면 경건해지리라는 말씀이다. 요한계시록 19장 8절에 세마포 옷이 나오고, 이 옷을 가리켜 성도들의 옳은 행실이라 하였다. 경건에서 실천은 이만큼 중요하다.

돕는 경건도 중요하지만 용서하고 사랑하는 경건도 중요하다. 마태복음 6장에서 주님은 기도를 영적인 일이라 언급하신 다음 그 가운데서 용서를 강조하셨다. "너희가 사람의 과실을 용서하면 너희 천부께서도 너희 과실을 용서하시려니와 …… 용서하지 아니하면 너희 과실을 용서하지 아니하시리라."(14, 15절) 기도를 말씀하시면서 왜 용서를 언급하실까? 그것은 "우리가 우리에게 죄 지은 자를 사하여 준 것같이 우리 죄를 사하여 주옵시고"(12절)라는 주기도문을 실천하기 위해서는 용서가 필수이기 때문이다.

용서는 현실적이고 실제적인 생활문제이자 경건의 중요한 문제이다. 예배를 드리러 가다가 형제를 화목하지 못한 일이 생각나거든 가서 화목하고 와서 제사를 드리도록 했다.(마5:23, 24) 먼저 용서하고 예배를 드리라는 것이다. 용서는 예배 이전에 있어야 할 중요한 사안이라는 것이다. 예배는 깨끗한 마음을 드려야 하는데 용서 없이 그것은 불가능하기 때문이다.

용서의 바탕에는 사랑이 있다. 사랑은 경건을 드러내 주는 힘이다. 사랑이 없는 용서는 거짓 용서이다. 고아의 아버지 조지 뮬러는 영국에서 93세에 죽었다. 그는 그곳에서 15만 명 이상의 고아를 돌보았다. 그는 기도의 사람이지만 그 이전에 사랑의 사람이었다. 테레사

수녀도 마찬가지이다. 사랑과 기도로 경건을 실천한 것이다.

그리스도인의 경건에는 향기가 있다. 사랑하는 사람에게는 예수의 향기가 난다. 그 향기는 바로 경건한 향기이다. 바리새인의 경건은 사람을 죽인다. 그러나 예수의 경건은 사람을 살린다. 그리스도인의 경건도 사람을 살린다. 우리가 아무리 경건을 실천한다고 해도 이 땅에서 우리의 경건은 결코 완전할 수 없다. 불완전한 모습이라 할지라도 주님을 신뢰하고 그리스도의 경건을 착실히 나타내자. 그것이 주님을 위한 우리의 마지막 펄떡임이라면 얼마나 귀하고 아름다운가.

76. 그 한 사람에 대한 소망을 잃지 않을 때

영국에서 목사님들끼리 서로 이야기를 나누고 있었다.

"그래 스코틀랜드 집회에 갔었다며? 주님께 돌아온 사람들이 얼마나 되나?"

"저는 로버트 마펫이라는 청년 하나밖에 건지지 못했습니다."

그러자 다른 목사가 말했다.

"나도 리빙스턴이라는 청년 하나밖에 건지지 못했다네."

그 목사님들은 각각의 집회에서 청년 한 사람씩밖에 구원시키지 못했다. 그러나 그들은 영국 선교 역사에 획을 긋는 인물로 성장했다. 마펫은 스코틀랜드에서 아프리카로 보낸 최초의 선교사가 되었으며, 리빙스턴은 아프리카 선교에서 잊을 수 없는 인물이 되었다. '하나밖에'가 아니라 '아니 그 하나를'이다.

한 사람의 회심이 얼마나 중요한가. 한 사람이 회개하고 돌아오면 천국에서 잔치가 벌어진다 하지 않는가. 얼마나 귀한 하나인가.

로마서 5장을 보면 한 사람이 얼마나 중요한가를 알 수 있다. 같은 장 12절을 보면 한 사람으로 말미암아 죄가 세상에 들어오고 그로 인해 사망이 모든 사람에게 이르게 되었다. 한 사람의 불순종으로 인해 많은 사람이 죄인이 된 것이다. 여기서 '들어오고'라는 말에 주목할 필요가 있다. 이 말은 '에이스 에르코마이(into come)'로 쳐들어온다는 뜻이다. 우리에게 사망의 그늘에 물밀듯 쳐들어온 것이다. 그에 따라 우리도 죄를 짓고 사망의 그늘을 벗어나지 못했다. 사단의 공격은 이처럼 막강하다.

그런데 다른 한 사람, 곧 예수 그리스도의 순종으로 인하여 우리가 죄의 용서함을 받고 의인이 된다.(19절) 그가 십자가에서 죽으시기까지 복종하심으로써 우리를 의의 반열에 올려놓으신 것이다. 주님의 죽으심은 우리를 살리심이다. 우리를 사망에서 생명으로 옮기신 것이다. 그 고난과 죽음은 모두 우리 변화를 위한 것이다. 우리 삶 속에 변화가 없다면 우리는 아직 그 십자가 앞에 모든 것을 내려놓은 것이 아니다.

러시아정교회의 십자가에는 일반 기독교와는 다른 십자가 모습을 하고 있다. 일반 십자가 둘레로 다른 십자가가 그어져 있는데 오른쪽으로 그어진 것은 천국을 상징하고 왼쪽으로 그어진 것은 지옥을 상징하고 있다. 나아가 그 십자가 밑에 해골에 그어져 있다. 이것은 아담의 것을 가리킨다. 러시아정교회는 아담의 무덤이 골고다에 있다고 믿고 있으며 예수님도 그 골고다의 십자가에서 죽으심으로 예수님과 아담의 만남을 상징하는 의미에서 십자가 밑에 해골을 그려 넣은 것이다.

성경은 말한다. 첫 번째 아담의 잘못으로 죄가 들어왔고, 두 번째 아담으로 오신 예수의 죽으심으로 구원을 얻었다. 주님이 그 십자가에 달리실 때 우리도 죽었다. 그리고 주님이 부활하심으로 우리도 부활했다. 한 분, 곧 예수 그리스도께서 우리를 살리신 것이다.

나는 어떤 사람인가? 나의 주변에 죽음을 가져오는가 아니면 생명을 주는가? 그리스도인은 이 세상에서 어둠과 싸우는 사람들이다. 죽음을 향해 가는 사람들에게 생명의 길이 왜 좋은가를 가르쳐 주는 사람들이다. 그러나 그 싸움은 보통 싸움이 아니다. "우리의 씨름은 혈과 육에 대한 것이 아니요 정사와 권세와 이 어두움의 세상 주관자들과 하늘에 있는 악의 영들에게 대함이라."(엡6:12) 육적인 싸움이 아니라 영적인 싸움이라는 것이다.

나 혼자 이 싸움에서 이길 수 없다. 우리가 연약하다는 것을 사단은 다 안다. 그때마다 우리는 주님 앞에 나아가 무릎을 꿇고 우리의 연약함을 고백하며 함께하실 것을 간구할 수밖에 없다. "오늘도 이 싸움에서 이기게 하옵소서. 홀로 두지 마시고 함께하옵소서." 바울은 사단을 대적하기 위해 하나님의 전신갑주를 입으라 한다. 사단이 언제 어디를 공격할지 모르기 때문에 전천후 대비를 해야 한다. 성령의 검, 곧 하나님의 말씀을 들고, 구원의 투구를 쓰고, 무시로 성령

안에서 기도하고 깨어 있어야 한다. 그리고 때가 되면 입을 벌려 복음의 비밀을 담대히 알린다. 전진하는 것이다.

한 사람이라 할지라도 이렇게 무장되었다면 천을 담당할 것이다. 아니 만도 이겨 낼 수 있다. 마펫과 리빙스턴이 바로 이런 사람이다. 많은 사람을 전도하는 것도 중요하다. 하지만 한 사람을 전도했다고 실망하지 말자. 어찌 알겠는가. 그 한 사람으로 인해 세상이 어떻게 바뀔지. 그가 맺을 열매를 생각만 해도 꿈같다. 자랑스럽다. 그래서 전도가 귀하다.

주님을 위해 열심을 품고 전도하는 당신에게 드리고 싶은 말이 있다. 상대에 대한 꿈을 가져라. 그를 위해 기도하라. 그 꿈은 이루어 주신다. 당신이 그 한 사람에 대한 소망을 잃지 않을 때 주님은 기꺼이 응답하신다. 그 모두 주님의 일이요 주님의 꿈이기에. 전도자, 당신은 정말 아름답다. 귀하다.

77. 주의 일에는 정년이 없다

한양대학에서 정년을 한 지 며칠 지나지 않아 연변과기대 교수가 되었다. 한양대학은 감사하게도 명예교수라는 타이틀을 주었다. 그런 내가 연변과기대에서는 아직 젊은 교수이다. 정년을 하고 온 교수들이 상당수 있기 때문이다. 그래선지 다시 젊어지는 느낌이다. 특히 하나님이 역사하시는 현장에 와 있다는 것만으로도 감사하다. 주님의 사역에 정년이 있을 수 있을까.

이곳에 오기 전 헤어지기 섭섭하다며 포스코 회장을 지내신 조말수 장로님으로부터 대접을 받았다. 식사를 하는 가운데 교회 장로님들에게 한 말씀을 하게 되는데 이런 말을 하고 싶다며 입을 여셨다.

먼저 빅터 프란클 이야기를 꺼내셨다. 그는 아우슈비츠 수용소에서 기적처럼 살아남은 학자이다. 수용소에서 살아남을 수 있다는 것은 여간한 일이 아니다. 조금만 아파도, 조금만 비협조적이어도 가스실로 직행한다. 제국에 도움이 되지 않는다는 이유이다. 이 모든 과정을 참고 이겨 낼 수 있었던 것은 아직 생사를 모르는 식구들이 보고 싶고, 또 이 처참한 삶의 모습을 알려 주고 싶어 했기 때문이다. 소박하지만 이것이 그의 삶의 의미였다. 그가 의미를 강조하는 학자가 된 것은 이러한 바닥 체험이 있었기 때문이다. 살아남는다는 것은 무엇일까? 이런 고난과 고통을 이겨 내는 일이다.

프란클이 놀란 것은 수용소에서 자유로운 몸이 되어서 나왔을 때이다. 지금까지 보지 못했던 꽃과 나무들이 지천을 장식하며 그를 맞아 주었다. 수용소라는 한정된 공간에서 두려움 속에 살아왔던 그가 언제 아름다운 꽃과 풀과 나무를 즐길 수 있는 여유가 있었겠는가. 그러나 하나님은 수용소 밖에서 꽃을 피우고 풀과 나무를 자라게 하셨다. 그 아름다운 자연을 보며 "아, 하나님은 우리가 고통을 당할 때 꽃을 준비하셨구나." 하는 생각이 들었다. 그의 입술에는 이미 하나님을 찬양하는 목소리를 담고 있었다. 우리는 종종 고통만 생각하며 하나님을 원망할 때가 있다. 그러나 우리가 원망을 해도 하나님은 소리 없이 나중을 준비하신다. 하나님은 우리가 생각하는 이상으로 바쁘시다. 정년도 없으시다.

프란클 얘기를 마친 다음 장로님이 한마디 더 하셨다. "저는 산에 오를 때 봉지를 들고 가 쓰레기를 줍습니다. 산 정상에 이르면 한 자루 되는데 그것을 그곳에 가져다 놓으면 쓰레기 치우시는 분이 쉽 게 걷어 옵니다. 하루는 그분과 마주치게 되었는데 '누군가 했는데 바로 선생님께서 쓰레기를 모으셨군요.' 하며 감사해했습니다. 저는 그 감사의 말을 아주 감명 깊게 받았습니다. 나이가 들어도 할 일이 있고, 그런 일은 우리 주변에 많습니다. 비록 작은 일이라 할지라도. 저는 우리 장로님들에게 주의 일을 함에는 정년이 없다는 것을 강조 하고 싶습니다."

그분의 말을 들을 때 칼빈 생각이 났다. 그리고 한국여자신학교 교장이셨던 김옥배 전도사님 생각도 났다. 그분들이 다 그와 같은 생각을 했기 때문이다. 이제 그 말을 들은 교회 장로님들께서 더 이 상 뒤로 물러나 있지만 말고 주님을 위해 바빠지기를 기도한다.

지금 나는 연길에 와 있다. 그동안 학교에서 바삐 지내느라 생각 할 틈이 없었지만 하나님은 이미 나를 이곳에 보내기로 작정하시고, 준비하고 계셨다. 어떤 이는 가서 고생할 것이라 말했지만 불편을 사랑하기로 마음먹은 지 오래다. LA에서 오신 김옥규 교수님을 만 났다. 장로님이기도 한 그분은 사업도 정리하고, 사역 장로에서 은퇴 한 다음 과기대에 왔다. 남은 생애 더 주님께 바치기를 기도해 왔는 데 하나님께서 이제야 그 꿈을 이루어 주셨다며 감사해했다. 미국에 있으면 편안한 노후를 보낼 수 있었을 터인데 그 편안함을 다 묻어 버렸다. 역시 그리스도인에게 은퇴는 없다는 것을 확인시켜 준다.

연변과기대 김진경 총장은 칠십 중반이다. 그분은 교수 수련회에서 "우리 모두 십자가를 더 세게 지자."고 하신다. 다들 십자가 지기를 피하는데 주님의 삶은 십자가를 지는 삶이었다며 자기 십자가를 지라 하셨는데, 지금 이 시간 나는 어떤 십자가를 지고 있는지 돌아보게 한다.

수련회 기간 원주 영강교회 서재일 목사님의 말씀이 있었다. 목사님은 "기독교는 기도교, 교회는 기도하는 곳, 기독교인은 기도인"라며 기도를 강조하셨다. 그분은 자기가 어떻게 기도하는 사람이 되었는가 말하며 한국교회가 바로 되려면 기도운동이 일어나야 한다고 주장하였다. 학교가 지금 가장 필요한 것이 기도인데 하나님께서 더 기도하라고 목사님을 보내신 것이 아닐까? 기도하면 더 일을 하게 될 것이다.

세상에는 정년이 있다. 그러나 주님의 일을 함에는 정년이 없다. 주님 앞에 가는 순간까지, 아니 그 나라에 가서도 일하게 될 것이다. 모세와 갈렙과 여호수아를 보라. 그들 앞에서 어디 감히 정년을 논할 수 있겠는가. 80이 넘어서도 저 산지를 네게 달라는 갈렙의 기도에 응답하시는 하나님. 오늘따라 이 연변 산지에서 하늘을 향해 더 높이 이사야의 기도를 올린다. "주여, 내가 여기 있나이다." 내일부터 더 바빠질 것 같다.

78. 신앙의 생활화 점수

대학입학시험을 볼 때 대개 자기의 실력을 고려하여 점수가 낮다고 생각하는 곳에 응시한다. 간혹 배짱지원도 있지만 대부분 사람들은 실패에 대한 두려움 때문에 그리할 수 없다. 자기의 점수나 실력을 정확히 파악하고 오히려 하향지원을 한다. 그런데 신앙의 경우는 대부분 상향지원을 하는 경우가 있다. 교회에 출석한 지 얼마 되지 않으면서도 장로 투표 때 '내가 안 되나' 기대하고, 직분배정에서 빠지거나 자기가 원하는 직이 아니면 왠지 기분이 나쁘다. 직장에서도 자기가 승진대상이 아니면서도 승진시즌만 되면 으레 가슴이 뛰고 혹시 내 이름이 들어 있지 않나 생각하게 된다. 이러한 것들은 자기의 점수를 상향조정한 경우에 느낄 수 있는 감정들이다.

사람들은 신앙점수를 말할 때 누구는 몇 점 하며 말하곤 한다. 신앙을 점수화할 수는 없다. 그럼에도 불구하고 "그 사람 믿음 참 좋아! 100점짜리야 100점짜리."라고 말한다. 그 말을 듣는 사람은 기분이 좋다. 그러나 바른 신앙인이라면 그 말을 그대로 믿어서는 안 된다. 80점이라고 한다면 40점 정도로 생각하고 행동해야 한다. 그렇지 않으면 "내가 누군데." 교만해지기 쉽고 그에 상응하는 대접을 받지 못할 경우 섭섭하기 십상이다. 잊지 말자. 사람보다 하나님이 매기는 신앙점수가 진짜 점수라는 것을.

신앙점수라 할 땐 믿음, 구원, 은혜 그것까지 말하는 것은 아니다. 우리가 믿게 된 것, 구원받은 것 모두 주님의 은혜이다. 값없이 주신 선물(free gift)이다. 은혜는 그리스도를 통해 온다. 우리는 그 은혜를 공짜로 받지만 주님은 우리를 위해 그 값을 다 지불하셨다. "우리가 저희와 동일하게 주 예수의 은혜로 구원받는 줄을 믿노라."(행 15:11) "그의 신기한 능력으로 생명과 경건에 속한 모든 것을 우리에게 주셨으니 이는 자기의 영광과 덕으로써 우리를 부르신 자를 앎으로 말미암음이라."(벧후1:3)

은혜는 누구에게나 주어진다. 예수님은 당신을 결코 거부하지 않으신다. "율법에 속한 자에게뿐 아니라 아브라함의 믿음에 속한 자에게도니 아브라함은 하나님 앞에서 우리 모든 사람의 조상이라."(롬 4:16b) 은혜는 아브라함처럼 믿음으로 사는 어떤 사람에게든지 주어진다. "누구든지 저를 믿는 자는 부끄러움을 당하지 아니하리라 하니 유대인이나 헬라인이나 차별이 없음이라. 한 주께서 모든 사람의 주가 되사 저를 부르는 모든 사람에게 부요하시도다. 누구든지 주의 이름을 부르는 자는 구원을 얻으리라."(롬10:11~13)

이 모든 것을 생각할 때 영광을 받으실 분은 오직 주님이시다. 주님께 돌아가야 할 영광을 인간이 취할 순 없다. 우리가 그 값을 조금이라도 지불했다면 그 공로가 우리에게 돌아갈 수 있지만 그것은 우리

- "만일 은혜로 된 것이면 행위로 말미암지 않음이니 그렇지 않으면 은혜가 은혜 되지 못하느니라."(롬11:6)
- "그리스도 예수 안에 있는 구속으로 말미암아 하나님의 은혜로 값없이 의롭다 하심을 얻은 자 되었느니라."(롬3:24)
- "그러므로 후사가 되는 이것이 은혜에 속하기 위하여 믿음으로

되나니 이는 약속을 그 모든 후손에게 굳게 하려 하심이라."(롬 4:16a)

그렇다면 우리가 점수화할 수 있는 부분은 어디일까? 주신 그 구원, 그 은혜, 그리고 그 믿음을 우리의 삶에서 얼마나 일치시켰는가 하는 부분이다. 한마디로 신앙의 생활화 점수이다. 그리스도인은 누구나 신앙과 삶을 일치시켜야 하는 책임과 의무를 가지고 있다. 모든 일에 기도와 간구로, 그 모든 일에는 예배뿐 아니라 우리의 하는 일들이 포함되어 있다. 그 일들은 삶의 현장에서 신앙인의 모습으로 나타난다.

우리는 주님의 일꾼으로 이 땅에서 바른 집을 지어야 할 사명을 갖고 다시 태어났다. 당신은 이 땅에서 하나님 나라의 집을 짓는 자이다. 그 집을 지을 때 우리의 주인이신 주님이 주신 설계도에 따라 그 집을 지어야 한다. 그 일에는 고난이 따른다. 세상 방식과는 다르기 때문이다. 그러나 우리가 그 고난을 얼마나 잘 감내하는가에 따라 그 모양도 달라질 것이다. 우리 내면의 영성이 풍성하다면 그 집을 들어와 보고 놀랄 것이다. 주님은 참된 주의 종을 필요로 한다. 주의 종은 세상에 의해 변혁당하는 사람이 아니라 세상을 변화시키는 사람이다. 그 사람이 높은 점수를 받는다.

예수님은 달란트 비유, 그리고 주인과 종의 비유 등을 통해 훗날 회계할 날이 온다 하셨다. 그때 신앙의 생활화 점수가 높을 경우 칭찬받는 종도 있을 것이고, 성적이 나빠 밖으로 쫓김을 당하는 종도 있을 것이다. 주님은 말씀하신다. "이 무익한 종을 바깥 어두운 데로

내어 쫓으라. 거기서 슬피 울며 이를 갈이 있으리라."(마25:30) 결코
무익한 종이 되지 말자.

79. 드 클락 대통령이 남긴 것

며칠 전 뉴스에서 노쇠한 만델라를 보았다. 아직도 건장한 체격을
가졌지만 걸음걸이가 무척 힘들어 보였다. 하지만 그의 얼굴에선 미
소가 떠나지 않는다. 좌우에서 혹시 그가 넘어질까 한 걸음 한 걸음
관심을 갖고 지켜보고 있었다. 사람들 모습 속에서 그에 대한 존경
과 사랑이 넘친다는 것을 알 수 있었다. 이렇듯 만델라는 우리가 귀
하게 생각하는 인사가 되었다.

만델라의 얼굴에 가려 빛을 보진 못했지만 남아공 역사에서 잊어
선 안 될 또 다른 인물이 있다. 그 사람이 바로 남아공 마지막 백인
대통령 드 클락이다. 만델라를 대통령으로 만든 뒤 자신은 부통령이
된 인물이다. 백인이 지배하는 사회에서 흑인이 대통령이 되려면 피
의 혁명 과정을 거쳐야 하지만 남아공에서는 달랐다. 어떻게 이런
일이 벌어졌을까? 드 클락의 신앙과 그가 배운 교육 때문이다.

그는 만델라와 적극적으로 대화하고 협력해서 과도기의 혼란을 막
고 용서와 화해를 기조로 한 새 정부 수립을 추진했다. 그 공로로

1993년 그는 만델라와 나란히 노벨 평화상을 수상했다. 그리고 다음 해에 부통령이 되었다. 드 클락은 교회에서, 그리고 학교에서 용서와 화해를 배웠다. 그것을 실현한 것이다. 화해 후 만델라는 말했다. "용서와 화해는 남아공뿐 아니라 아프리카 전역의 문화가 돼야 합니다." 신앙의 힘, 교육의 힘은 이처럼 강하다. 아직도 용서하지 못해 심하게 분쟁하고 있는 이 땅에 화해와 용서의 바람이 크게 일기 바라는 마음 간절하다.

그리스도인은 용서를 배운다. 그 교과서는 성경이요 그 모범은 예수 그리스도이다. 그리고 그것을 삶의 현장에서 실천하도록 한다. 매년 부활절을 맞지만 그때마다 내 마음 속에 다짐하는 것이 있다. "다 용서했는가?" 용서하는 마음이 내 속에서 새롭게 인다면 그것은 주님의 생명이 내 안에서 부활되고 있는 것이다. 영성, 영성하지만 참된 영성은 얼마나 옳고 그른가에 있지 않다. 얼마나 사랑하고 용서할 수 있는가의 문제이다.

주님은 용서하고 또 용서하라 하신다. 용서할 수 없는 것도 용서하고, 일곱 번이 아니라 일흔 번씩 일곱 번이라도 용서한다. 무제한의 용서이다. 주님이 우리에게 가르치는 용서는 한이 없다. 그 용서를 하라는 것이다. 명령이다. 권면도 아니고 선택도 아니다. 준엄한 명령이다. 마땅히 그리해야 한다는 것이다. 아, 얼마나 어려운 명령인가. 그 모두 나 자신을 죽이지 않으면 불가능한 일이다. 그만큼 우리는 주 안에서 나 자신을 죽여야 한다. 내가 죽어야 주님이 내 안에서 살아난다. 그러므로 용서는 주님을 덧입는 가장 빠른 길임을 알 수 있다.

용서하면 빼놓을 수 없는 분이 있다. 네덜란드 사람 코리 텐 붐

(Corrie Ten Boom)이다. 그의 가족은 유태인을 숨겨 주었다는 이유로 온 가족이 독일 수용소에 끌려가 참혹한 생활을 했다. 가족 중에서 죽은 사람도 있다. 코리는 기적적으로 살아났다.

전쟁이 끝나자 감옥에서 나온 그녀에게 하나님은 독일인을 향해 하나님의 말씀을 전하는 사명을 주셨다. 그는 독일 곳곳에서 간증집회를 했다. 많은 독일인들이 눈물을 흘리며 회개했다.

그는 한 결정적인 순간을 맞게 된다. 한 지방에서 간증집회를 끝내고 사람들과 악수를 나누고 있는데 마침 자기와 악수를 하려고 서 있는 사람 중에 자기의 언니를 죽게 하는 데 결정적인 역할을 했던 간수가 보였다. 그를 보는 순간 그녀는 온몸의 피가 거꾸로 솟는 것 같았다. 그 순간 그가 주님을 향해 할 수 있는 말은 하나였다 "하나님, 저 사람은 안 돼요. 저 사람만은 용서할 수 없어요." 하지만 주님은 계속 그를 용서하라 하셨다. "나는 너에게 용서할 마음이 있는지 묻는 것이 아니다. 용서할 수 없는 사람을 용서해라. 이것은 나의 명령이다." 그는 주님의 명령에 순종했다. 용서할 수 없는 그를 향해 손을 내밀고 끌어안았다. 그리곤 말했다. "하나님은 당신을 사랑하십니다. 나도 당신을 용서합니다." 주님은 그에게 사랑하고 용서할 수 있는 능력을 부어 주셨다.

한 번 용서했으면 잊으라. 과거의 잘못을 자꾸 언급하지 마라. 다시금 과거를 들추는 것은 아직 완전히 용서하지 않았다는 것을 의미한다. 코리는 말한다. "깊은 바다에 던져 놓고 잊으라. 그 위에 'NO Fishing'이라는 팻말을 써 놓으라. 다시는 그것을 걷어 올리지 마라." 미가서에 이런 말씀이 있다. "다시 우리를 긍휼히 여기셔서 우리의 죄악을 발로 밟으시고 우리의 모든 죄를 깊은 바다에 던지시리이다."(미가7:19) 다시 꺼내 곱씹지 않겠다는 말씀이다.

용서와 화해, 그것은 우리의 성품이 아니라 하나님의 성품이다. 그 성품을 그의 자녀인 우리에게 허락해 주신 것이다. 용서하고 화해하라는 말씀은 주님의 성품을 내 것으로 삼고 그대로 살아가라는 것이다. 용서할 수 없는 사람을 용서하는 것은 주님이 우리에게 주신 크나큰 능력이요 자산이다. 이 능력을 주시며 오늘도 용서하며 살라 하신다. 내 힘이 아니다. 주님이 주시는 힘이다.

오늘 당신에게 좌절을 심겨 주었던 사람을 용서할 수 있는가? 아니 당신을 그토록 무시하고 냉대하며 끝내 결정적 상처를 남겼던 그를 용서할 수 있는가? 그를 찾아가 안을 수 있다면 당신은 그만큼 부활한 것이다. 예수의 생명이 당신 안에 살아 있다는 증거이다.

80. 외적인 단순화와 내적인 단순화

사람마다 모습이 다르듯 생활 모습도 다르다. 어떤 사람은 종이 하나도 버리지 못하고 몇 년씩 꼼꼼히 간직하는 사람이 있는가 하면 금방금방 정리해 버리는 사람도 있다. 물론 그것의 중요도에 따라 오래 보관도 하고 금방 버리기도 하지만 대체로 쌓아 두는 사람이 많다. 이사할 때에야 비로소 황급히 정리하고, 이제 됐네 하며 깨끗함을 만끽하기도 한다. 그래서 여러 번 이사하면 삶이 간단해지고 단순해지겠구나 하는 느낌을 받는다.

쌓아 두는 것이 어디 살림뿐이겠는가. 냉장고 안을 들여다보면 더욱 분명해진다. "냉장고를 믿지 마라."는 말 여러 번 들었지만 냉장 칸이든 냉동 칸이든 비집고 들어갈 틈이 없다. 그렇게 해 가지고 바람이나 통할지 염려된다. 정리하지 못하는 습성이라면 문제가 더 심각하지 않을까? 어떤 것들은 몇 년씩 그 안에 갇혀 있을 터이니.

목사이자 삽화가로 유명한 퀴스텐마허는 단순한 삶을 강조한다. 목회 생활을 하면서 그는 종종 "바쁘고 번거로운 일상 때문에 가정과 직장에서 고통을 겪는다."는 하소연을 들었다. 그런 가운데 미국 여행길에 『단순하게 사는 법』이란 책을 발견하면서 눈이 번쩍 뜨였다. 바로 이것이다. 우리 교인들 삶에 필요한 것이 바로 단순하게 사는 것이야.

그 뒤 그는 단순화를 전하는 전도사가 되었다. 전자제품을 사서 복잡한 기능을 배우느라 오히려 골치를 썩이는 사람을 만날 때 기계는 켜는 법과 끄는 법만 알면 된다고 말해 주는 사람이 필요한 것처럼 자신도 우리 삶에 단순화가 얼마나 필요한가를 전하고 싶었다.

그는 2001년 9월 자신의 책 『단순하게 살아라』를 내놓았다. 이 책은 인터넷 서점 아마존 독일의 종합 베스트 3위까지 오를 만큼 인기가 높았다. 그해 12월 '당신의 삶을 단순화하라'는 12쪽 분량의 뉴스레터 월간지를 만들고, 홈페이지(www.simplify.de)를 열었다. 그리고 그는 목사 명함에 '단순화 전도사'라는 새로운 경력을 추가했다. 이 명칭은 독일 방송사에서 붙여 준 이름이다. 다음은 그가 강조하는 단순화 팁이다.

- 서류든 신문이든 간에 종이 뭉치를 쌓아 두지 않는다. 안 맞는 옷도 쌓아 두지 마라.
- 서류를 정리할 때는 한눈에 볼 수 있도록 수평으로 배열한다. 당장 써야 할 자료는 간이 서가에 임시로 보관했다가 나중에 벽면 서가로 옮긴다.
- 싫은 일엔 분명히 '아니오'라고 말하라.
- 가족의 가치를 소중히 여기라. 부모와 남편과 아내 등 가족에게 정성을 다하라.
- 행복한 부부관계가 가장 중요하다. 부부관계를 단순화하는 실제적 방법은 속을 드러내는 솔직한 대화이다.
- 복권은 헛된 꿈만 부풀려 인생을 좀먹는다. 확률도 낮은 복권을 사는 시간과 노력과 돈을 단순화시켜 생산적인 일상에 투입하라.

그는 이외에도 여러 가지를 제안했다. 심지어 복잡하게 살면 뚱뚱해진다, 사람은 하루 한 끼면 충분하다는 말도 한다. 그의 제안 가운데 가장 중심이 되는 것은 가정의 중요한 축인 부부관계이다. 그는 단순한 삶과 부부관계라는 강연에서 강조한다.

"남자와 여자가 각자 작은 바위 위에 따로 앉아 마주 보고 있습니다. 바위는 물 위에 떠 있고, 두 사람은 서로에게 건너갈 방법이 없습니다. 물 밖에서 두 사람은 따로 앉아 있는 것처럼 보입니다. 하지만 실은 같은 바위 위에 앉아 있습니다." 그는 바위의 물속에 잠긴 부분을 그린다. 바위는 하트 모양이고 남녀가 앉아 있던 바위는 하트의 볼록한 두 꼭짓점이 되었다.

순간 사람들은 경탄과 웃음, 박수를 보낸다. 이어 그는 이날의 주제를 꺼낸다. "부부가 물 밑에서 연결된 바위처럼 화합한다면 가정생활의 번잡함이 사라지고 가족 구성원들은 행복해집니다." 부부화합이 단순화의 요체가 된다는 것을 실감하게 된다.

맥대널은 "경건한 사람은 삶을 단순하게 유지한다. 자동차도 복잡하고 화려한 것을 갖기보다 간단한 것을 갖는다."고 말한다.[5] 단순화는 단지 물질적인 단순화에만 적용되지 않는다. 영적인 면에서도 단순화가 필요하다. 이러한 단순화를 내적인 단순성(inner simplicity)이라 한다. 내가 죽었다고 생각한다. 죽음을 의식하면 죽음을 의식하지 않는 사람보다 삶의 태도가 다르다. 물질이나 외모, 세상적인 요소가 더 이상 자기 삶의 중심이 되지 않는다. 그리스도인은 외적인 단순화만 필요한 것이 아니라 내적인 단순화도 필요하다.

81. 이제야 그리스도인이 되었구나

예수의 제자들, 그리고 초대교회 성도들 그들은 이웃을 위해 자기의 것을 내놓으면서 말했다. "이제야 내가 그리스도인이 되었구나!"

---

5) C. McDannell, *Material Christianity*(CT: Yale University Press, 1998).

자기만 생각하던 사람들이 변한 것을 보고 스스로 놀란 것이다.

안디옥 교회 목회자이자 설교가인 익나티우스가 로마에서 사자 밥이 되는 극형에 처해졌다. 사자에게 팔을 물리는 순간 그는 말했다. "이제야 내가 진짜 그리스도인이 되었구나."

뉴기니에서 7년 동안 선교하던 한 선교사의 파이애플 이야기는 지금도 잊히지 않는다. 열매를 먹기 위해 심어 놓은 파인애플을 현지인들이 미리 다 따 먹어 버린 것이다. 화가 나지 않을 수 없다. 그런 일이 몇 년이나 반복되었다. 할 수 없이 먹도록 허락했다. 그때 원주민들이 말했다. "이제야 선교사님이 그리스도인이 되었나 보다."

이 이야기들을 종합해 보면 그리스도인이라고 해서 다 그리스도인이 아니라는 생각이 든다. 다른 말로 말하면 그리스도인이라면 달라야 한다는 말이다. 사람들은 달라진 모습을 보고 그리스도인이라 인정한다. 그만큼 변화가 중요하다. 말로는 그리스도인이라 하면서 하등 달라진 모습이 보이지 않는다면 진정한 그리스도인으로 인정받기 어렵다. 그리스도인이 된다는 것은 생각처럼 쉽지 않다.

『목적이 이끄는 삶』을 쓴 릭 워렌 목사는 그리스도인은 하나님의 목적에 이끌리는 사람이라 말한다. 그 목적의 주체는 바로 하나님이요 그 목적은 그분이 기뻐하시는 뜻이다. 그분은 인간을 구원하시기를 기뻐하셨고, 그래서 우리는 그분의 사역에 기꺼이 동참한다. 그에 따르면 이 땅과 천국에서 그리스도인이 해야 하는 일 4가지가 있다. 그것은 하나님 사랑, 이웃사랑, 예수님 닮아 가는 것, 그리고 섬김이다. 이 땅에서는 할 수 있어도 천국에서 못 하는 일은 죄 짓지 못하고, 전도하지 못한다. 전도하지 못하는 것은 그곳에서는 전도 대상자가 없기 때문이다.

그러므로 전도는 이 땅에서 우리가 해야 할 중요한 일이 아닐 수 없다.

워렌이 말하는 것 네 가지는 매우 중요하다. 그것을 이 땅에서 실현해 나가면 사람들은 감동한다. 그리고 우리를 향해 "그리스도인은 역시 뭔가 달라." 하고 말하게 된다. 감동을 주지 않는 한 교회와 그리스도인에 대한 시선은 냉담할 수밖에 없다.

하지만 진정 그리스도인이 되었다는 것은 무엇을 의미하는가? 이웃사랑도 중요하고, 욕심을 내지 않는 것도 중요하고, 희생을 하는 것도 중요하다. 실천이 없는 믿음은 헛될 수 있다. 그러나 그 무엇보다 그리스도인이 되는 요건은 내 안에 그리스도가 있느냐 하는 것이다. 내 모든 것을 내어 주는 사랑을 한다 해도 우리 안에 주님이 없으면 그리스도인이라 말할 수 없기 때문이다.

어느 고독한 소년이 하나님을 찾고자 작고 어두운 예배당으로 들어갔다. 훗날 이 소년은 자신의 삶을 그리스도께 드리게 되었다. 그것은 그의 생애에 있어서 가장 의미 있는 결정이었다. 그리스도가 아니었다면 자기는 헛되고 버림받은 인생들의 쓰레기 더미 위에 놓여 있었을 것이라 고백한다. 그가 바로 『나는 왜 그리스도인이 되었는가』를 쓴 존 스토트(J. Stott) 목사이다.

그는 자신의 긴 생애를 돌아보면서 무엇이 나를 그리스도께 인도했는지 종종 묻는다. 그것은 부모님의 양육이나 자기 자신의 독립적 선택이 아니었다. 그것은 내 문을 두드리며 문밖에 서 있는 그리스도 그분이셨다. 우리가 그리스도를 찾은 것이 아니라 그리스도가 먼저 우리를 찾으셨다. 삶의 문제에 대한 해답과 진정한 자유를 주시기 위해 찾아오신 것이다. 그분 안에서 우리는 진정 인간이 되고,

삶의 정체성을 얻는다.

당신은 언제 "아, 내가 참그리스도인이 되었구나!" 고백하게 되는가? 아니 "이제 그리스도인이 되었나 보다." 하는 소리를 듣는가? 선교지에 나갔을 때인가? 가난한 이웃을 도와주었을 때인가? 그 모두 중요하다. 그러나 당신 안에 그리스도가 없으면, 그리스도의 생명이 살아 숨 쉬지 않으면 그리스도인이라 할 수 없다. 그분이 있어 오늘 나의 삶이 의미가 있고, 그로 인해 변화하는 나를 보며 기뻐한다면 당신은 그리스도인이다.

 82. 주를 향한 나의 사랑은

다음 글을 보고 웃은 적이 있다. "남편은 오직 내 사랑, 딸은 아직도 내 사랑, 아들은 희미한 옛 사랑, 며느리는 가깝고도 먼 사랑, 사위는 주고받는 사랑, 손자는 짝사랑." 사랑마다 이렇게 정의가 다르다니. 그럼 주님을 향한 나의 사랑은 무슨 사랑일까?

복음송가에 "주를 향한 나의 사랑을 주께 고백하게 하소서(Just let me say How much I love you)"가 있다.

주를 향한 나의 사랑을 주께 고백하게 하소서
아름다운 주의 그늘 아래 살며 주를 보게 하소서

주님의 말씀 선포될 때에 땅과 하늘 진동하리니
나의 사랑 고백하리라 나의 구주 나의 친구

부드러운 주의 속삭임 나의 이름을 부르시네
주의 능력 주의 영광을 보이사 성령을 부으소서
메마른 곳 거룩해지도록 내가 주를 찾게 하소서
내 모든 것 주께 드리리 나의 구주 나의 친구

온 맘으로 주를 바라며 나의 사랑 고백하리라
나를 향한 주님의 그 크신 사랑 간절히 알기 원해
주의 은혜로 용서하시고 나를 자녀 삼아 주셨네
나의 사랑 고백하리라 나의 구주 나의 친구

여기서 작자는 주님을 '나의 구주 나의 친구'로 고백하고 있다. 이러한 고백은 다윗의 시에서 자주 나타난다. 다윗은 주님을 향해 '나의 하나님, 나의 산성, 나의 피난처, 나의 피할 바위, 나의 빛, 나의 구원, 나의 힘, 나의 산업, 나의 목자' 등 헤아릴 수 없을 만큼 많은 고백을 한다.

어떤 사람은 혹시 주님을 향한 우리의 사랑이 일방적인 짝사랑이 아닌가 생각하기도 한다. 그러나 자세히 들여다보면 결코 짝사랑이 아니다. 너무나 진한 쌍방향이다.

위 복음성가에서도 "나를 향한 주님의 그 크신 사랑, 주의 은혜"라 했다. 영어 원문에서는 더 명확히 지적하고 있다. 당신의 자비와 사랑(Your mercy and grace), 당신의 세밀한 속삭임(your finest whispers), 이 끊임없는 사랑(this endless of love), 그리고 용서(the forgiveness), 이 모든 것은 우리를 향한 주님의 사랑이다. 이 크신 사랑에 우리는 응답하는 것이다. 그래서 주님을 향한 우리의 노래는 사랑의 송가이다.

다윗도 주님의 사랑을 이같이 말한다. "내가 여호와께 구하매 내게 응답하시고 내 모든 어려움에서 나를 건지셨도다. …… 너희는 여호와의 선하심을 맛보아 알지어다. 그에게 피하는 자는 복이 있도다."(시34:4, 8) "여호와는 나의 목자시니 내가 부족함이 없으리로다."(시23:1) "주께서 나의 슬픔을 변하여 춤이 되게 하시며 나의 베옷을 벗기고 기쁨으로 띠 띠우셨도다."(시30:11)

우리를 향한 주님의 사랑이 일방적인가? 주님을 향한 우리의 사랑이 일방적인가? 아니다. 그 사랑을 맛보아 안다면 그렇게 말할 수 없다. 고라자손은 이렇게 고백한다. "낮에는 여호와께서 그 인자함을 베푸시고 밤에는 그 찬송이 내게 있어 생명의 하나님께 기도하리로다."(시42:8) 완전 쌍방향이다.

안나 워너(A. Warner)는 소설가로서 어린이를 위해 여러 찬송시를 지었다. 그리고 그것을 책으로 엮었다. 그 책이 바로 『예수님은 나를 사랑하셔. 나는 그것을 알아』이다. 이 책의 제목이 우리 곡으로 소개된 것이 바로 '예수 사랑하심은 거룩하신 말일세 우리들은 약하나 예수 권세 많도다'이다. 신학자 칼 바르트도 이 찬송으로 주님을 향해 자신의 사랑을 고백하기도 했다. "날 사랑하시는 주님, 그 주님을 내가 사랑합니다." 우리의 찬송은 모두 주님을 향한 사랑의 고백이다. 주님의 십자가 사랑이 너무도 크고 신비하기에, 우리를 향한 주님의 사랑이 너무도 놀랍고 끝이 없기에.

제2부 영성 여행 길라잡이

1. 렘브란트 이야기

나우웬이 자신의 글에서 곧잘 언급되는 화가들이 있다. 그중에 렘브란트와 고흐가 있다. 둘 다 네덜란드 사람이다. 노키아에서 렘브란트를 자사 광고의 상징적 인물로 택하자 이에 맞서 삼성은 그곳 사람의 정서를 의식해 고흐를 택해 그곳 사람들의 마음을 파고들었다. 그만큼 그 두 화가는 네덜란드가 사랑하는 인물들이다. 나우웬 또한 그곳 사람이다. 나우웬이 그들을 좋아하는 이유는 고국 네덜란드를 빛낸 화가라는 점도 있지만 그들의 그림 속에서 신앙적인 면모를 찾고자 하는 뜻이 담겨 있다.

렘브란트 하르먼스존 판 레인(Rembrandt Harmenszoon van Rijn, 1606~1669)은 바로크 시대의 화가이다. 1606년 7월 15일 암스테르

담에서 서쪽으로 약 50㎞ 떨어진 레이덴에서 방앗간 주인의 아홉째 아들로 태어났다. 라틴어를 가르치던 학교를 나온 다음 14세에 레이덴 대학교에 입학했다. 하지만 학교공부에 흥미를 느끼지 못하고 그림 그리는 일에만 열중하자 그의 부모는 야콥 판 스바넨뷔르흐(Jacob van Swanenburgh) 밑에서 3년간 미술 수업을 받게 했다. 1625년 개인 화실을 연 직후, 암스테르담에서 활동하던 피테르 라스트만(Pieter Lastman)을 정기적으로 방문해 지도를 받으면서 미술에 관한 시야를 넓혔고, 이를 계기로 1632년 거처를 암스테르담으로 옮기게 되었다.

주요 작품으로 <튈프 교수의 해부학 강의>(1632년), <돌다리가 있는 풍경>(1637년), <야경>(프란스 바닝 코크 대장의 부대, 1642년), <세 개의 십자가>(1653년), <밧세바>(1654년) 등이 있다. 600여 유화, 400여 동판화(에칭), 2천여 드로잉 작품들이 남겨져 있고, 자화상을 특히 많이 그렸다. 다음은 그의 자화상들이다.

| 1629년 | 1634년 | 1659년 | 1660년 |

렘브란트의 그림의 특징은 시대의 관행을 뛰어넘어, 개성을 발휘했다는 데 있다. 이를테면 야경의 경우 얼굴이 모두 나온 사람도 있

고, 그렇지 않은 그림도 있는데, 이는 모두 얼굴이 나오게 하는 단체 인물 화가들의 관행을 뛰어넘은 것이다.

성경을 주제로 한 성화들을 보면 일반적으로 성화에서 볼 수 있는 화려하고 거룩한 느낌보다는 인물들의 심리를 잘 그려 내고 있다. 예를 들어 아브라함이 첩 하갈과 그 사이에서 낳은 이스마엘을 버리는 장면을 묘사할 때 아브라함은 고뇌하고 사라는 숨어서 웃음 짓는 모습으로 대비시키고 있다.

그는 처음부터 성화를 그린 화가는 아니다. 오히려 세속적인 그림으로 돈을 벌었다. 특히 그의 초상화가 인기를 끌어 밀려드는 주문량을 채우기에 바빴다. 하지만 그는 틈틈이 사랑하는 아내의 모습을 이상적인 여성상으로 표현하여 화폭에 담았다. 아내를 그린 <사스키아>는 어두운 바탕에 대조적으로 옆얼굴을 선명하게 부각시키고, 의상 및 장신구 질감을 정교하게 잘 보여 주고 있다.

<사스키아를 무릎에 앉힌 자화상>(1636)은 다소 맹랑한 점이 있다. 이 그림은 <선술집의 방탕아>라는 또 다른 제목이 붙어 있다. 렘브란트는 이 그림 속에서 자신을 방탕한 난봉꾼으로, 아내 사스키아를 선술집의 매춘부로 표현했다. 거부인 자신의 처가를 조롱하면서 연애와 재물에 빠져 있는 자신의 모습을 풍자적으로 표현한 것이다. 왼쪽의 공작새와 렘브란트가 차고 있는 칼이 그의 사치를 상징한다.

큰돈을 벌긴 했지만 그 부는 얼마 가지 못했다. 1642년 사랑하는 아내 사스키아가 죽자 가산도 점차 기울게 되었다. 아이들도 하나둘 잃기 시작하더니 마지막 남은 외아들 티투스마저 1668년 27살의 나이로 죽었다. 그의 삶은 상실과 고통의 연속이었다.

사스키아(1634)　　　　　사스키아를 무릎에 앉힌 자화상(1636)

렘브란트는 절망의 엠마오 도상으로 내려갔다. 그러나 그는 그 절
망의 자리에서 주님을 만나게 되었다. 주님을 영접한 다음 그린 첫
그림이 바로 <야경>이다. 이 그림은 아내의 죽음을 통해 참생명이
무엇인가를 드러낸 그림이다.

야경(1642)

<야경>은 부인과 가족들이 죽고, 힘들었던 시기에 내놓은 렘브란트의 대표작이다. 자경단원들 16명이 돈 100길더씩 내놓고 그에게 자신들을 그려 달라고 했다. 독특한 군상화를 그리고 싶었던 그는 2년 동안 심혈을 기울여 만들었다. 그림을 접한 단원들은 자신들의 위치에 불만을 드러냈다. 하지만 사람들은 그림 속 빛과 그림자의 선명한 색채 효과를 통해 대원들의 심리는 물론 극적 효과까지 잘 드러냈다고 했다.

렘브란트는 세속적인 그림을 그리는 가운데서도 성화를 그렸다. 그때 그린 것으로 1636년의 작품 <그리스도의 승천>이 있다.

그리스도의 승천(1636)

신비롭고 화려한 그리스도의 승천 모습은 당시 바로크 화가들의 주요 주제였다. 어머니의 종교적 영향을 받은 그는 성경을 소재로 한 그림들을 많이 제작했다. 예수님이 십자가에 달리신 그림, 내린 후 승천하는 모습까지 3편으로 연작하기도 했다.

그 다음 나온 작품이 <엠마오 도상>이다. 그는 이 그림을 그리기 위해 18종류의 번역 성경을 읽었다. 렘브란트는 주님을 만나기 전에는 돈을 벌기 위해 사람이 원하는 그림을 그렸지만 주님을 만난 다음에는 엠마오 도상에 나타난 부활의 주님을 그렸다. 주님을 만나면 그리는 그림도 변한다.

엠마오 도상

<엠마오에서의 저녁식사>는 누가복음 23장 30, 31절을 소재로 한 것으로 예루살렘에서 엠마오로 가는 길에 그리스도가 두 제자와 동행했지만 제자들은 집에 들어가 빵을 떼어 나눠 줄 때까지도 부활한 그리스도인 줄을 몰랐다. 이 그림은 그들이 집에 들어와 저녁식사를 하면서 그리스도가 빵을 떼어 나누어 주는 장면이다. 바로크풍의 화

면 상단에 아치형의 열린 공간이 있고, 그 중심에 그리스도를 두었다. 그리고 나머지 세 사람 시선 모두 그리스도를 향했다. 주님의 눈망울은 압권이다. 엄청난 고통 뒤에 찾아온 평온함, 모든 것을 이룬 뒤의 안도감, 그리고 무엇이든 용서하고 받아들여 줄 것 같은 사랑이 그 속에 있다.

엠마오에서의 저녁식사(1648)

그는 1654년에 <목욕하는 밧세바>를 그렸다. 밧세바는 다윗 왕 신하 우리아의 부인이었지만 다윗은 그녀의 미모에 반해 신하를 전쟁터에 나가 죽게 하고 그녀를 아내로 맞았다. 목욕하며 왕의 편지를 들고 있는 여인은 착잡하고 슬퍼 보이기까지 한다. 렘브란트는 밧세바의 얼굴을 통해 그녀의 비극적인 심리 상태를 잘 드러내고 있다.

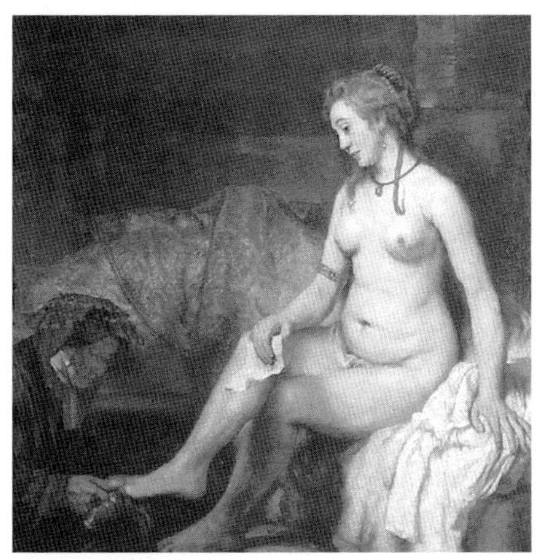

목욕하는 밧세바(1654)

렘브란트는 <아브라함의 제사>라는 제목으로 여러 그림을 그렸다. 유화에서 아브라함은 광기 어린 모습으로 이삭의 얼굴을 사정없이 뒤로 젖히고 있다. 그는 천사에게 "죽이려는데, 왜 막아?"라고 말하는 것 같다. 동판화에선 아브라함이 위를 가리키고 있다. 이것은 하나님이 원하시는 일이라고 말하려는 것 같다. 아이는 아버지가 무슨 말씀을 하고 있는지 모르는 것 같다. 아이 바로 뒤에 보이는 낭떠러지만이 이삭의 당면한 위험과 그의 심리 상태를 보여 주고 있다. 1655년에 제작된 소묘에서는 이삭이 무릎을 구부리고 제단 위에 누워 있다. 이삭은 이미 젊은 청년이고, 아브라함은 늙었다. 천사가 자신의 머리에 손을 얹고 있다는 사실조차 인식하지 못하고 있는 듯하다. 1655년에 제작된 동판화를 보면 천사의 등장과 함께 순종하는 아브라함을 에워싸는 하나님의 사랑을 볼 수 있다. 또한 아브라함이 이삭을 안고 죽이려 한다. 이삭을 죽이는 순간에도 아들에 대한 사랑이 드러난다.

아브라함의 제사(1634)

세월이 지나면서 그의 신앙도 더 깊어졌다. <돌아온 탕자>는 예수의 탕자의 비유를 바탕으로 탕자가 아버지의 집으로 돌아온 것을 표현한 것이다. 이것은 렘브란트 자신의 신앙을 크게 반영하고 있다. 이 그림은 1663~1669년 사이에 그린 유화로 알려져 있어, 그가 죽기 전에 완성한 마지막 작품들 가운데 하나이다. 이 그림은 러시아 상트 페테르부르트의 메르미타주 미술관에 전시되어 있다.

돌아온 탕자(1669)

　＜돌아온 탕자＞는 많은 사람들에게 감명을 주었다. 나우웬은 이 그림을 보며 아버지의 무조건적인 사랑, 그 사랑을 그리워하며 돌아온 탕자를 감동적으로 묘사했다. 아들의 옷은 바람과 조류에 시달린 나룻배의 돛처럼 너덜너덜하다. 그의 몸은 상처투성이고 낡아 빠져 무용지물이 된 신발 한 짝은 먼지 속에 버려져 있다. 아버지의 두 손은 그런 탕자를 끌어안았다. 아들은 아버지의 품에 싸여 깊은 안식을 느낀다. 아버지는 그 순간을 기다렸다는 듯 두 눈을 지그시 감고 있다. 둘이 하나가 되는 순간이다. 그 순간이 너무 귀하다. 렘브란트는 진홍색 지붕과 순금 기둥으로 만들어 낸 만남의 아치 아래에서 그들의 심장을 하나로 일치시킨다. 박동소리는 물론 호흡마저 하나

가 되는 것을 느낄 수 있다. 이에 반해 오른쪽에 서 있는 큰아들은 작은아들에 대한 아버지의 아낌없는 사랑에 의아해하며 주변에 서서 주저하고 있다. 즐거움에 참여하지 못한 채. 그게 우리들 아니던가. 우리에게도 아버지의 치유의 손길이 필요하다.

<돌아온 탕자>는 진솔한 신앙 체험과 삶의 내적 심화 없이 그릴 수 있는 작품이 아니다. 이 아버지는 그리스도의 상을 가장 실제적 모습과 가깝게 묘사했다는 평가도 받고 있다. 다음은 그가 그린 예수 초상화이다.

예수(1650~1652)

렘브란트는 그림에 대한 재능도 탁월했지만 많은 작품을 남겼다. 80여 점의 자화상은 그의 삶의 고비마다 겪은 풍상과 내면의 정서 를 그대로 담고 있다. 그는 일찍부터 화가로서 명성을 얻어 큰돈을 벌었다. 한때 풍요를 누리기도 했지만 아내를 잃으면서 파산의 아픔을 겪었고, 가난은 늘 그의 그림자가 되었다. 그러나 고난과 고통의 과정에서 주님을 만났고, 변했다. 그는 아브라함을 통해 순종하는 모습과 이삭을 향한 아버지의 사랑을 알았고, 그리스도를 통해 부활의 소망을 깨달았으며, 예수님의 비유를 통해 하늘 아버지의 그 넓으신 사랑을 깨달았다. 오늘도 많은 사람들이 엠마오로 가는 길에서 주님을 만나고, 돌아온 탕자에서 아버지 사랑을 만난다. 지금도 그림으로 예수 그리스도를 만나게 하는 사람, 그가 바로 렘브란트이다.

2. 도은미의 『고쳐 달라 말고 죽여 달라 하라』

그리스도인이 되었으면서도 옛 성품이 죽지 않은 사람이 의외로 많다. 용서할 줄 모르고 삐딱하게 보며 자주 화를 내고, 그래서 종종 남을 괴롭히는 사람, 그 사람이 바로 나 자신이라는 것을 깊이 깨닫게 해 주는 책이 바로 도은미의 『고쳐 달라 말고 죽여 달라 하라』(두란노)이다. 병든 자기를 솔직한 눈으로 바라보게 하고, 그리스도인이라면 인간관계에서 어떻게 살아야 하는가를 되짚게 하는 책이다. 하나님의 말씀이 우리의 삶에서 그대로 작동되기를 바라는 저자의 마음이 삶의 예화와 함께 그대로 실려 있다.

이 책의 주제 말씀은 고린도후서 5장 17절이다. "그런즉 누구든지 그리스도 안에 있으면 새로운 피조물이라 이전 것은 지나갔으니 보라 새것이 되었도다." 성도의 삶은 십자가에서 예수와 함께 못 박히고 장사된 삶이라는 것이다. 그럼에도 불구하고 그 죽어야 할 옛사람이 자꾸만 나타나는 것은 아직 우리가 죽지 않았다는 증거 아닐까.

어느 날 그는 근사한 저녁밥상을 정성껏 차려 놓았다. 그런데 집에 온 남편 목사님이 "미안하지만 나 오늘 라면 먹고 싶어."라고 말한다. 그럴 수 있나, 얼마나 성의를 다한 밥상인데. 그런데 라면을 먹겠다고 고집한다. 화가 난다. 남편이 기도하는 모습을 볼 때 속으로 욕이 나왔다. "위선자, 내 속을 새까맣게 태워 놓고 기도가 나오니?" 결국 두 사람은 3일 동안 말도 하지 않고 지냈다. 별것 아닌 것 가지고 삐친 자신을 보며 하나님 앞에 엎드렸다. "하나님 날 좀 고쳐 주세요. 난 왜 이 모양인가요?" 간절한 마음으로 흐느끼며 부르짖는데 한 소리가 그의 심령에 들려왔다. "고쳐 달라고 하지 마라. 죽여 달라고 해라." 순간 그는 너무 놀랐다. "그렇구나. 고쳐지는 것이 아니라 죽는 것이다." 그 후 그는 깊이 깨닫고, 달라진 삶을 살게 되었다. 이 부분을 읽을 때 "나 자신을 별세시켜야 한다."는 이중표 목사의 별세신학이 자꾸만 떠오른다.

저자는 이런 자신의 삶의 고백과 함께 "새것이 되었도다."는 말씀에 대해 영적 지각을 다시 하도록 한다. 나아가 오직 마음을 새롭게 함으로써 변화를 받아 하나님의 선하시고 기뻐하시고 온전하신 뜻이 무엇인지 분별하고 그것을 이루도록 한다.

그는 이것을 깨달음으로 그치지 않았다. '새사람 학교'를 만들어 옛 언어만을 고집하는 사람들, 영적 불만족에 사로잡혀 이웃에게 쓴

물을 뿜어 대는 사람, 예수를 믿는데도 성령의 열매가 없는 사람들을 새사람으로 만드는 데 헌신하게 되었다. 새사람 운동을 벌이고 있는 것이다. 우리가 옛사람을 날마다 죽일 때 사람과의 관계가 더 온전하게 되기 때문이다.

가정치료학을 전공한 학자답게 저자는 내가 어떤 사람인가, 즉 나의 옛 자아를 파악하도록 유도한다. 그 자아를 알아야 그것을 버릴 수 있지 않겠는가. 그러나 자아를 아는 일은 결코 쉽지 않다. 저자는 충돌을 권한다. 그리고 나를 포착하기 위해선 관계적 충돌도 두려워하지 말라 한다. 충돌하는 순간 내가 어떤 사람인가에 주목한다. 나의 내면을 들여다보고 어떤 말들이 움직이는지 관찰한다. 충돌 없이 성장은 없다.

그는 옛사람의 눈과 새사람의 눈은 다르다고 말한다. 옛사람은 자기를 기준으로 생각하는 굴절된 눈, 과거의 편견에 사로잡힌 상한 눈, 상한 뿌리가 깊어 스스로 고칠 수 없는 병든 눈, 보아야 하는 것은 안 보고 이상한 것만 보는 미친 눈들을 가지고 있다. 이에 반해 새사람은 사건을 있는 그대로 읽고 교훈을 얻으며 성장하고 발전하는 건강한 눈을 가지고 있다. 지금 내가 어떤 눈을 가지고 있는가를 알고 자기 눈이 병들었음을 인정하고 고백하는 순간부터 변화는 시작된다. 그리스도 안에서 새 눈을 뜨는 것이다. "이전 것은 지나갔으니 보라. 새것이 되었도다." 이 말씀에 붙들려 믿음으로 새사람을 작동시켜라.

남과 관계에서는 통합적 관점이 제시된다. 그에 따르면 세상을 보는 관점에는 네 가지가 있다. 남의 이야기를 자신의 것으로 바꿔 버리는 동질화 관점, 남의 억울함과 답답함을 그 사람의 입장에 서서 가슴으로 안아 버리는 주관적 관점, 상대의 이야기를 철저히 남의 이야기로 읽는 빌라도 관점, 그리고 각자의 입장에서 보는 것을 두려워하지 않고 그 누구의 입장으로도 쏠리지 않으며, 그 환경이 미친 영향을 잘 알고 그에 대해 자신의 의견을 자유롭게 표현할 수 있는 통합적 관점이다. 통합적 관점을 가지면 관찰 능력이 뛰어나 자기와 상대, 그리고 문제 상황을 잘 바라볼 수 있고, 문제로부터 자신을 구별해 내며, 자기의 한계와 능력을 안다. 그리고 한계 밖의 일은 하나님께 맡긴다. 하나님은 감사하게도 그 몫을 기꺼이 담당해 주실 것이다.

새사람은 생각하는 것이나 행동하는 것도 달라야 한다. 생각과 말은 서로를 길들이므로 보다 성숙한 생각과 말을 하도록 제안한다. 또 하나님의 말씀을 내 말처럼 사용하며 이제부터 과거의 내가 아니라 예수로 살도록 한다. "내가 예수와 함께 십자가에 못 박혀 죽었으니 이제부터 살아가는 날 동안 나로 살지 않게 하시고 예수로 살게 하옵소서. 매 순간의 언행에서 주의 성품을 드러내게 하소서." 이것이 그의 간절한 소망이요 기도이다. 삶 속에서 예수의 생명을 드러내며 사는 것이다.

당신은 진정 "이제 나는 죽었고 예수가 사십니다." 고백하고, 또 그렇게 사는가? 그렇다면 이미 당신은 새사람이다. 당신 안에 있는 그 거룩한 성품으로 인해 감사하라. 그리고 당신의 라이프 스토리를 새롭게 만들어 가라. 변화된 삶의 역사를 다시 쓰는 것이다. 새로 쓴 역사 속에서도 실패와 실수가 있을 것이다. 그래도 실망하지 말

자. 우리는 아직 완벽하지 않기 때문이다. 그럴 때마다 더 주님을 바라보고, 주님이 주시는 능력을 힘입고자 노력하자. 더 이상 나로 살지 않고 예수로 사는 열정이 아름답지 않는가. 그 살아 있는 삶의 역사로 인해 가정과 사회, 그리고 교회의 삶이 더 풍성해질 것이다. 우리는 예수 안에서 새롭게 지음을 받은, 당당한 새사람임을 일깨워 주는 이 책이 고맙다.

3. M. 로버트 멀홀랜드의 『영성여행 길라잡이』

M. 로버트 멀홀랜드의 『예수를 닮아가는 영성여행 길라잡이』(서원교 옮김, 살림)는 이른바 '영성형성(spiritual formation)을 위한 로드맵'이라는 부제가 붙어 있듯 영성에 대한 독특한 여행으로 우리를 인도한다. 영성형성은 흔히 우리가 영성이라고 말하는 것과는 다소 차이가 있다. 영성이나 영성형성이나 예수를 닮는다는 점에서는 공통된다. 그러나 그의 영성형성은 그리스도의 형상을 '닮아 가는 목적과 과정'에 초점을 맞추고 있다. 이 책을 영적 성장을 위한 여행안내라고 말하는 것이나 하나님과 함께 펼치는 영성의 항해도라고 말하는데는 다 닮아 가는 목적과 과정이 중요함을 암암리에 보여 준다.

그는 영성형성을 20세기 후반의 중요한 운동 가운데 하나로 본다.

힌두교, 불교, 무슬림, 선, 동양의 각종 명상법, 뉴 에이지 영성 등 온갖 영성이 우리 문화 속에 출현했다. 이것은 가치와 의미와 목적을 상실한 사람들이 더 전인적이고 온전한 삶을 살 수 있는 방법을 찾고 있으며, 의미와 가치와 목적이 있는 삶을 살기 위해 하나님과 더 깊이 교제하기를 원한다는 것을 보여 준다. 기독교에서도 여러 가지로 영성을 강조해 왔지만 천박하고 통속적인 영성을 벗어나지 못함으로써 오히려 실망과 좌절을 안겨 주었다고 결론짓는다.

기독교의 이러한 실패를 극복하고 그리스도 안에서 전인성을 회복하기 위한 대안이 바로 그의 영성여행이다. 이 영성형성은 우선 정적이지 않다. 그리스도 형상 가운데 있는 전인성을 향해 역동적으로 계속 발전시켜야 하기 때문이다. 그 영성은 우리의 기술과 방법과 프로그램을 통해 우리가 원하는 영적 수준에 도달하려는 것이 아니라 하나님의 방법으로 하나님이 원하는 수준에 도달하는 것이다. 또한 내가 통제할 수 있는 영성이 아니라 주님이 통제하는 영성이다. 영성여행을 할 때 주님은 우리를 빗나간 길에서 돌이키게 하시며, 여정의 고비마다 변화시키는 임재로 우리를 만나 주신다. 그리하여 우리는 점점 더 신실하게 주님께 반응하게 된다. 영성여행에서 만나는 영성은 우리 삶과 존재를 통제하시는 하나님께 깊이 반응하는 순례요 통전적 영성(holistic spirituality)이다.

이 통전적 영성여행을 위해 그는 네 가지가 필요하다고 말한다. 첫째는 여행 지도이다. 여행자가 지도 없이 여행을 하게 되면 결국 길을 잃게 될 것이다. 그 지도는 영성여행의 본질로 정체성을 바로 하는 것이다. 그는 영성형성을 다른 사람을 위하여 그리스도의 형상을 닮아 가는 과정이라 정의한다.

그리스도인의 여행은 과정이다. 조지 맥도널드가 말한 것처럼 영적으로 침체된 기간에도 하나님은 미지의 심연에서 거룩한 감화와 임재로 우리를 돌보신다. 그 과정에서 우리는 그리스도의 형상을 닮아 가게 된다. 그러나 이 과정에서 내가 통제의 주인이 되고 내가 착수하여 하나님을 찾는 이른바 '스스로 닮아 가는' 방법을 택하지 않는다. 이와는 달리 자신을 하나님께 맡기고, 하나님이 우리를 어디로 끌고 가실지 발견하는 닮아 감, 곧 '수동적 닮아 감'의 여행이다.

영성여행에서 우리의 영이 갈망하는 것은 그리스도의 형상 안에서 온전함을 이루는 것이요 그 형상으로 완성되는 것이다. 그러나 그 탐사여행에서 우리는 그리스도의 형상과 닮지 않는 부분이 있음을 깨닫게 된다. 그 여행에서 만난 적은 남이 아니라 바로 우리 자신인 것이다. 우리가 그리스도와 닮지 않았음을 느끼는 순간 하나님께 온전히 우리를 맡길 수밖에 없다. 그것이 바로 성별(consecration)이다.

저자는 영성형성이 다른 사람을 위한 것임을 분명히 한다. 우리의 영성이 다른 사람을 위하여 생명을 주고 치유하지 않는다면 회칠한 무덤일 뿐이다. 그리스도의 형상으로 통전적으로 성장하고 싶다면 하나님, 나, 그리고 다른 사람을 포함하는 삼위일체여야 한다. 그가 여행의 동반자로 공동체적이고 사회적인 영성을 강조하는 이유가 여기에 있다.

영성여행을 위해 두 번째 필요한 것은 여행 수단이다. 그는 여기에서 성격과 경건을 든다. 우리 모두는 독특한 창조물로서 성격 또한 다르다. 새벽시간의 경건이 모든 사람에게 잘 들어맞지 않듯 다양한 성격의 사람들이 자신의 경건을 개성 있게 그리고 자유롭게 표현할 필요가 있다. 이 점에서 그의 영성여행은 매우 유연성이 있다. 나아가 통전적 영성은 정서적, 심리적, 육체적, 정신적 상태 한가운데서 발생하므로 심리적인 상처를 통해 인간의 전인성을 회복하는 것이 필요하다.

세 번째는 여행이다. 여행은 영성 훈련과정이다. 여기에서 그는 기도와 영적 독서, 그리고 예전과 같은 전통적인 훈련뿐 아니라 성령님이 우리 삶을 변화시키는 데 필요한 개인적인 영성훈련도 필요하다고 말한다.

그리고 마지막 것은 여행의 동반자이다. 혼자 하는 여행보다 다른 사람들과 함께하는 공동체적 영성여행이다. 지금 우리의 영성은 너무 개인주의화되어 있다. 편협한 영성은 그리스도의 몸에 활력을 주지 못할 뿐 아니라 세상에 역동성을 드러낼 수 없다. 요한 웨슬리는 "사회적 성결 없이 개인적 성결은 있을 수 없다." 했다. 세상의 상처와 고통을 껴안는 통전적 영성에 이르기 위해서는 공동체적 영성이 필요하다.

멀 홀랜드의 영성여행은 영성 추구방법에서 잘못된 우리의 생각과 관행들을 드러내고 과감히 정리하게 한다. 그리고 전적으로 하나님께 의탁하게 만든다. 여행 지도가 있고, 가야 할 방향과 목적이 뚜렷하다면 무슨 걱정이 있겠는가. 하나님은 보이지 않지만 오늘도 우리와 함께하신다. 그리고 개성이 다른 동반자들도 있다. 서로가 서로를 배려해 줄 터이니 이 여행은 결코 피곤하지 않을 것이다.

4. 케이 워렌의 『위험한 순종』

새들백 교회 사모 케이 워렌이 『위험한 순종』(안정임 옮김, 국제 제자훈련원)을 내놓았다. 그는 『목적이 이끄는 삶』의 저자 릭 워렌 목사의 아내이다. 기독교계에서 가장 널리 알려진 목사의 아내로서 25년간 크고 작은 순종의 열매를 맺어 온 내용을 담고 있다. 특히 지난 5년간 에이즈로 고통받고 있는 환자들을 만나 보며 그들의 고통에 함께 울고 돌봄으로써 이기적인 신앙인이 어떻게 주를 향한 사랑으로 나아가게 되었는가를 소개하고 있다.

자신이 비범한 여인이어서가 아니다. 그는 단지 주님께 "예"라고 대답했을 뿐인데 하나님은 오히려 평범하기 그지없는 자기를 들어 사용하셨다고 고백한다. 그는 애써 자신의 평범함을 강조한다. 성적이든 피아노 반주 실력이든 미모든 보통 여자라는 것이다. 그런데 그와 결혼한 사람은 뜻밖에 슈퍼스타이다. 그래서 그 보통 여자는 울먹이며 기도한다. "하나님, 정말 크게 실수하신 거예요. 왜 요거밖에 안 되는 인간으로 만드셨어요? 우리 남편에게 더 예쁘고 똑똑한 사모를 허락하시지. 저는 안 돼요." 아주 솔직한 보통 여인이다.

마음을 달래기 위해 라디오를 틀었을 때 마침 대니벨 홀의 노래 <평범한 사람들>이 흘러나왔다. 그것은 평범하지만 자기가 가진 모든 것을 하나님께 드릴 때 하나님은 그를 사용하신다는 내용이었다. 그 노래를 들으면서 주체할 수 없을 정도로 눈물이 났다. 하나님의 마음이 그에게 전해진 것이다. 그 눈물은 자신에 대한 연민의 눈물이 아니라 기쁨과 평강의 눈물이었다.

가사에 힘을 얻은 그는 하나님이 자신을 평범한 인간으로 만드셨다는 사실을 새롭게 인식하고, 자신처럼 평범한 사람이 순종했을 때 하나님은 자신의 삶을 통해 기적을 일으키실 것을 확신했다. 그날 그는 주님께 자신의 모든 것을 드리겠다고 서원하고 자신의 장래까지 맡겼다. 그때 그의 달라진 기도가 압권이다. "하나님, 잘난 게 없다 늘 불평하던 저, 당신은 실수하셨다고 비난했던 저를 용서해 주세요. 이제부터는 저를 평범하게 만들어 주신 것을 기쁘게 받아들이겠습니다. 저 자신을 당신께 바치며 순종하겠습니다. 언제든, 어디든, 무엇에든 당신 마음대로 저를 사용해 주옵소서. 저의 점심 도시락을 드릴 테니 그것으로 오병이어의 기적을 만들어 주옵소서."

하나님은 짧지만 진정성 있는 그의 기도를 기쁘게 받으셨다. 그는 자신의 삶을 뒤돌아보며 이 기도가 그의 생애에 있어서 가장 위험한 순종(dangerous surrender)의 기도였다고 말한다. 하나님은 평범하기 그지없는 자기를 택해 기적을 일으키셨기 때문이다. 하나님을 향해 "예"라고 대답했을 때 하나님은 그 '예'를 흘려버리지 아니하시고 기적을 일으키신다. '예'라는 순종의 한마디가 당신의 삶을 아주 바꿔 놓을 수 있다. 마더 테레사가 그랬던 것처럼.

릭 워렌 목사는 이 위험한 순종이 아내의 삶을 극적으로 바꿔 놓았다고 고백한다. 32년간 아내를 지켜봐 왔기 때문에 이 책의 내용에 거짓이 없다고 증언도 한다. 아내는 순종의 삶을 살아오면서 때로 값진 대가를 지불하기도 했다. 순종은 모험이기도 하다. 워렌 목사는 아내의 삶이 자신의 삶을 변화시키기도 했다며 이 책을 읽는 독자에게도 찔림과 감동과 변화를 받기 바란다고 주문한다. 순종을 권하는 것은 순종이 인생을 제대로 사는 최상의 방책이기 때문이 아니라 유일한 방책이기 때문이다.

이 책은 주로 케이가 에이즈환자들에 대해 어떻게 관심을 갖게 되고, 지금까지 일을 진행시켜 왔는가를 잘 묘사하고 있다. 이 일을 시작했을 때 그가 그 분야의 전문가였기 때문이 아니다. 오히려 문외한이었다. 그러나 하나님은 그런 그에게 많은 선생과 멘토와 친구들을 만나게 해 주셨고, 그들을 통해 배우면서 실행에 옮겨 나갔다. 하나님은 이 일을 이룸에 있어서 보이지 않는 가운데 가장 바쁘게 일하는 분이시다.

이 책은 단지 에이즈환자 이야기만 소개하는 것이 아니다. 순종의 의미가 진정 무엇인지 잘 가르쳐 준다. 그것은 주님이 가르쳐 주신 바와 같이 자기를 부인하고 날마다 자기 십자가를 지고 주님을 따르는 것이다. 주님과 복음을 위해 목숨을 내놓는 것이다. 이를 위해 그는 순종의 기도를 드리도록 한다. "제 십자가가 저 자신을 영원히 망각하고 부인하는 일이라 해도 그것을 감수하겠습니다." 순종을 위한 발걸음은 이처럼 진지하다.

그리고 묻는다. '예'라는 대답이 장차 어떤 결과를 가져올지 모르는 상황에서도 여전히 당신은 하나님께 '예'라고 대답하겠는가? 다짐을 하는 것이다. 솔직히 모든 것을 주님께 바치기 겁이 난다. 하지만 주님의 눈으로 이 세상을 보도록 도와 달라고도 하고, 주님을 위해 모든 것을 걸고 순종하겠다고 선언하는 자리에 이른다. 무엇이 어떻게 펼쳐질지 알지 못해도. 케이는 이런 식으로 점차 순종의 여인이 되어 갔다. 나아가 우리로 하여금 위험한 순종에 동참하도록 만든다.

이 책은 단순한 사모 얘기가 아니다. 이 땅에는 상처받고 아파하는 사람들이 많으며 교회도 고통당하는 세계를 직시하고 그들에게 위로와 사랑과 용기를 주도록 당신을 초청하는 초대장이다. 이 책을 읽고 나면 도르츠바크의 말대로 당신은 야곱처럼 얍복 강가에서 천사와 씨름하게 될 것이다. 이기적인 자아로 남을 것인가, 아니면 자신을 쳐 순종으로 나갈 것인가. 당신의 신앙양심은 결국 순종 쪽으로 기운다. 그러나 순종의 묘미를 발견하면서 그 큰 기쁨에 다리를 절게 될 것이다. 케이는 서두에 이런 기도를 드린다. "나의 왕 주 예수 그리스도여, 나는 당신께 빚진 몸입니다. 당신의 여종이오니 다만 당신 뜻대로 하옵소서. 당신께 드리는 저의 대답은 언제나 '예'일 뿐입니다." 당신도 이 기도에 동참하게 될 것이다. 오로지 감사한 마음으로.

5. 토미 테니와 데이빗 케이프의 『종의 마음』

최근 섬김의 리더십에 대한 관심이 높아지고 있다. 어떤 이는 이를 감성을 강조하는 포스트모던 사회의 한 특성으로 보기도 한다. 하지만 섬김이 어찌 한 시대에만 필요한 것일까. 그것은 시대를 초월한 그리스도인의 중요한 가치요 덕목이 아니던가.

섬기는 리더십의 전형으로 흔히 예수님의 발 씻김 사건을 든다. 예수님이 그 모범을 보이셨으니 제자인 우리는 기꺼이 그 모범을 따르는 팔로워십(followership)을 보여야 할 차례이다. 리더십만 있고 팔로워십이 없다면 그 섬김은 남의 일일 수밖에 없다.

팔로워십의 모범으로 토미 테니와 데이비드 케이프가 쓴 『종의 마음』(이상준 옮김, 토기장이)이 있다. 이 책의 원제목은 『위대함에 이르는 하나님의 비밀』이다. 종의 마음을 가지고 고난당한 이웃을 섬기는 일이야말로 위대함에 이르는 하나님의 비밀이라는 것이다.

저자 모두 목회자이다. 그러나 이 책에 있어서 두 사람의 역할은 다르다. 테니는 순회사역자로 하나님의 임재를 사모하도록 돕고, 목마른 사람들을 그 임재 가운데 인도하는 특별한 은사를 가지고 있다. 이런 그가 케이프를 만나 이 책을 함께 씀으로써 완숙도를 더했다. 케이프는 남아공에서 목회를 하고 있던 중 목회를 내려놓고 길거리 사역을 하고 있다. 거리로 나가 사람들의 발을 씻겨 주라는 음성을 들은 후 20여 년 동안 전 세계를 돌아다니며 발을 씻겨 주는 특이한 사역의 주인공이다. 이 책은 발 씻김 사역을 통해 일어나는 여러 가지 변화를 생동감 있게 소개하고 있다. 발 씻김이 결코 작은 일이 아님을 입증하고 있는 것이다.

대야와 물, 의자도 동원되지만 사역의 주요 도구는 나무십자가와 수건이다. 십자가와 수건은 이 비밀스런 사역의 중장비인 셈이다. 케이프는 수건을 들고 주님이 가라 하시는 곳으로 간다. 내전으로 상처가 심한 아프리카 국가도 가고, 문화가 전혀 다른 중동 국가도 간다. 난민수용소에도 가고 전쟁터에도 간다. 세계 도처가 주님의 사역지이다. 그는 가는 곳에서 영양실조로 쓰러져 가는 아이들뿐 아니라 알코올과 마약중독자, 창녀, 환자들의 발을 씻는다.

그 섬김의 현장에서 놀라운 역사가 일어난다. 발을 씻으며 위로할 때 많은 영혼들이 주님을 영접하며 십자가 앞에 그들의 무거운 짐을 내려놓는다. 씻김을 받는 자에게만 역사하는 것은 아니다. 발을 씻길 때 주님을 생각하며 눈물을 흘린다. 발 씻김, 그것이 뭐 그리 대단하다고. 그러나 주님은 그 작고 쉬운 그 방법을 택하시고, 사람들을 변화시키신다. 주님은 예배에만 임하는 것이 아니라 사역의 현장에 능력으로 임하신다.

이 역사는 우리에게서도 일어난다. 교인들의 마음이 갈라져 서로 반목할 때, 목회자가 그들의 발을 씻을 때, 치유의 역사가 일어난다. 오늘도 아버지 학교에선 눈물의 세족식을 한다. 주님은 이 작은 섬김을 통해 우리를 낮추고 겸손케 하며 영혼을 맑게 하신다.

하나님 보시기에 위대함은 섬김에 있다. 저자는 우리를 진실한 종, 곧 섬김 이가 되도록 인도한다. 참된 종이 되려면 자신을 낮출 준비가 되어 있어야 하고, 불붙는 열정이 있어야 한다. 종은 결코 자신이 섬기는 자와 같아지려고 하지 않는다. 종은 계산하지 않고 남을 돌보며, 이웃을 용서하고 축복한다. 이것이 바로 진실한 종의 특징이다.

긍휼은 기적의 탄생지이다. 그리고 긍휼히 여기는 마음은 우리가 이 땅에서 경험하는 모든 기적의 모태이다. 주님은 우리가 섬김의 자리로 가기 전에 사람들의 필요를 보게 하시고 긍휼의 마음이 일어나게 하신다. 그리고 하나님의 능력을 경험하게 하신다.

여러 사례 중 남아프리카 나탈의 사탕수수밭에서 만난 줄루족 나환자의 얘기가 가장 인상에 남는다. 노인처럼 보였지만 젊은 이 환자는 머치슨 선교병원으로 가는 길이었다. 발은 그가 지금껏 본 것 중에 가장 비참하게 일그러지고 피가 흘렀다. 내딛는 걸음 하나하나가 고통이었다. 돈을 건네주고 돌아서려 하자 세미한 음성이 들렸다. "네가 나를 슬프게 하는구나, 너는 그의 발을 닦아 주지 않았다." 결국 상하고 피범벅이 된 발을 대야 안에 담고 발을 씻었다. 수건이 없어 망설이자 성령님이 말씀하셨다. "네 웃옷을 벗어 그의 발을 닦아라." 발을 닦자 상처에서 나온 피와 진액이 옷에 젖어 들었다. 그날 밤 성령이 말씀하시는 것을 느꼈다. "여기 내 형제 중에 지극히 작은 자 하나에게 한 것이 곧 내게 한 것이니라."

발 씻김은 행동하는 사랑이다. 그 누구도 행동하는 사랑을 거부할 수 없다. 그러니 두려움 없이 나가 주님을 보여 주라. 주님이 이 땅에서 그리하셨던 것처럼. 그러나 저자는 섬김에 이르는 일곱 가지 열쇠로 S.E.R.V.A.N.T를 제시하며 조심성 있게 접근하도록 한다. 어떤 상황에서나 모든 이들에게 사랑을 말한다.(Speak love) 섬길 때 효과적인(Effective) 방법으로 계획하고 준비하며 실행한다. 섬김에서 예수님을 나타내라(Reveal Jesus). 당신이 섬길 일들을 검증하라(Verify). 아무나 붙잡고 발을 씻으려 하지 말고 기도하는 가운데 상대에게 기회를 주실 수 있느냐 묻고 다가간다. 항상 사랑으로 기쁨으로 행동한다(Act in love). 보답을 바라지 않는다(Nothing in return). 그리고 다음에 누구를 어떻게 섬겨야 할지 주님의 답을 기다리며 머문다(Tarry).

책을 덮으면서 늘 뇌리를 떠나지 않는 주님의 말씀이 있다. "너희

중에 누구든지 크고자 하는 자는 너희를 섬기는 자가 되고"(막10:43) 우리는 모두 올라가려고만 한다. 하지만 주님은 우리를 향해 내려가라 하신다. 올라가는 것은 내려가는 것이고 내려가는 것은 오히려 올라가는 것이기에. 이것이 바로 주님이 우리에게 가르치신 영적 가르침이다.

그리스도는 종이 되기 위해 죽으셨다. 그렇다면 우리는 지금 무엇을 해야 하는가. 섬김의 손수건을 두르고 세상으로 나가는 것이다. 섬김은 기적의 통로이다. 당신의 작은 섬김이 세상을 변화시킬 수 있다. 주님이 함께하시기에.

제3부 나의 나그네 된 집에서

1. 너희를 향한 나의 생각은

1) 바벨론에 날아든 예레미야의 편지

예루살렘의 많은 포로들이 바벨론으로 옮겨졌다. 유다 왕 시드기야도 바벨론으로 끌려갔다. 침통한 일이 아닐 수 없다. 그러나 어쩌랴. 그것이 다 하나님을 향해 충실하지 못한 죄 때문인 것을. 하나님은 선지자를 보내 얼마나 돌아오도록 경고하셨는가. 그 말씀을 듣지 아니한 것이 오늘날 결국 이 지경에 이르게 되었다.

예레미야는 바벨론 포로로 잡혀간 사람들에게 위로와 함께 경고의 편지를 보낸다. 그는 편지를 통해 그들이 현재 어떤 입장에 처해 있는가를 설명하고, 바벨론에 머물면서 거짓선지자들의 가르침에 조심할 것과 그들의 장래가 앞으로 어떻게 될 것인가 하는 것도 말해주었다.

우선 그는 그곳에서 정상적인 삶을 살라고 한다. "너희는 집을 짓고 거기 거하며 전원을 만들고 그 열매를 먹으라. 아내를 취하여 자녀를 생산하며 …… 너희로 거기서 번성하고 쇠잔하지 않게 하라."(렘29:5, 6) 이것은 일이 년 안으로 해결될 문제가 아니다. 하나님은 그들에 대해 구원계획을 가지고 계시지만 그것은 70년 이후에나 성취될 것이다. "바벨론에서 칠십 년이 차면 내가 너희를 권고하고 나의 선한 말을 너희에게 실행하여 너희를 이곳으로 돌아오게 하리라."(렘29:10) 너희가 돌아오고 싶다고 해서 돌아올 수 있는 것도 아니다. 그러니 그곳에서 장기전을 펴라는 말씀이다. 70년 동안 소망을 갖고 살면서 쇠잔해지지 않도록 해야 한다. 이것이 그들이 먼저 해야 할 일이다.

나아가 그곳 성읍과 그 나라 사람을 위해 기도하라 하신다. "너희는 내가 사로잡혀 가게 한 그 성읍의 평안하기를 위하여 여호와께 기도하라. 이는 그 성이 평안함으로 너희도 평안할 것임이니라."(렘29:7) 자기들을 이곳으로 끌고 왔으니 미움이 앞설 것이다. 그들을 위해 어떻게 기도할 마음이 나겠는가. 그러나 그곳이 평안해야 너희도 평안을 얻게 되기 때문에 그곳의 평안을 비는 것이 마땅하다는 것이다. 민족적 안전망을 확보하는 것이다. 이것이 유대민족이 그곳에서 살아남을 수 있는 길이다.

그 다음 거짓선지자를 조심하고 경계하라고 말한다. "너희 중 선지자들에게와 복술에게 혹하지 말며 너희가 꾼바 꿈도 신청하지 말라. 내가 그들을 보내지 아니하였어도 그들이 내 이름으로 거짓을 예언함이니라."(렘29:8, 9) 70년 포로기에는 불안하고 영적으로 혼란스러운 기간이 된다. 각종 거짓선지자들과 복술을 행하는 자들이 늘어나 거짓을 말하게 될 것이다. 이것을 경계하도록 경고하고 있다. 그 거짓에 속지 말고, 하나님 앞에서 깊이 자숙하며 있으라는 말이다. 그러면 70년이 지난 다음 하나님께서 이 백성을 향해 선한 말씀을 하게 될 것이다.

이 당부를 마친 그는 하나님이 이 백성들을 향해 어떤 생각을 갖고 있는가를 말해 줌으로써 그들이 하나님을 향해 어떤 행동을 해야 하는가를 보여 준다. 이 말씀은 그들에게 생명수와 같다.

"너희를 향한 나의 생각은 내가 아나니 재앙이 아니라 곧 평안이요 너희 장래에 소망을 주려는 생각이라. 너희는 내게 부르짖으며 와서 내게 기도하면 내가 너희를 들을 것이요 너희가 전심으로 나를 찾고 찾으면 나를 만나리라."(렘29:11, 12)

"내가 너희에게 만나지겠고 너희를 포로 된 중에서 다시 돌아오게 하되 내가 쫓아 보내었던 열방과 모든 곳에서 모아 사로잡혀 떠나게 하던 본곳으로 돌아오게 하리라."(렘29:14)

2) 절대타자로 우리 앞에 서신 하나님

이것이 예레미야가 그곳 백성들에게 보낸 편지의 내용이다. 그들이 앞으로 육적으로나 영적으로 어떻게 살아야 하는가를 잘 보여 주고 있다. 이 편지에서 느낄 수 있는 점들이 많다. 그 가운데 하나는 하나님은 과연 어떤 분이신가 하는 것이다.

하나님은 우리 속에 계시면서도 우리와 철저히 다르신 분이다. 심판에 관한 한 하나님은 자신의 공의를 이루기 위해 절대 타협하지 않으신다. 어떤 이는 이에 대해 절대타자라는 용어를 사용한다. 그분은 우리와 가까이 계시지만 권모술수도 없고 설득당하지도 않으신다. 타협도 하지 않으신다. 그래서 절대타자이다.

거짓선지자나 우상은 타협한다. 점도 마찬가지이다. 돈만 주면 잘될 것이라 말하고, 돈을 주면 운명도 고쳐 주겠다고 약속한다. 협잡꾼이 따로 없다. 그렇다고 그것들이 우리 생을 보장하는 것도 아니다. 우연히 일이 이뤄지면 자기 때문이라 하고, 일이 잘 안 되면 치성이 부족한 탓이라 한다. 그것이 우리 삶을 변화시켜 주지도 못한다. 우상은 우리 욕심을 객관적으로 형상화시킨 것일 뿐이다. 우리와 같은 것이므로 하등 섬길 필요가 없다. 그러나 하나님은 다르다. 말씀대로 이루신다. 그 말씀이 그대로 우리에게 영향을 준다. 제대로 혼내실 땐 가차 없다.

왜 그렇게 혼내실까? 그것은 자기를 반성하고, 우리로 하여금 하나님께 돌아오도록 하기 위함이다. 그러면서 너희를 향한 나의 생각은 재앙이 아니라 평안이요 너희 장래에 소망을 주려는 것이라 하신다. 다 너 잘되라고 그런 것이라는 아버지의 마음을 읽을 수 있다. "네가 미워서 그러겠느냐. 자식을 미워하는 부모가 어디 있겠느냐." 여기서 하나님은 바로 우리 아버지라는 것을 느낄 수 있다. 그럴 땐 사랑의 하나님께서 왜 절대타자로 우리 앞에 서실 수밖에 없는가를 깨닫게 된다. 사랑하실 땐 우리를 끌어안으시지만 공의의 심판 때는 우리를 과감히 내치신다. 절대타자로 서시는 것이다. 그럼에도 불구하고 하나님은 언제나 자기편이어야 하고, 심지어 자기를 지키는 수호신으로 생각한다. 자기 위주의 생각이다. 이런 우리의 생각과는 관계없이 말씀의 경고에도 불구하고 우리가 계속 악의 길에 설 때 하나님은 단호하시다. 그럴 때 우리는 당황한다. "하나님께서 왜 그러실까? 나를 잊으셨나? 나를 버리셨나?"

하나님은 우리와 다른 분이다. 다음은 이사야서에 있는 하나님의 말씀이다. "내 생각은 너희 생각과 다르며 내 길은 너희 길과 달라서 하늘이 땅보다 높음같이 내 길은 너희 길보다 높으며 내 생각은 너희 생각보다 높으니라."(사55:8, 9) 생각과 길이 우리와는 다르다는 말씀이다.

그 하나님은 70년이라는 긴 기간 동안 이스라엘을 신앙으로 단련시키신다. 신앙훈련은 우리와 차원이 다른 하나님과 가까워지게 하는 것이며 그분 뜻에 따라 살게 만드는 과정이다. 가까워진다는 것은 거리가 아니다. 하나님을 향한 우리의 내적 상태가 달라진다는 것을 의미한다. 달라지기 위해서는 하나님께 더 가까이 나가야 한다. 무릎을 꿇어야 한다. 그 방법은 기도이다. 기도를 통해 주님을 만나고, 때론 부르짖는다. 우리가 기도할 때 주님은 귀를 여신다. 전심으로 찾으면 만나리라 하신다. 하나님이 가까이 계실 때 부르짖고 찾으라. 그러면 만나리라.

3) 절대사랑으로 안으시는 하나님

70년 포로기간은 인간적으로 볼 때 가장 절망적인 시간이다. 심판과 형벌의 의미를 가진 시간이기 때문이다. 그 기간은 하나님이 정한 시간이다. 그래서 어느 누구도 변경할 수 없다. 그러나 좌절과 절망의 시간만은 아니다. 용서하고 구속하시는 시간이다. 우리의 옛 것을 완전히 죽이고 새로운 소망으로 불러들이는 시간이다. 그래서 하나님은 그 기간을 통해 우리를 만나고 우리에게 소망과 평안을 준비하신다. 평안과 소망은 우리 수준의 삶이 아니다. 그저 잘 먹고 잘사는 것이 아니다. 그 나라에서 누리는 평안의 삶이다. 아버지 집만이 가질 수 있는 평안이다. 탕자는 그것을 알았다.

그 시간에 우리도 주님을 새롭게 인식하고, 아버지 집으로 돌아갈 결심을 한다. 새로운 피조물로서 하나님 시간 속에서 새롭게 창출되는 것이다. 아버지는 깊은 밤에 새벽을 기다리듯 우리를 기다리신다. 우리가 방황할 때 가슴 아파하시며 우리가 돌아오면 줄 평안과 소망을 가슴 가득 안고 기다리신다. 절대타자로 서신 하나님께서 사랑과 자비의 아버지로 나선 것이다. 하나님 집에 있어야 할 것을 깨달은 탕자는 자기의 모든 것을 버리고 아버지 집으로 돌아간다. 그때 아버지는 우리를 기쁨으로 안으신다. 낡은 옷을 벗기시고 우리가 예측할 수 없는 새 옷을 준비하신다. 구습을 버릴 때 주님은 우리에게 하늘의 옷을 입히신다.

탕자는 그 나라의 잔치에 참여하게 된다. 그는 자격이 없다. 하지만 그는 그동안 한 가지 깨달은 것이 있다. 나는 아버지 집에 있어야 한다는 것을. 그 깨달음이 중요하다. 하나님은 지금 포로 생활을 하는 유대 백성을 향해 그것을 깨달으라 하신다. 그때까지 기다리시겠다는 것이다. 그 70년이 지나면 완전히 회복시키시겠다는 하나님. 한편으로 그분은 절대타자이다. 그러나 다른 한편으론 절대사랑이다. 이 두 속성을 느끼기 위해서 우리는 십자가의 아픈 과정을 거쳐야 한다. 그 안에 하나님의 공의와 사랑이 함께 담겨 있기 때문이다. 예레미야의 편지 속에도 이 두 가지가 담겨 있다. 과연 당시 유대백성들은 그것을 느낄 수 있었을까? 아니 지금 당신은 이 주님을 맛보고 있는가? 그렇지 않다면 이제 주님 앞에 나아가야 한다. 주님이 계신 그곳으로.

2. 청컨대 들으라

김수환 추기경이 선종했다. 그리스도인으로서 삶의 모범을 보인 것이다. 이로 인해 사람들은 가톨릭을 다시 보게 되었다. 반면 개신교도들은 깊은 반성을 하는 계기가 되었다. 선종(善終)은 "선하게 살다가 복된 죽음을 맞는다."는 선생종복(善生終福)을 줄인 말이다. 그리스도인은 누구나 선종의 책임이 부여되어 있다.

우리도 하나님이 원하시는 삶을 살 수 있을까? 이 물질주의 시대에 과연 그것이 휘둘리지 않고 하나님이 기뻐하시는 길을 묵묵히 걸어갈 수 있을까? 이에 대한 답을 하려면 먼저 미가 3장을 깊이 묵상해야 한다.

미가 3장은 이스라엘의 리더들을 향한 하나님의 메시지이다. 성경에는 '야곱의 두령들과 이스라엘 족속의 치리자들', '선지자들'이라 하였다. 정치적 지도자들과 종교적 지도자들에 대해서 말씀하시겠다는 것이다. 이 메시지는 1절에 "청컨대 들으라."라는 말씀으로 시작한다. 그리고 9절에서도 "청컨대 이 말을 들을지어다."라고 재차 강조하였다. 이것만은 반드시 들어야 한다는 간곡한 말씀이다.

1) 공의의 실행이 문제이다

무엇을 들어야 하는가? 하나님은 직설적으로 말씀하신다. "공의는 너희의 알 것이 아니냐?"

여기서 공의는 인간의 공의가 하나님의 공의이다. 하나님은 관계, 곧 하나님과 인간, 인간과 인간 사이의 공의를 세우시고 그 사이의 책임과 의무를 정하셨다. 하나님이 이 땅에 예수 그리스도를 보내신 것은 하나님의 의를 세우기 위한 것이다. 그만큼 하나님은 공의에 철저하셨다. 하나님은 우리로 하여금 하나님과의 관계에서나 인간관계에서 하나님의 정의가 바로 서도록 하셨다.

여기서 알 것이 아니냐는 원래의 뜻은 '시행되어야 할 것이 아니냐'이다. 히브리 언어에 안다는 것은 행동한다는 뜻을 담고 있다. 그러므로 우리가 하나님의 뜻과 그 말씀을 안다면 행동으로 나타내야 한다는 것을 알 수 있다.

2) 정치적 지도자들, 문제 있다

야곱의 두령들과 이스라엘의 치리자들은 정치적 지도자들인 동시에 법관들이었다. 백성들 사이에 분쟁이 발생하면 그들이 중재에 나서기도 하고, 율법과 규례에 따라 판결을 내리기도 하였다. 직업적 재판관 역할을 한 것이다.

그러나 당시 판관들은 부패했다. "그 두령은 뇌물을 위하여 재판하며"(11절) 돈을 많이 주면 그에게 유리한 판결을 함으로써 공의를 굽게 했다. 올바른 재판이 목적이 아니라 돈이 목적이 된 것이다. 삶의 우선순위가 바뀌었다.

성경에서는 여러 곳에서 판결을 굽게 하는 행위를 금한다. 뇌물을 받지 말라는 말씀, 술에 취하지 말라는 말씀 속에는 그것들이 공정한 판단을 흐리게 하기에 충분하기 때문이다. 하나님은 심지어 가난하다고 해서 그들을 편벽되이 하지 말라 하시기도 하셨다. 가난의 요소가 공정성을 깨서도 안 된다는 말씀이다. 가난하든 부하든 공의는 공의라는 말씀이다. 그만큼 하나님의 공의는 바르다.

그러나 그들은 공의를 저버렸다. 하나님은 야곱 족속의 두령과 이스라엘 족속의 치리자를 가리켜 "공의를 미워하고 정직한 자를 굽게 하는 자들"(9절)이라 하셨다. 당시 지도자들을 악의 축으로 본 것이다.

하나님은 그들의 불공정성에 대해 엄히 지적하신다. "너희가 선을 미워하고 악을 좋아하며 내 백성의 가죽을 벗기고 그 뼈에서 살을 뜯어 그들의 살을 먹으며 그 가죽을 벗기며 그 뼈를 꺾어 다지기를 냄비와 솥 가운데 담을 고기처럼 하는도다."(미3:3) 이 말씀을 읽노라면 마치 춘향전에서 이몽룡이 암행어사가 되어 부패한 사또를 책하는 장면이 떠오른다.

金樽美酒千人血(금준미주천인혈): 금잔에 흐르는 맛있는 술은 수천사람의 핏물이요

玉盤佳肴萬姓膏(옥반가효만성고): 옥쟁반에 가득한 진수성찬은 만백성의 고혈이라

燭淚落時民淚落(촉루락시민루락): 촛농 떨어질 적마다 백성의 눈물 떨어지고

歌聲高處怨聲高(가성고처원성고): 노랫소리 드높은 곳에 백성들의 원성 또한 높아라

선과 악을 바로 구분하여 판단해야 할 사람들이 그것을 구분하지 못하고 오히려 악 쪽에 서다니 말이 되기나 하느냐는 말씀이다. 백성들은 선을 원하는데, 너희들은 악을 행하였다는 것이다. 정부와 국민을 분리하여 말씀하신다. 한마디로 정치가 썩었다는 것이다.

이에 하나님은 엄히 말씀하신다. "그때에 그들이 여호와께 부르짖

을지라도 응답지 아니하시고 그들의 행위의 악하던 대로 그들 앞에 얼굴을 가리시리라."(미3:4) 부르짖어도 응답지 않고 그들 앞에 얼굴을 가리겠다는 것은 하나님과의 분리를 뜻한다. '이젠 나와 너는 상관이 없다'는 말씀이다. 불순종은 하나님과의 분리를 가져온다.

3) 종교지도자들, 문제 있다

이스라엘의 종교지도자들도 예외가 아니다. 함께 썩었다. 이것은 부패라는 거대한 먹구름이 이스라엘을 덮고, 악의 비바람이 그 땅을 적시고 있었음을 보여 준다. 하나님은 선지자들을 가리켜 '내 백성을 유혹하는 선지자'라 하셨다. 그리고 그들의 행위를 이렇게 표현하신다.

"이에 물면 평강을 외치나 그 입을 무엇을 채워 주지 아니하는 자에게는 전쟁을 준비하는도다."(5절)

'이에 물면'은 '그 입에 무엇을 채워 주면'이라는 것으로, 선지자들이 뇌물을 받고 거짓된 평화를 선포한다는 것이다. 뇌물을 주면 평화가 임할 것이라 예언하고, 뇌물을 주지 않으면 재앙이 임하리라 말한다. 돈만 가지고 오면 평안할 것이라 예언하고, 돈을 가져오지 않으면 전쟁, 곧 저주가 임하리라 말함으로써 공포감을 조성한다는 것이다. 아주 위협적이다. 그러면서도 평화를 말할 땐 언제나 하나님을 들먹인다. "여호와께서 우리 중에 계시지 아니하냐. 재앙이 우리에게 임하지 아니하리라."(11절) 이중적인 그들의 모습이 보인다. 거짓은 이렇듯 오락가락한다.

이 예언을 따르면 어떻게 될까? 바르게 인도해야 할 선지자들이 길을 오도하고 있다. 사람들은 결국 길을 잘못 들어 방황하게 될 것이다. 전쟁이 날 것 같은데 평안을 말하니 도대체 무엇을 믿을 수 있을까. 사람에 따라 예언이 다르면 결국 백성들로 하여금 회개할 수 있는 길을 막는 것이다. 하나님을 향해 가는 길을 막는 것이다.

하나님은 이런 잘못된 선지자들에 대해 언급하신다.

> "너희가 밤을 만나리니 이상을 보지 못할 것이요 흑암을 만나리니 점치지 못하리라. …… 이 선지자 위에는 해가 져서 낮이 캄캄할 것이라. 선견자가 부끄러워하며 술객이 수치를 당하여 다 입술을 가릴 것은 하나님이 응답지 아니하심이어와 오직 나는 여호와의 신으로 말미암아 권능과 공의와 재능으로 채움을 얻고 야곱의 허물과 이스라엘의 죄를 그들에게 보이리라."(미3:6~8)

하나님은 그들이 더 이상 이상을 보지 못할 것이라 하셨다. 낮이 캄캄하게 된다는 것은 예언할 수 없게 되었음을 의미한다. 칼 바르트에 따르면 참선지자의 예언은 모든 바퀴를 돌려 주는 역할을 한다. 바퀴가 제대로 돌아가게 만드는 것이다. 그래서 원동력 바퀴라 한다. 그런데 그 원동력 바퀴에 문제가 생긴 것이다. 하나님께서 선지자의 총을 흐리게 하고, 그로부터 예언의 능을 빼앗는 것은 심판이 시작되었음을 의미한다. 선견자가 부끄럽게 되었다. 선견자란 선지자의 옛말이다.

하나님이 그들에 대해서는 예언의 능력을 빼앗지만 참선지자 미가에게는 다르다. 오히려 권능과 공의와 재능을 채워 주신다.

- 권능은 능력과 힘이다. 이것은 자신에게 어떤 어려움이 닥친다 해도 그것에 상관하지 아니하고 담대하게 선포할 수 있는 힘이다. 오히려 악에 대항한다.
- 공의는 법의식이다. 하나님의 길을 곧게 하는 사명에 철저할 때 하나님의 공의가 강하게 세워진다.
- 재능은 담대히 외칠 수 있는 거룩한 용기이다.

미가는 농부이다. 그는 비록 거칠지만 담대히 외칠 수 있는 힘을 가졌다. 이것이 그가 다른 거짓선지자와 다른 점이다.

참선지자와 거짓선지자의 차이는 누가 그 입을 가득 채워 주는가에 달려 있다. 하나님이 그 입을 채워 주시면 참선지자가 되고, 자신이 그 입을 채우면 거짓선지자가 된다. 하나님은 말씀하신다. "네 입을 크게 열라. 내가 채우리라." 채우는 분은 내가 아니라 하나님이시다. 하나님만이 채워 주실 수 있다. 하나님으로부터 채움을 받은 선지자는 사람의 영향력이 아니라 하나님의 영향력을 따라 예언한다. 그리고 저항할 수 없는 자에게도 저항할 수 있는 힘이 있다.

미가는 "야곱의 허물과 이스라엘의 죄를 그들에게 보이리라." 한 대로 이스라엘을 향해 플래카드를 높이 들었다. 그 안에는 죄의 목록도 있다. 어느 누구도 항의할 수 없게 만든 것이다. 이스라엘의 정치 지도자든, 종교지도자든 그들 속에는 하나님이 최고의 자리를 차지한 것이 아니라 물질이 최고의 자리를 차지하였다. 그들의 눈은 뇌물에 멀었다. 재앙이 임하지 않는다며 말함으로써 하나님의 말씀까지 임의적으로 팔았다. 돈이 하나님의 목소리보다 더 크게 말하는 시대가 되고 만 것이다. 선지자는 이를 합리화했다.

4) 너희로 인하여 예루살렘이 무더기가 되리라

하나님은 그들을 향해 "시온을 피로, 예루살렘을 죄악으로 건축하는도다."(10절)라고 하셨다. 그리고 그들에 대해 엄한 심판을 예고하신다. "이러므로 너희로 인하여 시온은 밭같이 갊을 당하고 예루살렘은 무더기가 되고 성전의 산은 수풀의 높은 곳과 같게 되리라."(12절) 한마디로 너희들 때문에 예루살렘이 망하게 될 것이라는 말씀이다. 예루살렘이 멸망할 것이라는 말씀은 그들에게 있어서 상상도 못 할 일이다. 다윗의 위가 영원하다고 생각했기 때문이다. 이 예언은 적중했다. 이 예언이 있은 지 100년 후 예루살렘은 멸망했다. 그리고 그들은 바벨론 포로가 되었다.

미가서 3장은 이 사회와 교회를 향한 하나님의 선포이다. 이 말씀 속에는 하나님의 분노가 가득 차 있다. 분노한 선지자 미가의 음성도 크다. 정치지도자들이여, 종교지도자들이여, 사리사욕에 휩쓸리지 마라. 백성을 보호하라. 우리 모두 믿음 가운데 서도록 자신을 살피라.

3. 칼을 쳐서 보습을 만들고

1) 칼을 쳐서 보습을 만들고

열국에 대한 여호와의 심판을 예언하는 요엘서 3장 9절을 보면 전쟁을 준비하고 용사를 격려하고 무사로 나아오게 하는 장면이 나온다. 10절에서는 이렇게 명령한다. "너희는 보습을 쳐서 칼을 만들지어다. 낫을 쳐서 창을 만들지어다. 약한 자도 이르기를 나는 강하다 할지어다." 이스라엘이 주의 용사가 되어 사면의 열국을 심판하는 대열에 서게 되는 것이다. 그래서 애굽은 황무지가 되고 에돔은 황무한 들이 된다.(19절) 심판의 결과이다.

그런데 미가 4장 3절에는 이와 반대되는 말씀이 등장한다. "칼을 쳐서 보습을 만들고 창을 쳐서 낫을 만들 것이며 이 나라와 저 나라가 다시는 칼을 들고 서로 치지 아니하며 다시는 전쟁을 연습하지 아니하고"

여기서 칼과 창은 전쟁을 의미한다. 그리고 보습(쟁기)과 낫은 농기구를 의미한다. 이것은 전쟁무기를 녹여 농기구를 만드는 것으로 평화가 임할 것을 암시하고 있다. 평화는 모든 인간이 바라는 소원이다. 이 말씀은 전쟁이 난다는 소문의 무성한 가운데서 평화의 비전을 예언했다는 점에서 특이하다. 과연 평화가 오긴 오는 것인가?

미가서 4장 3절의 말씀은 미가에만 있는 말씀이 아니다. 성경의 여러 곳에서 이 평화의 도래를 선언하고 있다.

- "그가 열방 사이에 판단하시며 많은 백성을 판결하시리니 무리가 그 칼을 쳐서 보습을 만들고 그 창을 쳐서 낫을 만들 것이며 이 나라와 저 나라가 다시는 칼을 들고 서로 치지 아니하며 다시는 전쟁을 연습지 아니하리라."(사2:4)
- "와서 여호와의 행적을 볼지어다. 땅을 황무케 하셨도다. 저가 땅끝까지 전쟁을 쉬게 하심이여 활을 꺾고 창을 끊으며 수레를 불사르는도다."(시46:8~10)

시편의 말씀을 보면 땅을 황무케 하신 하나님, 곧 심판의 칼을 드신 하나님이 평화를 선포하심을 알 수 있다. 칼과 창이 쟁기와 낫으로 변하고, 수레가 불살라진다. 전쟁 구도에서 평화 구도로 완전히 전환되는 것이다.

2) 과연 어떤 평화인가

평화가 온다면 그 평화는 어떤 평화일까? 그것은 단지 나라들 사이에 벌어진 심각한 전쟁 다음에 오는 잠시의 평화가 아니다. 그것은 하나님이 십자가를 통해 우리에게 주시는 구원의 평화이다. 하나님이 심판하신 다음 싸매어 주시는 평화요, 우리 안에 하나님의 통치가 이루어지는 평화이다.

그런데 문제는 그 평화가 예루살렘의 철저한 멸망 다음에 온다는 사실이다. 미가서 3장은 예루살렘 죄악의 심각성과 파멸이 먼저 예고되어 있다.

- "야곱의 허물과 이스라엘의 죄를 그들에게 보이리라. 야곱 족속의 두령과 이스라엘 족속의 치리자 곧 공의를 미워하고 정직한 것을 굽게 하는 자들아 이 말을 들을지어다. 시온을 피로, 예루살렘을 죄악으로 건축하는도다."(미3:8, 9, 10)
- "그 두령은 뇌물을 위하여 재판하며 그 제사장은 삯을 위하여 교훈하며 그 선지자는 돈을 위하여 점치면서 오히려 여호와를 의뢰하여 이르기를 여호와께서 우리 중에 계시지 아니하냐. 재앙이 우리에게 임하지 아니하리라 하는도다."(미3:11)
- "이러므로 너희로 인하여 시온은 밭같이 갊을 당하고 예루살렘은 무더기가 되고 성전의 산은 수풀의 높은 곳과 같게 되리라." (미3:12)

이 말씀을 보면 이스라엘의 죄가 얼마나 컸는가를 알 수 있다. 하나님은 그 죄악을 간과하지 않으신다. 이 문제가 다 청산된 다음에야 평화가 임한다는 것이다. 그때 예루살렘의 철저한 파괴는 죄의 파괴요 우리의 철저한 회개를 촉구하는 부르심이다. 그 뒤에 예루살렘이 회복되어 세계질서의 중심지가 된다. 하늘 평화가 도래한다는 것이다.

그 평화가 도래하는 날은 '말일'이다. 미가 4장은 '말일에 이르러'라는 말로 시작된다. 말일은 먼 미래를 뜻한다. 그날을 알 수 없지만 그때에 평화가 이루어지리라는 것이다. 그 말일에 구원이 임한다. 그날은 미가서 5장에 예수 그리스도의 탄생으로 예언되어 있다. "베들레헴 에브라다야, 너는 유다 족속 중에 작을지라도 이스라엘을 다스릴 자가 네게서 내게로 나올 것이라."(미5:1) 하였다. 주님이 오시면 평화가 임한다는 것이다. 구약의 성도들에게 있어서 그날, 곧 그 말일은 어느 때인지 알 수 없었다. 그러나 그 말일에 이루어질 것을 믿었다.

말일은 희망이다. 구약의 성도에게는 오실 메시아가 희망이었다. 또한 신약의 성도에게는 다시 오실 주님의 재림이 희망이다. 기독교는 미래의 약속을 가지고 있는 종교요, 희망을 가지고 있는 종교이다.

인간을 가리켜 호모 에스페란스, 곧 희망을 가진 인간이라 말한다. 고등학교를 졸업하고 재수를 하는 학생은 희망으로 한 해를 버틴다. 군에 있는 사람은 제대할 날을 기다리며 희망 속에 산다. 만일 인간에게 희망이 없다면 어찌 될까? 희망이 없다고 생각하는 홀아비는 2년 안에 죽는다고 말한다. 희망은 현재의 고통과 고난을 견딜 수 있게 한다.

빅터 프랑클은 아우슈비츠 수용소에서 살아남은 심리학자이다. 수용소에서 살아남을 확률은 약 38 대 1이다. 강제노동에서 살아남을 수 있는 길은 최선을 다하는 것이다. 조금이라도 게으름을 부리거나 병색을 보이면 처형된다. 그가 살아남을 수 있었던 것은 그 역경을 다 이겨 냈다는 것을 말해 준다. 그가 왜 이렇게 살아남을 수 있을까? 그것은 함께 끌려간 부모와 형제들을 다시 봐야 한다는 소망, 그리고 이 비참한 삶을 훗날 사람들에게 들려주어야 한다는 생각이 앞섰기 때문이다. 이것이 그가 당시 가졌던 삶의 의미였다. 그러나 아무 희망을 가지지 못했던 사람은 곧 가스실로 불려 가는 처지가 되었다. 희망은 이처럼 삶과 죽음을 갈라놓는다.

실험실에서 빛이 들지 않는 통에 갇힌 쥐는 희망을 잃고 곧 죽어 버린다. 그러나 한 가닥 빛이 보이는 통에 갇힌 쥐는 그 빛이 희망이 되어 더 오래 견딘다. 희망은 이처럼 중요하다. 현재를 살아가는 그리스도인에게 가장 큰 희망은 무엇일까? 그것은 주님이시다. 우리에게 있어서 그리스도는 언제나 희망이다. 단순한 희망이 아니라 산 소망이다. 그리스도가 우리에게 언제나 희망인 것은 그분을 통해 하나님 나라가 임하고, 하나님의 통치를 받을 수 있기 때문이다.

3) 말일에 일어날 사건들

말일, 곧 그날에 믿는 자에게는 어떤 일이 벌어질까? 약속된 평화는 어떤 방식으로 이뤄지는가?

첫 번째 사건은 여호와 전의 산이 산들의 꼭대기에 굳게 선다. 여호와의 전은 예루살렘에 있지 않는가? 그런데 그 전의 산이란 무엇이며 그것이 산들의 꼭대기에 굳게 선다는 것은 무엇인가? 여기서 산은 의미가 부여되어 있는 산을 의미한다. 아브라함에게 있어서 그 산은 모리아 산이다. 그 산에 성전이 섰었다. 다윗에게 있어서 그 산은 시온 산이다. 성경에도 자주 언급되는 시온성, 다윗성 있는 곳이 바로 그곳이다. 지리적으로는 예루살렘 성벽과 가까이 있다. 엘리야에게 있어서 그 산은 갈멜산이다. 여호와의 능력이 나타난 산이다. 우리에게 있어서 그 산은 어디일까?

우리는 예수님의 산상수훈을 잘 알고 있다. 그 산상수훈도 산에서 선포된 말씀이다. 여호와의 산은 한마디로 말해 하나님의 말씀이 굳게 선포되는 곳이다. 우리가 행할 도, 곧 생명의 말씀이 가르쳐지는 곳이다. 구약에서는 주의 도, 율법과 율례라 말한다. 하나님의 말씀이 바르게 선포되고 실천되는 곳이 바로 여호와 전의 산이다. 그 전이 산들의 꼭대기에 선다는 것은 밝히, 누구나 알 수 있게 선포되는 것을 의미한다. 누구나 그 앞에 겸손히 무릎을 꿇고 나와야 한다는 말이다.

미가서에 보면 많은 이방인들도 그 산에 오르고자 한다. "곧 많은 이방이 가며 이르기를 오라 우리가 여호와의 산에 올라가서 야곱의 하나님의 전에 이르자. 그가 그 도로 우리에게 가르치실 것이라. 우리가 그 길로 행하리라 하리니 이는 율법이 시온에서부터 나올 것이요 여호와의 말씀이 예루살렘에서부터 나올 것임이라."(미4:2) 황무한 예루살렘이 회복되며, 그곳으로부터 주의 말씀이 선포된다. 그리고 많은 사람들이 그 전을 향해 간다. 얼마나 황홀한 전경인가.

두 번째 사건은 하나님의 평화가 임한다는 것이다. 그 평화는 칼을 쳐 보습을 만들고, 창을 쳐 낫을 만드는 것으로 표현된다. 농부가 더 이상 군사로 차출되지 않고 농부로서 본연의 일에 충실할 수 있게 되는 것이다.

현재 팔레스타인은 중동의 화약고이다. 이것은 전쟁의 씨앗을 언제나 안고 있다는 말이다. 그만큼 불안하고, 언제든 전시 상황으로 돌변할 수 있다. 그런 일이 실제로 발생하기도 한다.

전쟁은 미가의 예언과는 정반대 방향이다. 그 원인이 제거되지 않는 한 전쟁으로 평화를 얻을 수 있는 것은 아니다. 싸움에서 이겼다고 해서 평화가 오는 것도 아니다. 어떤 의미에서 인간은 진정한 평화를 이룰 수 없다. 다 자기 이해관계가 있기 때문이다. 진정한 평화는 우리 모두가 하나님께 속해 있을 때 온다. 하나님이 우리를 통치하실 때 그 평화가 온다.

그 진정한 평화를 바라보며 지금 우리가 해야 할 일은 칼을 녹이고 창을 녹여 쟁기와 낫을 만드는 일이다. 미리 그 평화를 맛보는 것이다. 소련이 미사일 하나를 녹여 볼펜 1만 자루를 만들었다. 우리가 평화를 원한다면 우리의 무기들을 내려놓고 주님 앞에 엎드려야 한다.

평화가 임하면 우리 각 사람은 포도나무 아래 앉게 된다. "각 사람이 자기 포도나무 아래와 자기 무화과나무 아래 앉을 것이라. 그들을 두렵게 할 자가 없으리니 이는 만군의 여호와의 입이 이같이 말씀하셨음이니라."(미4:4) 포도나무와 무화과나무는 하나님 나라의 평화와 안위를 상징한다.(슥3:10) 각 사람이 자기 그 나무 아래 앉는다는 것은 평화가 임했음을 의미한다. 성경에서는 종종 "손이 수고한 대로 먹으리라." "너희는 수고했으나 열매는 다른 사람이 먹으리라."는 말씀이 있다. 수고한 대로 먹으리라는 말씀은 평화와 행복을 상징하지만 손이 수고한 만큼 먹을 수 없다는 말씀은 불행이 닥칠 것을 의미한다. 이것은 주의 평안이 임하면 이 땅에서도 삶의 평안이 임한다는 것을 가르쳐 준다. 그러니 우리가 먼저 갈급해야 할 것은 주의 평안이다. 예수님은 우리를 향해 "너희는 먼저 그 나라와 그 의를 구하라." 하셨다. 우선순위를 바르게 하지 못하면 스스로 불행을 초래하게 된다.

끝으로, 우리로 남은 백성이 되게 하신다. "그날에는 내가 저는 자를 모으며 쫓겨난 자와 내가 환난받게 한 자를 모아 그 저는 자로 남은 백성이 되게 하며 멀리 쫓겨났던 자로 강한 나라가 되게 하고 나 여호와가 시온 산에서 이제부터 영원까지 그들을 치리하리라."(미4:6, 7) 우리는 하나님 앞에 저는 자요 쫓겨난 자요 심판을 받아도 몇 번이나 받았을 사람들이다. 그런데 그런 우리를 남은 백성이 되게 하고, 우리로 강한 나라를 이루게 하며, 지금부터 영원까지 보호를 받게 된다. 남은 자, 남은 백성은 하나님의 백성이라는 말이다.(미2:12; 사1:9) 하나님의 통치를 받는 자는 모두 그분의 백성이요 자녀다. 그 나라는 세상 나라와 비교할 수 없을 정도로 강한 나라이다.

하나님은 그 모습을 이렇게 표현한다. "너 양 떼의 망대요 딸 시온의 산이여 이전 권능 곧 딸 예루살렘의 나라가 네게로 돌아오리라."(미7:8) 기쁨의 선언이요 완전한 회복의 선언이다.

4) 너희를 원수의 손에서 속량하리라

하나님은 자기의 자녀들을 끝까지 보호하신다. 10절을 보면 "바벨론까지 이르러 거기서 구원을 얻으리니 여호와께서 거기서 너를 너의 원수들의 손에서 속량하여 내시리라.” 하였다. 바벨론은 고통의 자리요 우리가 처한 마지막 자리이다. 바닥에까지 떨어진 우리를 향해 손을 내밀어 구원하신다는 것이다.

하나님이 우리를 구원하실 때는 우리가 더 이상 우리 자신을 의지하지 않고 전적으로 포기했을 때이다. 그 자리가 바로 바벨론이다. 우리는 지금 바벨론에서 신음하고 있다. 그곳에서 우리는 괴롭힘을 당할 만큼 괴롭힘을 당할 것이다. 그러나 우리는 버려진 존재가 아니다. 그리스도의 남은 백성으로서 구원의 반열에 오른다. 하나님의 자녀이기 때문이다. 우리의 공로가 아니다. 그것은 오직 하나님의 은혜이다.

미가서 4장은 예루살렘의 평화를 선언하는 말씀이다. 하나님은 전쟁의 소문이 그치지 않는 가운데서도 구약의 백성들에게 평화의 비전을 제시하셨다. 하나님은 오늘도 우리에게 희망의 메시지를 보내신다. 우리가 비록 경제적으로 심한 고통 중에 있고, 전쟁의 위협 앞에 노출되어 있다 할지라도 우리는 주님의 통치를 받는 백성임을 잊지 말아야 한다. 주님이 우리 편이신 한 우리에게는 패배는 없다. “내가 고통 중에 여호와께 부르짖었더니 여호와께서 응답하시고 나를 광활한 곳에 세우셨도다. 여호와는 내 편이시라. 네게 두려움이 없나니 사람이 내게 어찌할꼬.”(시118:5, 6) 우리는 하나님의 비전을 가진 백성이다. 하나님의 통치를 받는 백성이다. 두려워할 것이 무엇인가.

4. 네 식물을 물 위에 던지라

"너는 네 식물을 물 위에 던지라. 여러 날 후에 도로 찾으리라."(전11:1)

여기서 네 식물은 주로 먹을 수 있는 빵 또는 떡으로 해석한다. 하지만 '네 식물을 물 위에 던지라'는 말은 원래 수확을 할 수 있게 하라는 말이다. 그래서 식물을 씨앗으로 보기도 한다.

왜 식물을 물 위에 던지라 하실까? 이 구절은 성경 가운데 난해한 부분이다. 여러 학자들은 솔로몬이 이스라엘이 아니라 이집트의 농사법을 인용한 것으로 본다.

나일 강은 아프리카 오지 부룬디 산맥에서 발원하여 빅토리아 호수를 거쳐 열대 초원을 흐르는 백나일과 에티오피아 산악 골짜기에서 흐르는 물이 모여 흐르는 청나일6)이 수단 남부에 합류하여 이집트의 젖줄이 된다.

수단의 급류는 여러 폭포를 지나면서 세력이 약해진다. 처음엔 바위로 흘러나왔던 것이 자갈로, 그리고 모래가 되어 흐르면서 나일 강 하류에서는 실트, 곧 모래와 진흙 크기의 입자 흙을 바닥에 남긴다. 이 기름진 흙이 강 유역에 충적토의 층을 쌓아 올린다. 이 층이 바로 옥토이다. 여기에 농사를 지으면 많은 수확을 얻게 된다.

우기에 일어나는 나일 강의 범람은 농경민에게 아주 좋은 선물이

---

6) 에티오피아인들은 이 청나일을 창세기 2장의 기혼 강으로 본다. 이런 경우 에덴은 우리가 생각한 좁은 지역이 아니라 상당히 넓은 영역일 가능성이 있다.

었다. 물을 가두는 댐이나 관개시설이 없었던 당시엔[7] 그때만이 농사를 지을 수 있는 적기로 나일 강은 은혜를 안겨다 주는 사자 역할을 한다.[8] 당시 이집트인은 나일 강을 '하피의 신'으로 받들었다. 피라미드텍스트, 즉 피라미드 속에 적힌 종교 주문 법에 다음과 같은 구절이 있다.

> "홍수가 일어나는 것을 보고 그들(땅끝의 신 아켈과 건조한 공기의 신 슈)은 벌벌 떤다. (그러나) 초목은 웃고 강기슭은 녹음으로 덮인다. 신들이 주는 물건이 하늘로부터 (나일 강으로) 내려온다. 사람들의 얼굴은 반짝이고 신들은 기뻐 날뛴다."

이집트인은 나일 강의 범람으로 인해 생겨난 옥토를 '케메트(검은 흙)'라고 부르며 무한한 애정을 보인다. 하지만 주위의 사막은 '데세레트(붉은 흙)'라 불리며 두려움의 대상이 된다.

나일 강 주변의 농부는 범람 시기에 맞춰 강물과 진흙으로 뒤섞인 옥토에 씨를 던진다. 파종을 하는 것이다. 그 시기를 놓치면 한 해 농사를 망칠 수 있다. 적기에 던진 씨앗은 훗날 많은 수확으로

---

7) 도시형성과 농지 구획 사업 등으로 나일 강물의 제어가 필요해 아스완-하이 댐이 만들어졌다. 우기에만 물이 공급되던 것이 1년 내내 농경지에 물을 댈 수 있게 된 것이다. 그러나 댐의 건설로 홍수가 정기적으로 일어나지 않아 표토에 염분이 씻겨 내려가지 않아 오히려 농사에 피해를 주고 있다. 홍수의 효과를 무시한 결과이다.

8) 바로는 역술인으로 하여금 그 범람의 시기를 알아내게 해 백성들 앞에서 나일 강이 범람할 것이라 예언한다. 이 예언에 따라 나일 강에 물이 차오르면 바로는 과연 신이라며 경배한다. 나일 강의 범람을 정치적으로, 종교적으로 이용한 것이다.

보답한다. 여러 날 후에 도로 찾게 되는 것이다.

전도서 11장과 12장은 특히 청년들에게 초점을 맞추고 있다.(전 11:9; 12:1) 그들에게 하나님을 기억하면서 근면의 삶을 살도록 촉구하고 있다. 젊었을 때 씨를 던지는 부지런한 삶을 통해 미래를 준비하는 것이다.

'던지라'는 말은 히브리어로 '샬라흐(shalach)'이다. 이것에 씨를 심는다는 의미는 없다. 글자 그대로 내던지는 것이다. 강에 씨를 내던질 때 어떤 사람은 왜 버리느냐며 말릴 것이다. 낭비처럼 보이고 도저히 되찾을 수 없어 보이지만 하나님은 훗날 씨 뿌린 소득을 기쁨으로 거두게 하신다. 그러니 지금 열심히 씨 뿌리는 삶을 살라는 것이다. 근면을 촉구하는 말씀이다.

그리스도인은 어떤 식물을 던지며 살아야 할까? 무엇을 던져야 하는가? 농부에게 씨라면 그리스도인에게는 이웃의 생명을 살리기 위해 자기의 소중한 것을 던지는 것이 아니겠는가. 그것은 때로 물질이 될 수 있고, 시간이 될 수 있고, 말씀이 될 수 있다. 그것을 통해 전도하고 이웃을 위해 헌신한다. 희생의 삶을 사는 것이다. 세상은 육의 떡, 육의 쩐을 얻기 위해 발버둥을 친다. 하지만 그리스도인은 그것이 삶의 목적이 아니다. 제자훈련도 하고 전도와 선교도 하며 사랑의 빵을 나누는 것은 주님을 생각하고, 그 사랑을 실천함으로써 이 땅에서 하나님의 나라를 이루는 것이다.

씨앗이 많아야 던지는 것도 아니다. 완벽한 조건이 갖추어졌을 때 하겠다면 할 수 있는 사람은 아무도 없다. 내가 가진 그것만으로도 족하다. 그저 던진다. 상대가 감사하지 않아도 던지고, 내게 되돌아오는 것이 없어도 던진다. 나쁜 땅에도 던지고, 계절이 안 맞아도 던지고, 그들이 비웃어도 던지고, 보상의 가능성이 없어도 던지고, 깨진 독에 물 붓듯 던진다.

우리의 던짐으로 그들의 영적인 삶이 풍성해졌다면 그것이 바로 도로 찾는 것이다. 사람이 우리의 희생을 기억해 주지 않는다 해도 주님은 기억하고 보상하신다. 그때가 바로 도로 찾을 날이다.

> "일곱에게나 여덟에게 나눠 줄지어다. 무슨 재앙이 땅에 임할는지 네가 알지 못함이니라."(전11:2)

"일곱에게나 여덟에게 나눠 줄지어다."는 말씀은 크게 두 가지로 해석한다.

첫째, 씨를 던질 때 혼자서만 던지지 말고 여러 사람에게 나눠 줘 적기에 뿌릴 수 있도록 한다. 시기를 놓치면 수확이 적어질 수 있기 때문이다. 따라서 일곱에게나 여덟에게 나눠 주라는 말씀은 '기회를 잘 이용하라', '그 기회에 최선을 다하라'는 뜻이다.

둘째, 거둔 수확, 곧 도로 찾은 것을 이웃과 나누는 것이다. 이 말씀은 던지는 삶에서 더 나아간다. 열매를 나눌 때도 한두 사람 시켜 나누는 것이 아니라 여러 사람을 동원해 나눈다. 언제, 어떤 재난을 당하게 될지 모르기 때문에 기회가 왔을 때 놓치지 말고 붙잡는다. 포기하지 말라는 것이다.

대부분은 두 번째 경우에 초점을 맞춘다. 말세를 살아가는 우리에게 나눔의 삶이 의미가 있다고 보기 때문이다. 나눌 식물은 우리가 가지고 있는 양식이 될 수도 있고, 힘이나 영향력이 될 수도 있다. 가진 그것을 나눈다. 나눔과 섬김은 그리스도인의 자본이다. 그리스도인은 떡을 더 많이 얻기 위해서 사는 존재가 아니라 나누어 주기 위해서 사는 존재들이다. 언제 주님의 심판의 날이 임할지 모른다. 그날이 오기까지 우리는 이 땅에서 그것을 부지런히 나누고 섬기며 살아야 한다.

교회도 하나님이 주신 복을 간직하거나 누리기만 할 것이 아니라 그 복을 더 많은 사람들에게 나눌 수 있어야 한다. 그래야 이 땅에서 교회가 존재할 가치가 있다. "나의 기뻐하는 금식은 흉악의 결박을 풀어 주며 멍에의 줄을 끌러 주며 …… 주린 자에게 네 식물을 나눠 주며 유리하는 빈민을 네 집에 들이며 벗은 자를 보면 입히며"(사58:6, 7)라 하셨다. 나누는 교회야말로 이사야 58장 말씀에 동참하는 교회이다. 주님도 이 땅에서 바로 이런 삶을 사시지 않았는가. 작은 것부터 시작하자. 누구에게 할 것인지 따지지 말자. 주님이 말씀하시지 않았는가. "지극히 작은 자 하나에게 한 것이 곧 내게 한 것이라"고.

로마의 귀족들은 전쟁이 나면 솔선해서 앞장서 싸웠고, 공공의 이익을 위해선 자신들의 재산을 흔쾌히 내놓았다. 시오노 나나미에 따르면 "로마인들은 지성에 있어서는 헬라인들에게 뒤지고, 신체에 있어서는 켈트인과 게르만족에게 뒤지고, 경제력에 있어서는 카르타고인들에게 뒤진다. 하지만 그렇게 큰 제국을 이루고 오랫동안 유지할 수 있었던 원천은 '노블레스 오블리주의 정신'이 살아 있었기 때문이다." 이 정신이 로마제국을 이끈 힘이 되었다.

그렇다면 우리는 누구인가? 로마군보다 강한 그리스도의 정예 군사들이 아닌가. 우리는 하늘의 비밀을 아는 사람들이다. 물 위에 식물을 던지면 언젠가는 반드시 도로 찾을 것을 아는 사람들이다. 선한 일을 하면 당장은 아니라 할지라도 먼 훗날 아름다운 결과가 온다는 것을 아는 사람들이다. 그렇다면 더 부지런히 물 위에 우리 식물을 던지고, 그 열매를 나눠야 할 것이다. 더 근면하고, 더 열심히 나누자. 그것이 바로 이 땅에서 하나님 나라를 사는 방법이다.

5. 어느 날 두어 장로들에게 생긴 일

어느 날 이스라엘의 장로들 가운데 두어 사람이 에스겔 앞에 나아와 앉았다. 하나님은 이 장로들이 문제가 있음을 아시고 에스겔로 하여금 그들에게 강한 메시지를 전하도록 하신다. 그 메시지가 바로 에스겔 14장이다.

이스라엘의 장로가 누구인가? 하나님을 온전히 따르기로 작정하고, 백성들에게 모범을 보여야 할 사람들이 아닌가. 하지만 그 장로들은 지위만 장로지 마음속에 우상을 소유한 자들이다. 에스겔은 자기에게 임한 하나님의 말씀을 그들에게 전하면서 우상숭배자들에 대한 하나님의 경고와 함께 그들에 대한 하나님의 엄한 심판이 있을 것을 예고한다. 그리고 그 심판 가운데서도 살아남을 자(남은 자)가 있을 것임을 말해 준다. 어떤 사람이 살아남는가? 그 사람은 이스라엘에게 위로를 줄 것이다. 이 14장은 경고와 함께 위로가 있는 말씀이다.

1) 내가 조금인들 용납하랴

에스겔 앞에 앉은 장로들, 하나님은 그들 마음속에 우상이 있는 것을 보셨다. 그리고 말씀하신다. "이 사람들이 자기 우상을 마음에 들이며 죄악의 거치는 것을 자기 앞에 두었으니 내가 조금인들 용납하랴. …… 그 우상의 많은 대로 응답하리니 …… 이는 이스라엘 족속이 다 그 우상으로 인하여 나를 배반하였으므로 내가 그들의 마음에 먹은 대로 그들을 잡으려 함이니라."(3, 4, 5절) 우상숭배자들을 조금도 용납하지 않겠다는 말씀이다. 장로들은 놀랐을 것이다. 명색이 장로인데, 그것도 이스라엘 장로인데. 그러나 하나님 보시기에 그들은 위선자였다.

하나님은 왜 그리 노하셨을까? 기본적으로 하나님은 우리가 우상 숭배하는 자체를 용납하지 않으신다. 두 마음을 품은 자들이 아닌가. 아무리 장로라 할지라도 그 마음속에 우상이 남아 있는 한 그들도 하나님으로부터 멀어질 수밖에 없다. 에스겔은 이제 우상을 버리고 하나님께 돌아올 것을 촉구한다. "너희는 마음을 돌이켜 우상을 떠나고 얼굴을 돌이켜 모든 가증한 것을 떠나라."(6절)

그 장로들은 에스겔 선지자 앞에 나왔다. 뭔가 묻고 싶은 것이 있었으리라. 하나님은 마음에 우상을 가지고 있으면서 선지자 앞에 나와 "하나님이 앞으로 이 민족을 어떻게 생각하실까?"라고 묻는 것도 가증되게 여기신다. 어떻게 그럴 수 있느냐는 것이다. 우상을 담고 있는 자가 어떻게 감히 하나님의 말씀을 들으려 선지자 앞에 앉을 수 있는가. 하나님의 말씀을 보자. "그 사람을 대적하여 그들로 놀라움과 감계(example)와 속담거리가 되게 하여 내 백성 가운데서 끊으리니 너희가 나를 여호와인 줄 알리라."(8절) 하나님은 이처럼 엄하시다.

만약 선지자가 마음이 약해서든 악해서든 그들의 유혹을 받아 넘어가면 그 죄를 물어 이스라엘 가운데서 그를 멸할 것이라 하신다.(9절) 유혹을 받는다는 것은 영적 분별력을 잃는 것을 말한다. 영적 분별력을 잃으면 하나님 말씀에 대한 민감성도 떨어진다. 그런 선지자가 어떻게 하나님의 말씀을 대언할까.

나아가 하나님은 선지자든 그를 찾아와 물은 자든 각각 그 죄를 담당하도록 하겠다 하신다.(10절) 잘못된 예언자의 메시지를 듣는다면 물은 자뿐 아니라 예언자도 함께 망한다. 그 마음속에 우상을 간직하고 있는 한 하나님의 대답은 오직 벌이다. 하나님이 이토록 엄하게 하시는 것은 다시는 죄를 범함으로써 스스로 더럽히지 않게 하시려는 것이다.(11절)

2) 각자 행한 대로 갚으리라

하나님의 말씀은 계속된다. 12절에서 20절의 "각각 자기의 죄악을 담당하리니"의 의미를 더 자세히 가르쳐 준다. 하나님의 준엄한 심판이 내려질 때는 타락한 시대 동안에 의인으로 살아간 노아·다니엘·욥과 같은 인물이라 할지라도 그 심판을 막을 수 없고, 그들도 자기의 의를 통해서만 구원을 받는다.

- "비록 노아, 다니엘, 욥, 이 세 사람이 거기 있을지라도 그들은 자기의 의로 자기의 생명만 건지리라."(14절)
- "비록 이 세 사람이 거기 있을지라도 그들은 자녀도 건지지 못하고 자기만 건지겠고"(16절)

자기만 건지고 자녀는 건지지 못하리라는 말씀을 18절과 20절에서도 반복하신다. 이 점에 관해 네 번이나 반복적으로 언급하신 것은 하나님이 이 점을 확실히 하신 것이다. 이것이 심판의 원리라는 것이다.

여기서 왜 세 사람이 자주 언급될까? 노아, 다니엘, 욥은 의로운 삶에 있어서 귀감이 되는 인물이다. 그중에 노아와 욥은 알겠는데 왜 갑자기 다니엘이 나올까? 우리가 잘 아는 다니엘은 에스겔과 동시대 인물이기(단1:1) 때문이다. 노아는 하나님으로부터 그의 의를 인정받은 인물이다. 그리고 욥은 동방의 의인으로 환난과 고통 속에서도 온전히 믿음을 지켰다. 성경학자들은 여기서 언급되는 다니엘은 에스겔과 동시대 인물이 아닌 다른 다니엘일 가능성을 제시하고 있다. 우가릿 서판에 '의로운 다넬'이라는 인물이 나오는데 혹시 그 사람이 아닐까 추측하기도 한다. 물론 우리가 잘 아는 그 다니엘일 가능성도 배제할 수 없다. 에스겔을 고려해 "그 사람은 아닐 거야."

하지만 지금 사람의 말이 아니라 하나님의 말씀이기 때문이다.

자기 죄는 각자 자기가 진다는 원리는 다른 말씀에서도 언급된다. 이스라엘 속담에 "아비가 신 포도를 먹었으므로 아들의 이가 시다."는 말이 있다. 하나님은 이 속담을 언급하시면서 이제 다시는 이 속담을 쓰지 못하게 되리라 하셨다. 그리고 범죄한 그 영혼이 죽으리라 하셨다.(겔18:2~4) 구원은 개인의 문제이며 아버지의 의로 자녀를 건지지 못한다. 우상숭배자는 각각 그 죗값을 꼭 치를 것이라는 말씀이다.

3) 그러나 그 가운데 면하는 자가 남아 있어

하나님은 그들에게 심판을 내리신다. 그 심판은 네 가지 중한 벌로 표현된다. 칼, 기근, 사나운 짐승, 그리고 온역이다. 이것은 구약 시대에 하나님이 사용하시는 대표적인 심판의 수단들이다. 요한계시록에서도 이 세상이 네 가지 형벌에 의해 심판당할 것을 말씀하셨다.(계6:1~8)

그 네 가지가 예루살렘에 함께 내린다.(21절) 한 가지도 아니고 네 가지가 한 번에. 이것은 심판의 정도가 아주 크다는 것을 말해 준다. 살아남을 자가 없을 정도라는 말씀이다. 이제 이스라엘에게는 소망이 없어 보인다.

그런데 하나님은 이스라엘의 끝을 절망으로 장식하지 않으셨다. 남은 자를 두신 것이다. "그러나 그 가운데 면하는 자가 남아 있어

끌려 나오리니 곧 자녀들이라. …… 예루살렘에 내린 재앙 곧 그 내린 모든 일에 대하여 너희가 위로를 받을 것이라. …… 내가 예루살렘에서 행한 모든 일이 무고히 한 것이 아닌 줄을 알리라."(22, 23절)

여기서 남은 자란 누구인가? 그것은 우상에게 전혀 마음을 두지 않고 에스겔에게 피한 자, 곧 하나님을 전적으로 의지한 자를 가리킨다. 또한 과거 우상을 섬겼지만 지금은 완전히 그것으로부터 돌아선 자도 포함된다. 아무도 살아남을 수 없을 것 같은 그 심판의 날에 살아남은 자가 있다니. 그때 사람들은 깨닫게 된다. "하나님의 심판이 결코 이유 없는 것이 아니었구나. 이들이 살아남게 된 것도 이유 없는 것이 아니었구나."

혹시 장로이니까 목사이니까 나는 괜찮겠지 생각지 말자. 그것은 하나님께 통하지 않는다. 문제는 우리 마음이다. 우리 마음속에 하나님을 멀리하게 하는 요소가 들어 있다면 하나님 보시기에 우리는 우상숭배자이다. 하나님은 우리 영혼이 온전히 주님께 향하기를 바라신다. 우리가 문제가 있다면 하나님은 우리 각자에게 그 죗값을 물으실 것이다. 하나님은 우리를 그것으로부터 과감히 방향전환을 하라 하신다. 당신은 어제나 오늘이나 하나님을 향해 온전히 바로 선 자인가? 옛 옷을 벗어 버리고 하나님을 향해 과감히 방향전환을 한 자인가? 그러면 당신은 바로 남은 자이다. 남은 자는 심판이 아무리 중하다 해도 하나님이 그 오른팔로 건지신다. 남은 자가 있어 우리에게 위로가 된다. 믿음을 가져야 할 이유를 보여 주었기 때문이다.

6. 나의 나그네 된 집에서

"나의 나그네 된 집에서 주의 율례가 나의 노래가 되었나이다."(시 119:54)

시편 119편 기자는 자신을 가리켜 나그네라 한다. 우리는 나그네요 그 삶은 나그네 삶이다. 집도 나그네 집이다. 이 세상에서 영원히 사는 사람은 아무도 없다.

우리 믿음의 선배들도 자신을 나그네로 자처했다.

- 아브라함은 사라의 매장지를 구할 때 헷 족속에게 자신을 가리켜 나그네로 사는 사람(창23:4)이라 하였다.
- 바로를 만난 야곱은 자기의 나이를 말할 때 나그넷길의 세월이 130년이라 했다.(창47:9)
- 하나님은 이스라엘 백성을 향해 토지는 하나님의 것이니 팔지 말라 하시고 그들을 가리켜 이 땅에 사는 나그네라 하셨다.(레 25:23)
- 다윗은 세상에 있는 날이 그림자 같아 머무름이 없으며 인생이 나그네의 삶이라 고백하였다.(대상29:15)
- 예수님도 자신을 나그네로 자처하셨다. 여우도 굴이 있고 공중의 새도 집이 있지만 인자는 머리 둘 곳도 없다(마8:20) 하셨다.
- 베드로도 우리를 향해 "나그네와 행인 같은 너희"(벧전2:11)라 하였다. 그렇게 살라는 말씀이다.

나그네는 영어로 stranger다. 집을 떠나 여행길에 있는 사람이다. 여행자는 목적지가 있는 사람이다. 성경은 나그네를 가리켜 천국에 소망을 두고 이 세상을 살아가는 성도라 한다. 세상 사람들도 인생을 나그넷길이라 말한다. 그러나 세상이 말하는 나그넷길은 정처가 없다. 어디서 왔다가 어디로 가는지 모른다. 그저 구름이 흘러가듯 떠돌다 가는 길이다. 그러나 그리스도인의 나그넷길은 정처 없이 살다 가는 것이 아니다.

1) 나그네로 산 사람들

히브리서 기자는 아벨, 에녹, 노아, 아브라함, 이삭, 야곱 등 믿음의 사람들을 일일이 소개하고, 그들이 장막에 거했음(히11:9), 곧 나그네로 살았음을 언급한다. 그 다음 그들이 왜 그렇게 했는가를 이렇게 한마디로 표현한다. "이는 하나님의 경영하시고 지으실 터가 있는 성을 바랐음이라."(히11:10) 그 성이 바로 그들이 가고자 하는 목적지이다.

그들은 어떻게 되었는가? "이 사람들은 다 믿음을 따라 죽었으며 약속을 받지 못하였으되 그것들을 멀리서 보고 환영하며 또 땅에서는 외국인과 나그네로라 증거하였으니"(히11:13) 하나님이 약속하신 것을 이 땅에서는 받지 못했지만 그 영원한 나라에서 완전히 받을 것을 바라보고 기뻐하며, 이 땅에서는 나그네로서의 삶을 살았다는 것이다.

예를 들어 아브라함은 네 자손이 바다의 모래, 하늘의 별과 같이 많게 되리라는 말씀을 받았다. 하지만 그가 받은 자손은 그나마 늦은 나이에 얻은 이삭 하나이다. 그러나 아브라함은 실망하지 않았다. 그를 통해 수많은 사람들이 구원을 얻을 것을 바라보며 기뻐했다. 지금 당장 자기에게 일어나지 않는다 해도 그 약속이 궁극적으로 실현되는 미래를 바라보며 기뻐한 것이다. 지금 이 땅에 수억의 그리스도인들이 있다. 우리 그리스도인들이 모두 그 바닷가 모래와 같은 자손들이다. 이미 구원받고 간 성도, 앞으로 받을 성도까지 합하면 그 수를 헤아릴 수 없다.

우리가 이를 성은 우리가 가야 할 본향이다. 천국을 본향으로 삼는 사람은 이 땅의 삶을 나그네의 길로 생각한다. 이곳은 우리의 영혼이 발붙여 살 곳이 아니다. 우리가 지은 무너질 집이 아니라 주님이 우리를 위해 친히 지으신 집이 있는 곳이다. 우리는 그 본향을 사모한다.

이 사모함에 주님은 기쁨으로 응답하신다. "저희가 이제는 더 나은 본향을 사모하니 곧 하늘에 있는 것이라. 그러므로 하나님이 저희 하나님이라 일컬음 받으심을 부끄러워 아니하시고 저희를 위하여 한 성을 예비하셨느니라."(히11:16)

2) 영원한 집을 바라보는 나그네

시편 119편 기자가 "나의 나그네 된 집에서"라고 했을 땐 우리에게 많은 의미를 던져 준다. 그 가운데 이 나그네는 영원한 집을 바라보는 나그네라는 사실이다. 시편 119편 기자는 인생을 보는 우리의 눈이 달라져야 한다고 말한다. 이 세상은 우리가 영원히 머물 수 있는 곳이 아니다. 잠시 쉬어 가는 곳이다. 정거장 신학이다. 정거장을 내 집으로 생각하는 사람은 아무도 없다. 차표를 끊어 목적지로 가야 한다.

우리가 가야 할 곳은 영원한 집이다. 주님과 함께하는 그 나라, 내가 아니라 주님이 예비하시는 집이다. "내 아버지 집에 거할 곳이 많도다. 그렇지 않으면 너희에게 일렀으리라. 내가 너희를 위하여 거처를 예비하러 가노니." 요한복음 14장 2절이 말하는 그곳이다. 그곳이 우리가 가야 할 곳이다. 이것은 우리로 하여금 내세신앙을 확고히 갖게 한다. 내세신앙은 소망의 신앙이다.

"나의 나그네 된 집에서" 이 말은 지금 이 땅의 삶의 거품을 빼버린다. 그리고 삶의 진정한 모습이 무엇이어야 하는가를 가르쳐 준다. 매우 짧지만 이 말은 우리로 하여금 삶의 변화를 가져오게 한다.

김옥규 교수님이 장로직을 은퇴하고 연변과기대로 오셨다. 아버지와 어머니를 떠나보낸 후에도 미국에 있는 딸은 늘 서운해한다. 교수님은 그 딸을 생각하며 말한다. "이제 떠날 준비를 하는 것 같다." 의미심장한 말이다. 이 세상에서 우리는 언제나 나그네이다. 그래서 항상 이별연습을 해야 한다. 이곳은 우리가 영원히 머물 곳이 아니기 때문이다.

3) 결코 편안을 추구하지 않는 나그네

인도에 관한 다큐멘터리를 보면서 크게 깨달은 것이 있다. 그곳의 한 작은 족속은 전통에 따라 결코 한곳에 정착하며 살지 않는다. 집을 짓는 일도 없다. 길가에서 소를 키우거나 칼이나 농기구를 만들어 주면서 생계를 유지한다. 그리곤 어느 날 가재를 다 수레에 싣고 다른 곳으로 가 버린다. 정착하면 고객을 더 만들어 가면서 편안하게 살 수 있을 터인데 그것을 거부한다. 성경의 레갑 족속도 선조 요나답의 유언에 따라 결코 정착하지 않고 살았다. 나그네 삶은 결코 편안을 구하는 삶이 아니다. 고난의 삶을 기뻐하며 그것을 오히려 자랑스럽게 생각한다. 집 떠나면 고생이라는 것을 모르는 사람은 없다. 그래도 떠난다. 편안함이 더 이상 삶의 목적이 아니기 때문이다. 불편함을 즐기고, 불편함을 사랑한다.

나그넷길은 힘들다. 정든 사람들과 이별하는 것, 사람들로부터 무시당하는 것, 배신당하는 것, 이용당하고 버림받는 것은 일상이다. 나그네는 주변으로부터 관심의 대상이 아니다. 그러니 알아주지 않는다고 서운해하지 마라. 오늘 강도 맞지 않았다면 다행인 줄 알라. 나그넷길은 타관 길이다. 언제나 위험이 따른다.

우리 각자에게 불편함과 위험의 무게를 정하는 분은 하나님이시다. 풀무 불 같은 시험은 아무나 받는 것이 아니다. 사드락과 메삭과 아벳느고 정도 되어야 받을 수 있다. 지금 내가 받는 고난의 수준이 낮다면 아직은 준비되지 못한 때문일 수 있다. 예수님은 제자들에게 말씀하신다. "너희 구하는 것을 너희가 알지 못하는도다. 나의 마시려는 잔을 너희가 마실 수 있겠느냐."(마20:22) 그들은 "할 수 있습니다."라고 대답했다. 하지만 예수님이 마실 잔을 마신 제자는 없었다. 모두 도망했다. 그래서 주님은 우리가 감당할 수 있는 고난을 주신다.

우리가 주님이 우리 각자에게 허락하신 고난을 이길 수 있는 것은 주님을 바라기 때문이다. 예수님도 다가올 영광을 바라보며 기쁘게 고난의 잔을 마셨다. 우리에게는 주님이 우리를 위해 마련하실 그 영원한 집이 있다. 그 집의 주소지는 영원한 하나님 나라이다. 바로 그곳에 우리가 거할 집이 있기에 이 험한 고난을 기쁨으로 극복할 수 있다. 이것이 바로 우리가 가진 내세신앙이다. 내세신앙이 없다면 고난은 기쁨이 아니라 늘 고통이 될 것이다.

"나의 나그네 된 집에서"라는 말을 읽을 때 깊이 회개하지 않을 수 없었다. 우리는 그리스도인이라 하면서 너무나 편안히 살아왔기 때문이다. 말로는 주님의 종이라 하면서도 종이 되기를 거부하고 주인으로 살지 않았는가. 너무 게으르게 살면서도 그것을 당연시하지 않았는가. 우리 자신을 돌아보고 회개해야 한다. 그 죄를 회개하고, 용서를 구해야 한다.

4) 믿음의 선한 싸움을 싸우는 나그네

나그네는 이 땅에서 믿음으로 싸움을 싸우는 사람, 곧 믿음의 선한 싸움을 싸우는 사람이다. 이 싸움은 홈그라운드의 싸움이 아니다. 이미 집을 떠나오지 않았는가. 우리는 사단이 몸을 푸는 적지이다. 그 적지는 우리를 유혹하는 곳이요 우리를 죄로 이끄는 이 세상이다. 적지에서 그리스도인으로 사는 것은 그만큼 힘들다. 그러나 하나님의 나그네인 우리는 이 세상에서 그것에 직면해야 하고 그것을 이겨야 한다.

이것은 우리가 당하는 외적인 고난과는 차원이 다르다. 사단은 우리의 영을 시험하고 끈질기게 유혹한다. 때로는 그 유혹에 쉽게 접근하려는 자기 내면과 꾸준히 싸워야 할 때가 있다. 자기와의 싸움이다.

우리 힘으로 그 유혹을 이겨 낼 수 있다고 자만한다면 그것은 처음부터 잘못된 생각이다. 따라서 우리가 주님을 바라봐야 할 이유가 여기에 있다. 시편 기자는 소원한다. "주의 얼굴로 주의 종에게 비취시고 주의 율례로 나를 가르치소서."(시119:135) 그는 지금 주의 얼굴을 구하고 있다. 주님이 우리의 간구를 들으시고, 그 얼굴을 우리에게 향하시면 우리는 그로부터 은혜를 받을 수 있다. 위로부터 주시는 엘피스의 은혜이다. 주님이 주시는 그 은혜로 인해 상황이 완전히 달라질 수 있다. 우리가 믿음의 선한 싸움을 하면 할수록, 그 싸움의 과정에서 더 주님을 구할수록 주님은 그 얼굴빛을 우리에게 비취신다. 그때 주님과 우리의 영적 관계는 극치에 이른다.

다윗마저 육신의 유혹을 이기지 못한 경험을 가지고 있다. 우리아의 아내를 범하고, 그 남편까지 전사하게 만들었다. 그것으로 그는 문제를 완전히 해결했을 것이라 생각했다. 완전범죄를 꿈꾼 것이다. 그러나 하나님은 우리가 보지 못하는 것까지 보신다. 하나님은 그의 악함을 보시고 나단 선지자를 보내 꾸짖으셨다. 다윗은 결코 변명하지 않았다. 하나님 앞에 철저히 엎드렸다. 그의 깊은 회개의 눈물을 보시고 주님은 그를 향하여 그 얼굴을 드셨다. 주님이 아니면 우리는 실패한다. 이런 의미에서 나그넷길은 주님이 없으면 안 된다. 언제나 주님과 동행해야 하는 길이다.

5) 주의 말씀으로 위로를 삼는 나그네

나그넷길은 항상 주의 위로가 필요하다. 그 위로는 주님의 말씀에 있다. 그 말씀 속에 약속이 있고, 그 말씀이 소망을 주기 때문이다. 주의 말씀은 나그넷길의 등불이고, 기름이다.

나그넷길은 100미터 단거리 경주가 아니다. 끝이 보이지 않는 마라톤과 같다. 마라톤 경주자에게 필요한 것은 마실 물이다. 그래서 중간 중간에 물병을 놓는다. 주님의 말씀은 생수이다. 그 생수가 완주를 돕는다.

나그넷길은 높은 산을 오르는 것과 같다. 산을 오르는 것은 힘들다. 그러나 오를 때 아름다운 자연이 있으면 그것으로 위로를 받는다. 나를 향해 웃는 꽃과 손짓하는 풀, 나를 향해 길게 손을 뻗는 나무들, 물길과 계곡, 바람과 그늘, 그것들이 나의 찌든 영혼을 씻어 준다.

마찬가지로 우리 신앙의 나그넷길에서 하나님의 말씀이 나의 피곤한 영혼을 씻어 주고 맑게 한다. 내 영혼이 그 말씀으로 위로를 받는다. 그래서 시편 기자는 고백한다. "나의 나그네 된 길에서 주의 율례가 나의 노래가 되었나이다." 생명체가 물이 없어 죽는 것과 같이 우리에게 하나님의 말씀이 없다면 우리는 이미 죽은 목숨과 다름이 없다.

그 말씀 속에서 우리는 하나님을 만난다. 나그네 삶은 하나님과 교제하는 삶이다. 주님과의 만남은 우리를 변화시킨다. 내가 주님 안에 살고, 주님이 내 안에 살기에 가능한 변화이다. 우리가 그리스도 안에 있으면 우리의 생각하는 것도 다르고, 말하는 것이 다르다. 주님을 닮아 가는 것이다. 베드로전서 4장 11절을 보자. "만일 누가 말하려면 하나님의 말씀을 하는 것같이 하고 누가 봉사하려면 하나님이 공급하시는 힘으로 하는 것같이 하라." 우리의 말이 달라지는 것이다.

나그네의 삶은 신비의 삶이다. 주님과 신비하게 연합하는 삶이다. 그 교제는 우리의 인간관계에서도 나타난다. 하나님 없는 인간관계는 우리를 지켜 주지 못한다. 그 안에는 원한과 한숨이 있다. 하지만 하나님이 있는 인간관계는 찬송과 기쁨이 넘친다. 나그넷길에 감사와 찬송이 있다는 것은 신비이다. 세상이 알지 못하는 하늘의 신비이다. 이 땅에 있으면서도 주님으로 인해 하늘의 삶을 사는 것이다.

우리는 비록 나그네지만 주님은 우리를 이 세상에 홀로 두지 않으신다. 뿐만 아니라 홀로 걷게 하지 않으신다. 홀로 걷지 않는다는 것을 아는 사람은 찬송한다. 나와 함께 걸으시는 주님, 찬송받아 마땅한 주님. 이 세상이 내 집이 아닌 줄 아는 우리는 본향을 바라보며 더 큰 목소리로 주님을 찬양한다.

우리는 이 나그넷길이 오래 걸리지 않을 것을 안다. 이 세상은 잠시이다. 오죽하면 안개라 했을까. 그만큼 우리는 본향에 더 가깝게 서 있다. 풍랑이 일어도 두려워하지 말자. 풍랑이 일 때 우리는 하나 더 배우게 될 것이다. 주님이 우리 과정 하나하나에 함께하시기 때문이다. 고난을 받을 때 오히려 주의 율례를 기억하게 될 것이다. “여호와여 내가 밤에 주의 이름을 기억하고 주의 법을 지켰나이다.”(시119:55)

혹시 우리는 나그네임을 잊고 이 세상에서 너무나 많은 것을 붙들고 있지 않는가? 그것을 놓는 방법은 그것보다 주님을 붙잡는 것이다. 세상 것에 소망을 두기보다 하늘의 영원한 것에 소망을 두는 것이다. 하나님은 본향을 약속하셨다. 우리는 그 약속을 믿고 오늘도 나그넷길을 간다. 사람은 약속을 어기고 배신도 하지만 하나님은 언약을 지키고 결코 배신하지 않으신다. 주님은 늘 우리 안에 계셔서 지금도 우리를 이끄신다. 슬플 때 위로를 주시고, 찬송하게 하신다. 우리 주님은 바로 그런 분이시다. 우리는 주님을 따라 기꺼이 나그네가 되었다. 그냥 나그네가 아니다. 주님의 나그네이다. 순례자이다.

7. 주님을 위한 삶의 새 지평과 당신의 후반전

“이번 일로 아무개 교수님이 유전공학의 새 지평을 열었다.” 이런 말을 들어 본 일이 있을 것이다. 오늘의 주제는 내 영혼의 지평을 새롭게 여는 것이다. 밋밋한 나의 현재를 과감히 정리하고 새 지평에서 주님을 새롭게 만나는 것이다. 이를 위해서는 저 깊은 심연에서 아직도 곤히 잠들어 있는 나의 영혼을 깨워 새로운 지평으로 이동시키는 작업이 필요하다. 그 지평은 지금까지 걸어온 편평한 삶과는 사뭇 다르다. 그것은 새로운 도약이요 새로운 가능성이다.

그 지평을 여는 작업은 내가 하고 싶다고 해서 되는 것이 아니다. 하나님의 계획 속에 내가 들어가고, 하나님께서 그 일에 함께하실 때 가능하다. 하나님이 지지부진한 모세 삶의 전반과 중반을 정리하고 후반을 여실 때 그는 비로소 히브리민족을 출애굽시킬 수 있었다. 모세는 전반전에서 자신이 나서다 실패했고, 중반전에선 숨어 지내야 했다.

우리 삶의 전반전에 문제가 있다면 이젠 새 지평을 열 필요가 있다. 아름다운 후반을 주님과 함께 여는 것이다. 아직 나는 젊은데 후반을 준비할 필요가 있을까 생각하지 마라. 언제 주님이 당신을 부를지 모른다. 그래서 지금부터 남은 인생은 모두 후반전이다.

인생의 전, 후반 결과는 대체로 자신이 평가해도 어느 정도 알 수 있다. 하지만 신앙의 전, 후반은 하나님의 평가를 받기 때문에 생각보다 더 치열하게 살지 않으면 안 된다. 종교개혁시기에 많은 성도들은 구원은 하나님만이 아시는 일이므로, 우리가 구원을 받을 것을 확신하기 위해서는 이 땅에서 하나님의 영광을 더 드러내야 한다며 '오직 성경, 오직 믿음'으로 나아갔다. 전반전 못지않게 후반전을 치열하게 산 것이다.

그리스도인은 치열한 사람들이다. 주님을 위해 자신의 모든 것을 던지는 위험한(?) 사람들이다. 그 가운데서 세상이 감당할 수 없는 사람들이 나오고, 하나님이 감격하는 인물도 나온다.

1) 새 지평을 열기 위한 느헤미야의 기도

새 지평을 열기 위해서는 하나님을 향한 절실한 기도가 요구된다. 기도는 자기 삶의 기준을 하나님의 기준에 맞추는 작업이다. 하나님과의 꾸준한 대화를 통해 삶의 궤도를 바로 수정해 나가는 것이다. 기도로 인생의 새 장을 연 인물이 있다면 우선 느헤미야를 꼽을 수 있다.

그는 수산궁에서 왕의 술 관원으로 있었다. 술 관원은 왕 곁에서 술시중을 드는 사람이다. 술을 따라 주는 사람. 시남(?)도 있나 생각하지 말자. 술이란 단어가 앞에 있어서 그렇지 어엿한 공무원이다. 당시 왕 옆에서 술시중을 하는 사람은 왕으로부터 가장 신임을 받는 인물이어야 한다. 그 안에 독약이 들어 있는지 살피고, 왕의 안전을 먼저 책임져야 하기 때문이다. 그뿐인가. 왕의 최측근으로 정책 조언도 한다. 외경에 있는 토비야서를 보면 에살핫돈의 술 관원은 제국의 제2인자이다. 그렇다면 느헤미야가 상당한 지위에 있다는 말이 아닌가.

문제는 그가 바사 사람이 아니라 유대인, 그것도 포로로 잡혀 온 유대인 출신이다. 유대인이 그런 신분에 이를 수 있었다는 것은 그 자신이 피나는 노력을 했을 것이다. 아니 그를 향한 하나님의 돌보심과 선한 계획이 있었을 것이다.

느헤미야는 무엇보다 믿음의 사람이었다. 그의 관심은 두고 온 예루살렘에 있었다. 성은 어떻게 되었을까? 성전은 어찌 되었을까? 그곳에 남은 사람들은 어찌 되었을까? 그는 이스라엘에 가 본 적이 없는 사람이다. 페르시아에서 태어났기 때문이다. 그런데도 불구하고 조국을 생각한다는 것은 믿음의 전수가 얼마나 잘되었는가를 보여 준다.

당시 유대 포로 중 일부가 귀환 명령을 받고 성을 재건하고 있었다. 그러나 주위의 모함으로 성 쌓기는 중단되었다. 하나니란 사람이 몇 사람들과 그곳에 다녀왔다는 말에 그곳 사정을 물었다. 그들의 보고는 비극적이었다. "남은 자들은 큰 환난을 당하고 능욕을 받으며 예루살렘 성은 훼파되고 성문들은 불에 타 버렸더이다."

이 말을 듣고 그는 주저앉아 울었다. 그리고 수일 동안 슬퍼하고 금식하며 하나님 앞에 엎드렸다. 내 동포의 상황을 듣고 근심하며 우는 느헤미야. 앞으로 이 민족은 어떻게 될 것인가. 그는 '거룩한 근심(holy grief)' 속으로 들어갔다. '거룩한 근심', 이 근심은 바울이 말하는바 '하나님의 뜻대로 하는 근심'이다. 이것은 세상근심과는 다르다. "하나님의 뜻대로 하는 근심은 후회할 것이 없는 구원에 이르게 하는 회개를 이루는 것이요 세상근심은 사망을 이루는 것이니라. 보라 하나님의 뜻대로 하게 한 이 근심이 너희로 얼마나 간절하게 하며 …… 얼마나 사모하게 하며 얼마나 열심 있게 …… 하였는가." (고후7:10, 11) 이것이 그의 생애 전반에 흐르는 그의 DNA였다. 우리에게도 이런 DNA가 필요하다. 예루살렘의 일을 남의 일로 여기지 않는 마음, 조국의 아픔을 끌어안는 마음.

그는 하나님 앞에 매달린다. "주여, 긍휼을 베풀어 주옵소서. 우리가 주 앞에 범죄하였나이다. 나와 나의 아비 집이 범죄하여 주를 향하여 심히 악행을 저질렀나이다. 주의 백성입니다. 주여, 언약을 기

억하여 주옵소서. 종들의 기도를 들어 응답하여 주옵소서." 느헤미야
1장 5절에서 끝 절까지 그의 기도는 아주 절절하다. 이 기도 속에
있는 깊은 회개와 주님의 언약을 회상시키는 대목이 눈길을 끈다.
불순종했던 민족의 죄를 회개하고, 주님이 이 민족에게 주신 언약의
말씀을 기억하도록 하는 기도이다. 이것은 주님이 바라시는 기도이
다. 이 기도에 주님은 얼마나 기뻐하셨을까. 이 기도의 중심에는 단
지 이스라엘의 회복만을 위한 기도가 아니다. 자기들의 죄로 인해
크게 손상된 하나님의 영광과 그의 나라가 하루빨리 회복되기를 바
라는 간구가 배어 있다.

그의 거룩한 근심과 민족을 위한 회개의 기도는 새 지평을 여는
계기가 되었다. 하나님은 그 근심과 기도를 간과하지 않으셨다. 그의
기도에 귀를 기울이셨다. 성도들의 기도가 있는 한 나라는 망하지
않는다. 하나님이 들으시면 우리의 삶도 반전된다. 우리가 거룩한 근
심을 하고, 우리 자신을 주 앞에 한없이 낮출 때 하나님은 우리의
후반을 더욱 아름답게 하신다.

2) 하나님의 선한 손과 느헤미야의 후반전

우리가 아무리 삶을 멋지게 계획하고 실현시키고자 한다 할지라도
하나님이 돕지 않으시면 일이 이뤄질 수 없다. 우연히 그것이 이뤄
진다 할지라도 그것은 하나님과 무관한, 의미 없는 성취일 수 있다.
그러므로 우리가 새 지평을 열 때 가장 필요한 것은 보이지 않는

하나님의 도우심이다. 그의 도우심을 구하라.

느헤미야의 후반전은 왕에게 예루살렘의 중건을 요청하고, 결국 그 일을 이루는 역사로 나타난다. 이제 '예루살렘 중건'이라는 두 단어는 그의 필생의 키워드가 되었다. 이 일이 위대한 작업이기는 하지만 그가 계획했다고 그저 이뤄지는 것은 아니다. 그의 계획 속에서 하나님이 어떻게 일하시는지 보자.

기도를 마친 느헤미야는 행동으로 나서기로 결심한다. 그는 왕 앞에 서기로 결심했다. 왕 앞에 서기까지 그는 수없이 기도하고, 또 기도했을 것이다. "이 사람으로 은혜를 입게 하옵소서. 이 민족을 위해 일하겠나이다. 왕의 마음을 감동케 하옵소서."

왕에게 중건을 요청하는 일은 너무나 어려운 일이다. 왕이 자기를 부르지 않는 한 나설 수 없고, 왕이 "노" 하는 날에 목이 달아날지 모른다. 생사와 직결된 문제일 수 있다. 어디 그뿐이랴. 그의 충성심이 의심받을 수 있다. "바사 제국을 위해 일하는 줄 알았더니 이스라엘을 위해 일하고 있었구나!" 그의 삶 전체가 한꺼번에 무너질 수 있는 문제이다.

그는 시름에 빠졌다. 그 시름이 얼굴에 드러났다. 왕은 그의 얼굴을 살핀 뒤 묻는다. "네가 병이 없거늘 어찌하여 수색이 있느냐?" 준엄한 질문이다. 술 관원은 왕을 기쁘게 해야 할 책임이 있는 사람이다. 기쁨조의 팀장이 아니던가. 그런데 수색을 띠다니. 잘못하다간 투옥될 수 있다.

그러나 그것은 하나님이 그에게 허락한 기회였다. 기회는 순간적으로 오고, 순간적으로 간다. 그는 이미 이 기회를 달라고 기도하지 않았던가. 이 기회를 잡지 않는다면 그가 지금까지 하나님을 향해 드린 기도가 물거품이 될 수 있다.

이 기회를 잡는 데는 적지 않은 용기가 필요하다. "죽으면 죽으리라." 물론 느헤미야서에 이런 말은 없다. 하지만 문맥으로 보아 그 긴장감을 느낄 수 있다. 수산궁이 보통 수산궁인가. 훗날 에스더는 수산궁에 있을 때 "죽으면 죽으리라."며 왕 앞에 나가지 않았던가. 다니엘은 그곳에서 환상을 보지 않았는가. 하나님의 역사는 그 먼 이국 땅 수산궁에서도 이뤄진다.

왕은 묻는다. "네가 무엇을 원하느냐?" 이 물음에 느헤미야는 먼저 하나님께 기도한다. "내가 곧 하늘의 하나님께 묵도하고"(느2:4) 역시 기도의 사람임이 드러난다. 그 순간 그는 과연 뭐라고 기도했을까? "하나님, 저와 함께하여 주옵소서. 저의 입술을 지켜 주옵소서. 왕의 마음을 열게 하옵소서." 이 장면은 우리 모두를 기도하게 만든다.

그는 왕에게 아주 조심스럽게 입을 연다. "열조의 묘실이 있는 성읍이 황무하고, 성문이 불에 탔다 하오니 어찌 금심하지 않을 수 있겠습니까. 만일 왕이 기뻐하시고 종이 왕의 목전에서 은혜를 입었사오면 나를 유다 땅으로 보내어 그 성을 중건하게 하옵소서." '그 성을 중건하게 하옵소서', 얼마나 하기 어려운 말인가. 왕이 용납지 않으면 큰일이 벌어질 수 있다. 그러나 이제 예루살렘 중건은 그의 신념이 되었다. 신념은 버릴 수 없는 것이 아닌가. 하나님이 그의 기도를 들으시고, 또 하고자 하시면 왕인들 막을 수 없으리라.

느헤미야는 하나님이 어떤 분이신가를 알고 있었다. 비록 하나님은 이스라엘을 흩으셨지만 만일 그들이 돌아와 계명을 지키고 행하면 쫓긴 자가 하늘 끝에 있을지라도 거기서부터 모아 내 이름을 두려고 택한 곳에 돌아오게 하리라 하신 말씀을 기억하고 또 이루실 것을 믿었다.(느1:9) 주의 손은 강하고 권능은 크지 아니한가. 하나님은 자기 때에 이 일을 이루신다. 느헤미야는 그것을 믿었다. 그래서 왕 앞에서도 담대할 수 있었다.

그의 거룩한 근심과 회개의 기도, 그리고 담대한 간구는 성취되었다. "왕이 나를 보내기를 즐겨하시기로"(느2:6) 왕은 기쁘게 허락하였다. 그는 내친 김에 "강 서편 총독들에게 조서를 내려 제가 쉽게 유다까지 갈 수 있게 하옵소서. 전의 문과 성곽을 쌓으려면 재목도 필요한데 삼림 감독에게 명을 내려 도와주라 하소서." 오히려 왕이 더 호의를 베풀고자 했다. 놀라운 일이 아닐 수 없다. "이제 내가 그 곳에 갈 수 있게 되다니."

이 일에 대해 느헤미야는 이렇게 고백한다. "내 하나님의 선한 손이 나를 도우심으로 왕이 허락하고"(느2:8) 하나님의 손, 내 하나님의 선한 손이 도우셨다는 것이다. 하나님의 자비로운 손길이 임했다는 것이다. 느헤미야는 결코 자신을 내세우지 않았다. "봤지, 내가 얼마나 왕으로부터 신뢰받은 인물인가를. 술 관원이면 다 같은 술 관원인 줄 알아." 이럴 법도 한데 그런 구석이 하나도 보이지 않는다. 겸손은 항상 위대하다. 그 겸손으로 그는 여호와의 손길을 어떻게 경험했으며, 그 손길이 임하면 얼마나 아름다운 결과를 얻을 수 있는가를 기록하고 있다. 그는 총독으로 임명을 받았다.

그의 후전은 이렇게 시작된다. 하나님께서 그에게 새 지평을 열어 준 것이다. 그리고 어려운 과정을 하나님이 주시는 힘으로 이겨 내면서 중건의 기적을 이뤄 낸다. 나라를 굳게 세운 것이다. 이제 우리도 의미 있는 후반전을 써야 할 때이다.

3) 후반을 아름답게 장식한 사람들

성경에 후반을 아름답게 장식한 사람들이 있다. 그 대표적인 인물이 바울이다. 그는 전반부를 핍박자로 살았다. 스데반 집사를 죽이는 데도 앞장섰다. 그런 그가 다메섹에서 주님을 만난 후 완전히 변화되었다. 그는 핍박자의 교만한 옛 옷을 벗어던지고 십자가의 피로 물든 옷으로 갈아입은 뒤 사도로서 후반을 살았다. 새 지평의 삶을 산 것이다. 나는 종종 이런 생각을 해 본다. 하늘나라에 가서 그가 꼭 스데반 집사를 만나게 될 터인데 두 사람의 상면 장면이 어떠했을까? 스데반 집사는 토라졌을까? 아니다. 두 사람은 서로 얼싸안고 울었을 것이다. "나를 용서하게 스데반 집사, 내가 죄인 중의 괴수였다네." "아닙니다, 사도 바울님. 주님을 위한 당신의 헌신이 오히려 더 아름답습니다." 그 광경을 지켜보시는 예수님의 눈가에 눈물이 고인다. 천군천사의 찬양이 들린다.

어찌 사도 바울만 후반이 아름다울까. 베드로도 아름답고, 성령체험을 한 예수님의 제자들 모두 후반이 아름다운 사람들이 되었다. 그리스도의 제자들은 모두 전반보다 후반이 아름다운 사람들이다.

C. S. 루이스는 한때 하나님을 떠났다. 철저한 무신론자가 되었다. 하지만 그는 하나님께 돌아와 그의 후반을 아름답게 장식함으로써 우리에게 많은 교훈을 주는 인물이 되었다. 용서의 사도 코리 텐 붐도 다 후반을 아름답게 썼다. 그러나 지금도 나의 뇌리를 떠나지 않는 한 사람이 있다. 그는 에콰도르 아우카족에게 죽임을 당한 선교사 짐 엘리엇(J. Elliot)이다.

스무 살 때 그는 이렇게 기도했다. "주님, 성공하게 하소서. 높은 자리에 오른다는 뜻이 아니라 제 삶이 하나님을 아는 가치를 드러내는 전시품이 되게 하소서." 그리고 한 해 뒤 "영원한 것을 얻고자 영원할 수 없는 것을 버리는 자는 바보가 아니다."는 이 유명한 말을 했다. 이 말은 1949년 휘튼 대학생 때 한 것이다.

그로부터 7년 후 그는 다른 네 젊은이와 함께 쿠라라이 강 흰 모래톱에서 야만적 원시 살인족 아우카족에게 무참히 살해되었다. 아우카족은 백인들에 대한 의심과 오랜 두려움으로 외지인에 대한 접근을 허용하지 않았다. 그들 주머니에 권총이 있었지만 사용하지 않았다. 엘리엇의 나이 스물여덟이었다. 그는 비록 이 땅에서 짧은 인생을 마쳤지만 지금도 우리로 하여금 영원한 것을 바라보게 한 위대한 인물이 되었다. 그를 죽인 아우카족은 훗날 목사가 되었고, 수많은 아우카족들이 하나님께 돌아왔다.

그의 전기 『전능자의 그늘』을 읽고 난 뒤에도 잊히지 않는 장면은 그가 에콰도르로 가는 배를 탔을 때이다. 주님께서 자신을 에콰도르로 보내신다는 확신을 얻은 그는 1952년 2월 4일 캘리포니아 샌 페드로 외항부두에서 배를 탔다. 배가 선착장을 빠져나갈 때 시편 60편 12절이 생각나 부모님을 향해 소리쳤다.

"우리가 하나님을 의지하고 용감히 행하리니!"

부모님은 우셨다. 그는 배에서 부모님께 편지를 썼다. "꿋꿋한 모습으로 저를 보내신 어머니와 아버지를 인해 진정 하나님을 찬양했습니다. 아들을 떠나보내시는 두 분의 심정을 제가 어찌 알겠습니까. 하나님의 뜻은 언제나 우리가 생각하는 것보다 큽니다. 어떤 결과가 따를지라도 그 뜻이 선하시고 온전하시고 기뻐하신 뜻임을 믿어야 합니다. 저를 위해 울지 마세요." 그리고 마음속으로 다짐했다. "이 죽음의 땅은 내 집이 아니니 오직 주의 나라 영원무궁하리."

지금도 우리 주변에는 후반전을 치열하게 사는 사람들이 많다. 주님을 위해 새 지평을 여는 사람들이다. 느헤미야는 술 관원으로서 인생의 전반을 살았다. 비록 궁에서 왕의 최측근으로 살았다 할지라도 전반전으로 그의 인생을 마감했다면 성경에 느헤미야서는 없었을 것이다. 그의 거룩한 근심과 민족을 위한 회개의 기도는 그를 왕의 사자에서 하나님의 사자로 바꿔 놓았다. 당신도 얼마든지 인생 후반의 역사를 아름답게 써 갈 수 있다. 당신이 하나님의 뜻에 합당한 근심, 곧 거룩한 근심을 하고 순간순간 주님 앞에 나가 기도하고, 십자가의 사랑을 안고 나아갈 때 세상은 당신을 달리 볼 것이다.

후반전은 결코 만만치 않다. 새 지평을 여는 일이 그리 간단하다 생각했다면 그것은 오산이다. 사단은 순간순간 당신에게 태클을 걸 것이다. "너는 늦었다. 네가 무슨 힘이 있다고. 네 자신을 알아라."

당신이 당신 자신만을 의지한다면 지평은 열리지 않는다. 주님을 의지함으로써 힘 있게 나가라. 당신 뒤에는 하나님이 있다. 그의 선하신 팔이 당신을 일으켜 세울 것이다. 당신의 후반을 아름답게 하라. 당신의 후반을 결코 후회로 만들지 마라. 이것이 오늘 주님이 주시는 당신을 향한 메시지이다.

양창삼 ─────────────────────────────────────

▌약력

서울대학교 정치학과(학사, 석사)
서울대학교 대학원(경영학석사)
웨스턴일리노이대학교(MBA)
연세대학교 대학원(경영학박사)
총신대학교 대학원(M.Div., Th.M.)
연변과기대 상경대학 학장
한양대학교 경상대학 학장
한양대학교 산업경영대학원 원장
현 한양대학교 경상대학 경영학부 명예교수 / 목사

▌저서

하나님을 향한 열정이 소진될 때(한국학술정보, 2009)
예수연구(한국학술정보, 2008)
고난의 신학(한국학술정보, 2008)
기독교세계관과 삶의 리포지셔닝(한국학술정보, 2007)
단순한 믿음이 주는 기쁨(기독신문사, 2005)
뒤틀리는 삶의 문제와 기독교적 답변(한양대 출판부, 2004)
자본주의 문화와 기독교의 사회적 책임(한양대학교 출판부, 2004)
21세기가 원하는 크리스천 리더(총회출판국, 2003)
평신도를 위한 신학 이야기(예영, 2003)
목회자, 당신은 일류인간(한국강해설교학교출판사, 2002)
영성회복의 신앙(기독신문사, 2001)
기독교교육행정(대한예수교장로회 총회, 2000)
교회행정학(총회교육국, 1998)
기독교와 현대사회(한양대 출판부, 1997)
교회경영학(엠마오, 1996)
기독교사회학의 인식세계(대영사, 1988)

그 외 다수

공의를 행하며 인자를 사랑하며:
메디타치오 시리즈 4

초판인쇄 | 2009년 6월 10일
초판발행 | 2009년 6월 10일

지은이 | 양창삼
펴낸이 | 채종준
펴낸곳 | 한국학술정보㈜
주　소 | 경기도 파주시 교하읍 문발리 파주출판문화정보산업단지 513-5
전　화 | 031) 908-3181(대표)
팩　스 | 031) 908-3189
홈페이지 | http://www.kstudy.com
E-mail | 출판사업부　publish@kstudy.com

등　록 | 제일산-115호(2000. 6. 19)
가　격 | 34,000원

ISBN　978-89-268-0027-0 93230 (Paper Book)
　　　　978-89-268-0028-7 98300 (e-Book)

본 도서는 한국학술정보(주)와 저작자 간에 전송권 및 출판권 계약이 체결된 도서로서, 당사와의 계약에 의해 이 도서를 구매한 도서관은 대학(동일 캠퍼스) 내에서 정당한 이용권자(재적학생 및 교직원)에게 전송할 수 있는 권리를 보유하게 됩니다. 그러나 다른 지역으로의 전송과 정당한 이용권자 이외의 이용은 금지되어 있습니다.